어도비 XD

CC 기본편+활용편

HB 한빛미디어 Hanbit Media, Inc.

지은이 **임선주**

중앙입시교육연구원, 신문사, IT 벤처 회사 등에서 온라인 개발부의 웹디자이너로 일하며 관련 업무를 익혀왔습니다. 유럽의 풍부한 감성적 토양을 내 것으로 만들고자 스위스 남부 루가노에 위치한 USI(Università della Svizzera Italiana)에 편입하여 Communication Arts를 전공하며 기호학, 미디어, 디지털 문화기획에 대한 지식 습득의 즐거움을 누렸고, 대학원에서는 디자인공예를 전공하며 디자인 소양을 갖추고자 했습니다. 현재는 협회 및 학원 등에서 UX/UI 디자인을 강의하고 있습니다.

맛있는 디자인 **어도비 XD CC**

초판 1쇄 발행 2021년 4월 30일

지은이 임선주 / **펴낸이** 김태헌
펴낸곳 한빛미디어(주) / **주소** 서울시 서대문구 연희로2길 62 한빛미디어(주) IT출판부
전화 02-325-5544 / **팩스** 02-336-7124
등록 1999년 6월 24일 제 25100-2017-000058호 / **ISBN** 979-11-6224-375-6 13000

총괄 전정아 / **책임편집** 배윤미 / **기획 · 편집** 장용희, 박지수, 박은경, 유희현, 박동민 / **진행** 박은경
디자인 최연희 / **전산편집** 김희정
영업 김형진, 김진불, 조유미 / **마케팅** 박상용, 송경석, 조수현, 이행은, 고광일 / **제작** 박성우, 김정우

이 책에 대한 의견이나 오탈자 및 잘못된 내용에 대한 수정 정보는 한빛미디어(주)의 홈페이지나 아래 이메일로 알려주십시오.
잘못된 책은 구입하신 서점에서 교환해 드립니다. 책값은 뒤표지에 표시되어 있습니다.
한빛미디어 홈페이지 www.hanbit.co.kr / **이메일** ask@hanbit.co.kr / **자료실** www.hanbit.co.kr/src/10375

지금 하지 않으면 할 수 없는 일이 있습니다.
책으로 펴내고 싶은 아이디어나 원고를 이메일(writer@hanbit.co.kr)로 보내주세요.
한빛미디어(주)는 여러분의 소중한 경험과 지식을 기다리고 있습니다.

맛있는 [가장 완벽한 디자인 레시피] 디자인

어도비 XD
CC 기본편+활용편

임선주 지음

한빛미디어
Hanbit Media, Inc.

UX/UI 디자인을 위한
XD 활용법 완벽하게 익히기

IT 산업에 뛰어들어 고군분투하며 여기까지 왔습니다!

우리나라에 IT 버블이 일어난 1990년대 후반에 이 분야에 뛰어들어 지금까지 일하고 있습니다. IT라는 것이 생소하고 막연하게 느껴질 때 시작한 이 일을 어느덧 20년 넘게 지속하고 있습니다. 그 시절 접한 IT는 그동안 경험하지 못한 낯선 분야였고 수많은 경쟁자가 있었습니다. 그래서 더 치열하게 고군분투했고 '나'와 '디자인'을 고민하며 일했습니다. 그때도 그랬듯이 기술적인 부분을 요구하는 분야라 계속해서 새로운 것을 익히고, 익힌 것을 응용해보는 학생의 심정으로 일하고 있습니다.

온라인 개발부의 웹디자이너로 업무를 지속하다 보면 늘 새로운 환경에서 새 프로젝트를 경험하는 것이 일상이었습니다. 길지 않은 IT 산업의 흐름 속에서 지식의 깊이와 디자인에 대한 갈증이 점점 커졌고, 헬베티카(Helvetica)를 탄생시켜 타이포그래피와 그래픽 디자인의 나라가 된 스위스로 날아가 Communication Arts를 전공하며 기호학, 미디어, 디지털 문화기획을 접해 사고를 확장시켰습니다. 이어서 대학원에서도 디자인공예를 전공하며 디자인 소양을 갖춰갔습니다. 그렇게 IT 산업의 흐름과 함께 정보, 지식, 디자인, 기술을 익혔고 현재는 협회 및 학원 등에서 UX/UI 디자인을 강의하며 프로젝트 기획이나 검수를 병행하고 있습니다. 끊임없이 기술적 진화를 요하는 IT 분야에서 배움을 이어가는 것은 지속적인 성장과 발전의 원동력이 되었습니다.

도전하고 성장하길 바랍니다!

현재는 후배 디자이너에게 IT 분야의 지식과 UX/UI 디자인을 가르칩니다. 그러나 지식을 가르치고 전달하는 선생이기 전에 안내자이고, 업계에 조금 더 먼저 발을 들여놓은 선배이며, 함께 공부하고 성장하는 동료라는 생각을 되새깁니다. 가끔 자신의 능력이 원하는 수준만큼 발현되지 않을 때 이 길이 맞는 선택인지 모르겠다고 혼란스러워하는 제자도 많습니다. 그런 제자들에게 '오로지 이것에만 몰입하면서 수많은 날을 지새워본 적이 있느냐'고 질문합니다. 그러면서 IT 분야가 배우기 쉬울 것 같아서, 혹은 남들이 좋다고 하니까 뛰어들었다고 해도 마음을 다잡고 다시 시작하라고 말합니다. 적어도 몇 년은 올인할 마음으로 진지하게 고민해야 하고, 호기심을 갖고 문제 해결 능력을 키워야 한다고도 말합니다. 그리고 여러 날을 지새우고 몰입하는 제자들, 이 일이 재미있고 즐겁다고 말하는 제자들을 보며 '힘들더라도 이 길을 함께 가자'고 말합니다. 고군분투하며 여기까지 온 저의 작은 소망이 있다면 이들이 성장하는 과정 동안 꾸준히 협업하며 함께하고 싶습니다. 제가 도전하며 성장해온 만큼 그들도 나와 더불어 성장하길 바랍니다.

배워서 남 주자!

배움은 언제나 즐겁습니다. 팀 버너스 리(Tim Berners-Lee)가 월드와이드웹의 세계를 열고 세상과 나누어 지금의 IT 산업이 성장했듯이, 항상 '배워서 남 주자'는 마음으로 배움의 즐거움과 기쁨을 나누고자 합니다. 이 책을 접한 분이라면 웹 기획이나 디자인, 개발 전반에 관심이 있을 것입니다. 그리고 자신의 도전에 감탄하며 배움의 기쁨을 아는 분일 것이라 짐작합니다. 수많은 매체에 다양한 정보가 널려 있는 와중에 이 책을 골라주셔서 감사합니다. 좋은 선택을 하신 여러분께 실질적인 가이드를 제시하고 싶습니다.

이 책의 [기본편]에서는 XD를 활용해 디자인하기 전에 꼭 알아두어야 할 웹 기획과 디자인 전반에 대한 흐름을 짚어봅니다. 그런 다음 XD의 기본 기능과 핵심 기능을 실습해보며 디자인의 기본 토대를 마련합니다. [활용편]에서는 실무에서 써먹을 수 있는 아이콘부터 프로토타입에 필요한 다양한 디자인 요소, 모바일 앱 UI를 제작해봅니다. XD의 기능만으로 인터랙션까지 적용해본다면 실무 활용 능력을 쌓을 수 있을 것입니다.

SPECIAL THANKS TO

곁에서 아낌없이 응원해주신 부모님, 늘 즐거움을 주는 든든한 남편, 찬란한 성장의 과정을 거치며 멋진 미래를 꿈꾸는 나의 보물 아들, 집필 과정을 꼼꼼하게 진행해주신 장용희 과장님과 박은경 대리님, 수업과 프로젝트를 진행하며 많은 도움을 준 애드밀팀(지용, 민석, 태윤, 성희, 지은), 물들다팀(윤영, 희정, 소연, 은수)에게 마음을 담아 감사와 축복을 전합니다. 그리고 부족한 선배를 참 잘 따라주는 빛나는 청춘, 우리 학생들에게도 진심을 담아 고마운 마음을 전합니다.

마지막으로 이 책을 집어 든 독자님, 기획력과 디자인 마인드를 갖춘 디자이너로 성장하길 바랍니다. 개발의 논리적 흐름에 대해 개방적인 마인드로 임하며 그 과정을 자기 것으로 만드는 기획자, 디자이너가 되길 응원합니다.

임선주

XD가 처음인 분들을 위한 기본&핵심 기능 익히기

PART 01
기본편

UX/UI 디자인과 XD가 처음인 분들을 위해 UX/UI 이론 및 워크플로우와 XD의 기본 조작 방법을 알아봅니다. 그런 다음 간단 실습과 한눈에 실습을 통해 XD의 핵심 기능을 익히면 XD와 친해질 수 있습니다.

인덱스

현재 학습 중인 부분의 진도를 확인하고 필요할 때 인덱스로 빠르게 찾을 수 있습니다.

간단 실습

왕초보도 알기 쉬운 간단한 예제로 XD에 익숙해질 수 있습니다.

한눈에 실습

주요 핵심 기능의 사용법과 활용 과정을 한눈에 살펴보며 결과를 바로 확인할 수 있습니다.

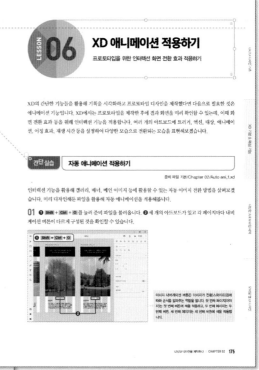

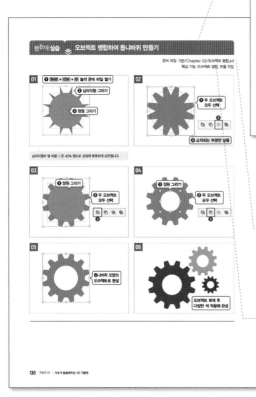

준비 파일

실습에 필요한 예제 파일의 위치를 확인하고 미리 준비할 수 있습니다.

핵심 기능

한눈에 실습에서 학습할 기능을 미리 알려드립니다. 모르는 부분은 앞의 이론과 간단 실습에서 다시 복습할 수 있습니다.

PART 02
활용편

실무 예제로 UX/UI 디자인 실력 업그레이드하기

XD의 기본 기능을 어느 정도 익혔다면 다양한 실무 예제를 통해 UX/UI 디자인 실력을 업그레이드해야 할 차례입니다. 지금 당장 실무에 써먹어도 손색이 없는 예제를 따라 하면서 UX/UI 디자인에 필요한 감각을 높여보세요.

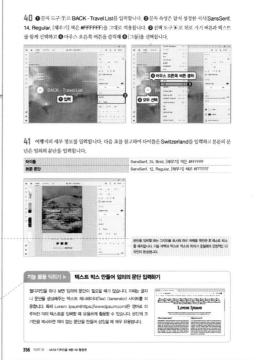

LESSON

레슨 제목과 핵심 키워드로 어떤 내용과 기능을 배울지 빠르게 확인합니다.

실무 실습

XD의 실무 활용 예제로 실전 감각을 길러보세요! 버전 표기를 참고하면 PC에 설치된 버전에 맞게 실습할 수 있습니다.

미리 보기/이 예제를 따라 하면

완성된 이미지를 통해 어떤 내용을 배울지 미리 확인하고, 어떤 기능을 학습할 수 있는지 확인합니다.

TIP

실습을 진행할 때 모르거나 실수할 수 있는 부분을 속 시원하게 알려드립니다.

기능 꼼꼼 익히기

실습으로 익히는 기능의 응용 방법, 전문가의 활용 노하우를 자세히 알려드립니다.

맛있는 디자인의
수준별 3단계 학습 구성

맛있는 디자인은 XD를 처음 다뤄보는 왕초보부터 어느 정도 다뤄본 사람까지 누구나 쉽게 학습할 수 있도록 구성되어 있습니다. UX/UI 디자인 기초 이론과 XD의 핵심 기능을 빠르게 학습하고 실무 예제를 활용해 실력을 쌓아보세요.

1단계

UX/UI 디자인은 처음이에요!

UX/UI 디자인이 처음이라면 UX/UI 디자인 기초 이론과 웹디자인 워크플로우를 먼저 알아봅니다. 웹 기획과 디자인 전반에 대한 흐름을 짚어보며 UX/UI 디자인의 기본 토대를 마련할 수 있습니다.

▶ **UX/UI 디자인 기초 이론**
  p.032

2단계

기초부터 체계적인 학습이 필요해요!

XD를 설치하고 기본 화면을 먼저 훑어봅니다. XD 화면과 패널, 도구가 눈에 익숙해지면 [간단 실습]을 통해 핵심 기능을 실습해보세요. 기능별 예제를 실습하다 보면 어느새 실력이 쑥쑥 향상됩니다. 간단한 기능 실습으로 기초를 다졌다면 눈으로만 봐도 이해되는 [한눈에 실습]으로 실력을 다집니다. 입문자의 눈높이에 맞춘 친절한 설명과 구성으로 혼자 실습해도 어렵지 않습니다.

▶ **기본편** p.068

3단계

XD 전문가가 되고 싶어요!

이제는 활용법까지 제대로 배울 타이밍입니다. 지금 당장 써먹을 수 있는 [실무 실습] 예제를 통해 실전 UX/UI 디자인 감각을 키워보세요. 실무에 활용할 수 있는 아이콘부터 프로토타입에 필요한 다양한 디자인 요소, 모바일 앱 UI를 제작해보며 실력을 한층 업그레이드할 수 있습니다.

▶ **활용편** p.208

◎ XD CC 주요 기능만 빠르게!

XD CC의 주요 기능만 빠르게 학습하고 싶다면 016쪽에 있는 'XD CC의 주요 기능 알아보기'를 확인해보세요!

예제 & 완성 파일
다운로드

이 책에서 활용하는 모든 예제 소스(준비 파일, 완성 파일)는 홈페이지에서 다운로드할 수 있습니다. 한빛출판네트워크 홈페이지는 검색 사이트에서 '한빛출판네트워크'로 검색하거나 www.hanbit. co.kr로 접속합니다.

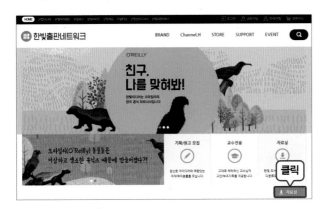

01 한빛출판네트워크 홈페이지에 접속합니다. 오른쪽 아래에 있는 [자료실]을 클릭합니다.

02 ❶ 검색란에 어도비 XD CC를 입력하고 ❷ 검색 버튼을 클릭합니다. ❸ 《맛있는 디자인 어도비 XD CC》가 나타나면 [예제 소스]를 클릭합니다.

03 다운로드 페이지로 이동합니다. 예제 소스의 [다운로드]를 클릭한 후 파일의 압축을 해제해 사용합니다.

▶ 빠르게 다운로드하기

단축 주소 www.hanbit.co.kr/src/10375로 접속하면 바로 예제 파일 다운로드 페이지로 이동합니다.

크리에이티브 클라우드 다루기

어도비 무료 체험판 가입하기

XD는 어도비 홈페이지(https://www.adobe.com/kr)에 접속한 후 XD 스타터를 설치해 무료로 사용할 수 있습니다. 어도비의 다른 프로그램과 달리 개인 사용자라면 구독(결제)하지 않아도 간단한 레이아웃 및 디자인, 프로토타이핑, 애니메이션 기능을 활용할 수 있습니다. 그러나 좀 더 나은 디자인을 하기 위해서는 다양한 어도비 프로그램을 함께 사용하는 것이 좋습니다. 여기서는 다양한 어도비 프로그램을 활용할 수 있도록 크리에이티브 클라우드 데스크톱 앱을 설치한 후 XD 스타터를 설치해보겠습니다.

01 인터넷 브라우저에서 어도비 홈페이지 주소를 입력하여 접속한 후 [지원]-[다운로드 및 설치]를 클릭합니다.

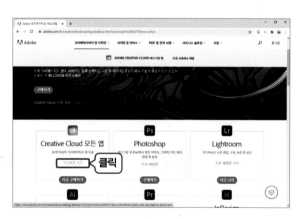

02 화면에 [Creative Cloud 모든 앱]이 나타나면 [무료체험 시작]을 클릭합니다.

03 [무료 체험판]을 클릭합니다.

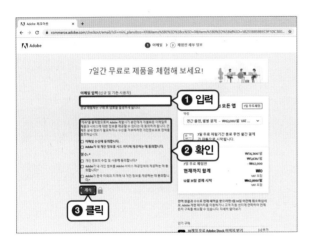

04 ① 이메일 주소를 입력한 후 ② 약관을 확인하여 동의 절차를 거칩니다. ③ [계속]을 클릭해 어도비의 안내에 따라 새로 가입하거나 기존 계정의 무료 체험 기간을 시작합니다.

05 ① 추가 결제 정보를 입력한 후 ② [무료 체험기간 시작]을 클릭합니다. 무료 사용 기간은 일주일이며 이후 유료 결제가 청구됩니다. 유료 결제를 원하지 않는다면 기간 내에 결제를 취소합니다.

> 한 개의 카드 정보로는 무료 체험판 혜택을 한 번만 이용할 수 있습니다. 취소 방법은 어도비 Help 홈페이지(https://helpx.adobe.com/kr/manage-account/using/cancel-creative-cloud-subscription.html)의 내용을 참조합니다.

크리에이티브 클라우드 데스크톱 앱 설치하기

01 크리에이티브 클라우드 앱 홈페이지(https://creativecloud.adobe.com/apps#)에 접속합니다.

> 어도비 홈페이지에 로그인되어 있지 않다면 로그인 화면이 나타납니다. 로그인 후 진행합니다.

02 [모든 앱]의 [내 플랜에서 사용 가능]에서 [Creative Cloud]의 [다운로드]를 클릭합니다.

> [Creative Cloud]의 [다운로드]가 활성화되지 않았거나 [열기]로 바뀌어 있다면 사용자의 PC 혹은 Mac에 크리에이티브 클라우드 데스크톱 앱이 설치되어 있는 것입니다. 이때는 크리에이티브 클라우드 데스크톱 앱을 실행한 후 업데이트합니다.

03 크리에이티브 클라우드 데스크톱 앱 다운로드가 시작됩니다. 다운로드가 완료되면 설치 파일을 실행합니다.

> 설치 파일의 다운로드 위치 및 실행 방법은 사용 중인 브라우저마다 다릅니다.

04 [Creative Cloud] 설치 프로그램이 실행되면 [계속]을 클릭해 크리에이티브 클라우드 데스크톱 앱을 설치합니다.

XD 스타터 설치하기(무료 사용)

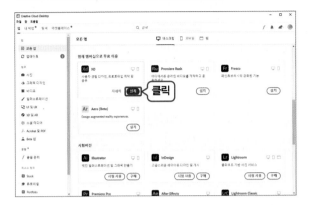

01 크리에이티브 클라우드 데스크톱 앱의 설치가 완료되면 자동으로 실행됩니다. 스크롤바를 내려 [현재 멤버십으로 무료 이용]에서 [XD]의 [설치]를 클릭합니다.

02 XD 설치가 완료되면 [설치됨]에 XD가 나타납니다. [열기]를 클릭합니다.

03 XD 최신 버전이 실행됩니다.

XD는 개인 사용자라면 구독(결제)하지 않아도 레이아웃 및 디자인 기능, 프로토타이핑 및 애니메이션 기능 등을 활용할 수 있습니다. 이를 스타터 플랜이라 하며, 좀 더 전문적인 기능을 활용하고 싶다면 [업그레이드]를 클릭해 적합한 플랜을 확인합니다.

스터디 그룹과 함께 학습하세요!

한빛미디어에서는 포토샵, 일러스트레이터, 프리미어 프로, 애프터 이펙트를 쉽고 빠르게 학습할 수 있도록 '맛있는 디자인 스터디 그룹'을 운영하고 있습니다. 혼자 학습하기 막막한 분이나 제대로 학습하기를 원하는 분, 신기능을 빠르게 확인하고 싶은 분이라면 맛있는 디자인 스터디 공식 카페를 활용하세요. 6주 커리큘럼에 맞추어 학습 분량을 가이드하고 미션을 제공합니다. 맛있는 디자인 스터디 그룹은 프로그램 학습의 첫걸음부터 기능이 익숙해질 때까지 든든한 서포터가 되어줄 것입니다.

스터디 공식 카페 100% 활용하기

제대로 학습하기

그래픽 프로그램의 핵심 기능만 골라 담아 알차게 익힐 수 있도록 6주 커리큘럼을 제공합니다. 학습 분량과 일정에 맞춰 스터디를 진행하고 과제를 수행해보세요. 어느새 그래픽 프로그램을 다루는 실력이 업그레이드된 것을 확인할 수 있습니다.

막히는 부분 질문하기

학습하다가 막히는 부분이 있다면 [Q&A 게시판]을 이용하세요. 모르는 부분이나 실습이 제대로 되지 않는 부분을 질문하면 학습 멘토가 빠르고 친절하게 답변해드립니다.

어도비 업데이트 신기능 확인하기

어도비 CC 버전의 잦은 업데이트로 인해 실습을 제대로 진행하지 못할 수도 있습니다. 이때는 [업데이트 게시판]을 확인하세요. 포토샵, 일러스트레이터, 프리미어 프로, 애프터 이펙트의 신기능이 업데이트될 때마다 실습에 관련된 내용이나 주요한 신기능을 확인할 수 있습니다.

▲ 학습 후 인증하기

▲ 막히는 부분 질문하기

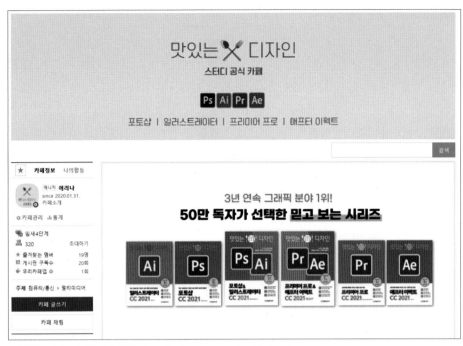

▲ 맛있는 디자인 스터디 공식 카페(https://cafe.naver.com/matdistudy)

먼저 스터디한 분들이 강력 추천합니다!

- 혼자였다면 작심삼일에서 끝났을 텐데 스터디 덕분에 책 한 권과 왕초보 딱지를 뗄 수 있었어요! _이로미 님

- 처음 공부하는 분들께 맛디 스터디 카페를 강력 추천합니다! 기초부터 실무에 적용할 수 있는 내용까지 뭐 한 가지 부족한 것이 없습니다. _박해인 님

- 혼자인듯 혼자 아닌 스터디 모임에 참여할 수 있어서 좋았습니다. 혼자서 공부 못 하는 분들이라면 부담 갖지 말고 꼭 참여하길 추천합니다! _ 김은솔 님

- 클릭하라는 대로 따라 하면 되니 처음으로 디자인이 쉽고 재밌었어요. 디자인 스터디 꼭 해보고 싶었는데 한빛미디어 덕분에 버킷리스트 하나 이뤘어요! _ 한유진 님

맛있는 디자인 스터디 그룹은 어떻게 참여하나요?

맛있는 디자인 스터디 카페를 통해 스터디 그룹에 참여할 수 있습니다. 100% 온라인으로 진행되는 스터디입니다. 학습 일정표에 따라 공부하면서 그래픽 프로그램의 핵심만 콕 집어 완전 정복해보세요! 한빛미디어 홈페이지에서 '메일 수신'에 동의하면 스터디 모집 일정을 메일로 안내해드립니다. 또는 맛있는 디자인 스터디 공식 카페(https://cafe.naver.com/matdistudy)에 가입하고 [공지사항]을 확인하세요.

XD CC의 주요 기능 알아보기

XD는 UX/UI 디자인 작업에 활용할 수 있는 웹, 앱 프로토타입 제작 프로그램입니다. 다양한 운영체제와 디바이스에 적용할 수 있는 벡터 디자인, 와이어프레임, 인터랙션 프로토타입을 만들 수 있습니다. 사용자 경험 디자인과 프로토타입 제작을 편리하고 완성도 있게 작업할 수 있도록 도와주어 인기를 얻고 있습니다. 어도비는 크리에이티브 클라우드 시스템을 통해 안정성 향상이나 사용자의 편의를 위한 업데이트를 지속적으로 진행하고 있습니다. 2020년부터 적용된 XD의 주요 핵심 기능을 알아보겠습니다.

손쉽게 활용할 수 있는 3D 변형 기능

3D 변형 기능을 활용하면 오브젝트에 입체감 또는 원근감을 손쉽게 표현할 수 있습니다. 오브젝트를 만들고 속성 관리자에서 3D 변형 기능을 활성화합니다. 오브젝트에 3D 캔버스 컨트롤이 나타나면 X, Y, Z축을 기준으로 회전해 입체감 또는 원근감을 더합니다. 3D 변형 기능은 개별 오브젝트, 텍스트, 레이어에 적용할 수 있습니다. 그룹으로 묶인 오브젝트에도 적용할 수 있는데, 그룹으로 묶인 오브젝트의 각 오브젝트를 더블클릭하면 개별적으로도 수정할 수 있습니다.

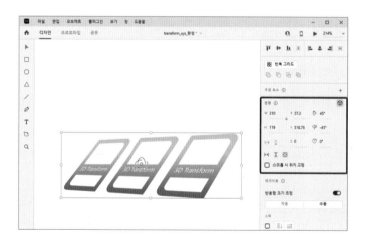

인터랙션 기능으로 애니메이션 적용

인터랙션 기능을 활용하면 코딩이나 별도의 애니메이션 제작 도구를 사용하지 않아도 매끄러운 시각적 피드백, 화면 전환 효과 등 자동 애니메이션을 적용할 수 있습니다. 인터랙션 기능은 디자인 모드가 아니라 프로토타입 모드에서 적용합니다. 상단의 [프로토타입] 탭을 클릭해 프로토타입 모드로 전환한 후 인터랙션 위젯을 연결해 오브젝트나 아트보드 간 애니메이션을 적용할 수 있습니다. 탭이나 드래그, 시간, 음성 등 다양한 트리거를 선택할 수 있습니다.

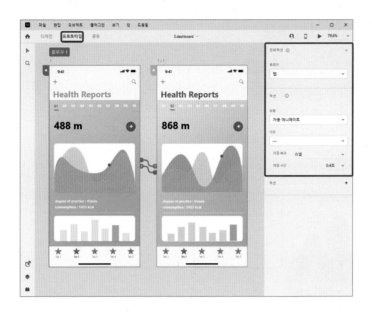

편리한 디자인 사양 공유

XD는 디자인 사양을 손쉽게 공유할 수 있어서 디자이너와 개발자가 원활하게 커뮤니케이션할 수 있습니다. 웹브라우저에서 인터랙티브한 프로토타입, CSS 속성, 에셋, 변수 이름 등 다양한 구성 요소의 디자인 사양을 공유할 수 있습니다. [공유] 탭을 클릭해 공유 모드로 전환한 후 링크를 만들어 웹브라우저 주소를 보냅니다. 이때 보기 설정과 링크 액세스를 설정할 수 있고, 모든 아트보드를 공유하면 개발자는 디바이스에 따른 각 오브젝트의 속성까지 쉽게 확인할 수 있습니다.

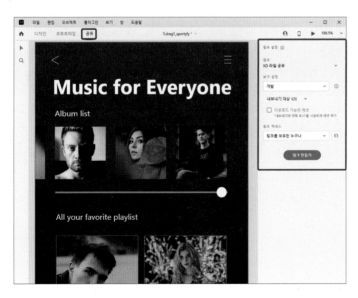

내용 인식 레이아웃으로 반응형 크기 적용

아트보드에서 오브젝트의 크기와 간격 등을 쉽게 조정할 수 있습니다. 특히 새 레이아웃에서 오브젝트의 크기와 위치를 조정하는 데 효율적으로 활용할 수 있습니다. 정렬이나 간격 등을 일일이 수정하지 않아도 자동으로 조절되어 디자인을 편리하게 수정할 수 있습니다. 자동 설정을 원하지 않는다면 Shift 를 눌러 [반응형 크기 조정]의 수동 설정 옵션을 활용합니다.

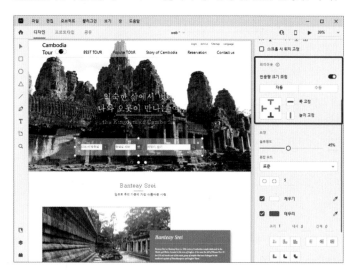

협업이 쉬워지는 디자인 공동 편집

XD를 활용하면 동료 디자이너와 실시간으로 공동 편집을 진행할 수 있습니다. 이러한 공동 편집 작업은 동료 디자이너와의 협업을 효율적으로 진행할 수 있도록 도와줍니다. 특히 개발자나 카피라이터 등 협업자를 초대해 실시간으로 작업하면 디자인 프로세스를 원활히 진행할 수 있습니다. 이렇게 작업한 파일을 클라우드에 저장해두면 초대된 협업자는 언제 어디서나 최신 버전의 작업물에 액세스할 수 있습니다.

XD의 신규 업데이트 및 최신 버전의 기능에 대한 자세한 내용은 어도비 홈페이지(https://www.adobe.com/kr/products/xd/features/whats-new.html)에서 확인할 수 있습니다.

맛있는 디자인, 미리 맛보기

XD를 활용한 디자인

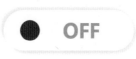

▲ 라인 아이콘 세트

▲ 마우스 오버 버튼

HOME MY INFO FAVORATE BOOKMARK SEARCH

HOME MY INFO FAVORATE BOOKMARK SEARCH

▲ 마우스 오버 가로 메뉴바

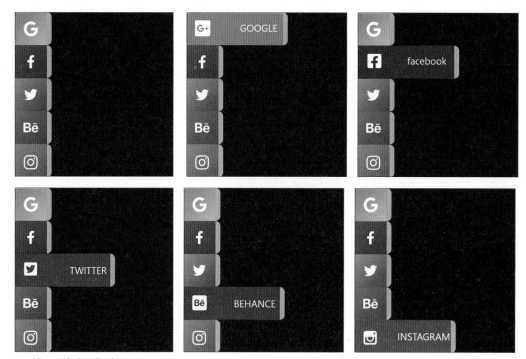

▲ 마우스 오버 세로 메뉴바

▲ 뮤직 플레이어 UI

▲ 뉴모피즘 스타일 스마트홈 UI

◀ 날씨 앱 UI 디자인

◀ 카페 앱 UI 디자인

◀ 여행 소개 앱 UI 디자인

PART 01

기초가 튼튼해지는 XD 기본편

CHAPTER 01
UX/UI 디자인을 기획하다

LESSON 01
UX/UI 디자인 알아보기
UX/UI 개념과 프로세스 이해하기

LESSON 02
벤치마킹
사용자의 요구와 콘텐츠 내용 분석하기

LESSON 03
아이디어 도출
주제에 맞는 아이디어 정리하기

LESSON 04
구조 전략 설계
콘셉트를 시각화하기

LESSON 05
기술적 구현
스토리보드 작성하기

LESSON 06
목업
개발 전 디자인 결과물 만들어보기

CHAPTER 02
UX/UI 디자인을
제작하다

LESSON 04
XD 기본 도구 활용하기
문자 입력하고 그리드 활용하기

LESSON 05
XD 이미지 편집하기
이미지 삽입하고 마스크 적용하기

LESSON 06
XD 애니메이션 적용하기
프로토타입을 위한
인터랙션 화면 전환 효과 적용하기

PART 02

UX/UI 디자인을 위한
XD 활용편

CHAPTER 01
다양한 프로토타입을 만들며
자유자재로 XD 활용하기

XD는 UX/UI 디자인 작업에 활용할 수 있는

웹, 앱 프로토타입 제작 프로그램으로,

Windows와 macOS에서 모두 사용할 수 있습니다.

XD를 활용하면 디자인 제작부터 와이어프레이밍, 애니메이션 적용,

프로토타이핑, 협업까지 다양한 작업을 할 수 있습니다.

이러한 작업을 하려면 기획 프로세스를 꼭 알아두어야 합니다.

UX/UI 디자인은 벤치마킹부터 아이데이션(ideation),

콘셉트 시각화를 위한 구조 전략 설계, 인포메이션 아키텍트,

스토리보드 작성을 위한 기술적 구현, 비주얼 디자인을 위한

목업과 프로토타이핑, UI 시안 개발 과정을 거치게 됩니다.

PART 01에서는 UX/UI 디자인 과정을 먼저 이해한 후

XD 활용 방법에 대해 자세히 알아보겠습니다.

PART 01

기초가 튼튼해지는
XD 기본편

XD를 활용하여 UX/UI 디자인을 하기 전에 꼭 알아두어야 할 것이 있습니다.
바로 기획입니다. 대부분의 디자이너는 기획을
기획자의 몫으로 생각하기 마련이지만 그렇게 생각하면 안 됩니다.
XD로 디자인을 구현하려면 기획의 흐름을 제대로 이해하고 있어야만
원하는 결과물을 정확하게 만들어낼 수 있습니다.
CHAPTER 01에서는 XD로 디자인을 시작하기 전에 꼭 알아두어야 할
기획 단계에 대해 알아보겠습니다.

CHAPTER 01

UX/UI 디자인을
기획하다

UX/UI 디자인 알아보기

UX/UI 개념과 프로세스 이해하기

UX 개념과 과정 이해하기

UX 개념 이해하기

UX(User Experience)는 '사용자 경험 중심'이라는 말로 많이 쓰입니다. 스티브 잡스가 사용자에게 즐거운 경험을 제공하자고 말한 후부터 그 영향력이 점차 확산되었습니다. 일반적으로 UX의 X는 Experience, 즉 경험이라는 측면에만 제한해 생각합니다. 그러나 사용자가 경험하는 기능의 실용성, 흥미, 심미성, 유용성의 단계로 세분화해 고려한다면 좀 더 구조화하여 이해할 수 있습니다. 단순히 보기 좋게 만드는 것보다 사용자가 필요로 하는 것(Needs)과 욕구를 충족할 수 있도록 만들어야 합니다.

사용자 경험 단계	사용자 경험의 내용	사용자 경험을 제공하는 예
실용성 단계	원하는 정보와 데이터를 얻을 수 있는 단계	검색 엔진, 위키피디아, 깃허브 등
흥미 단계	관심 분야에 대한 흥미를 얻는 단계	게임, 유튜브, 전자책, 웹드라마 등
심미성 단계	온라인 전시 등을 통한 미적 만족을 얻는 단계	핀터레스트, 드리블 등
유용성 단계	원하는 문제에 대한 해결점을 얻는 단계	핀테크, 리걸테크, 민원24 등

▲ 사용자 경험 단계

UX 과정 이해하기

UX는 사용자를 이해하고 공감하기 위한 사고방식으로, 만드는 사람이 사용자를 얼마나 이해하고 있는지가 매우 중요합니다. UX 디자이너는 사용자에게 특별한 경험을 제공할 수 있어야 합니다. 그러려면 '비즈니스 전략 수립→디자인 전략 수립→UX 디자인 콘셉트 설정→UX 디자인 개발 수행'과 같이 제대로 된 UX 기획과 디자인 과정을 거쳐야 합니다.

> XD는 디자인 전략 수립 단계부터 활용할 수 있으며 목업이나 프로토타이핑 등을 진행할 수 있어 UX 디자인 과정에서 매우 중요한 프로그램입니다.

기능 꼼꼼 익히기 ▶ UX 디자인 과정 살펴보기

❶ **비즈니스 전략 수립** | 비즈니스 목표와 비전을 이해하고 브랜드 전략, 시장과 경쟁사 분석을 통해 리서치하는 단계입니다.

❷ **디자인 전략 수립** | 사용자를 분석하고 요구 사항을 도출하여 페르소나, 사용자 인터뷰 등을 진행하는 단계입니다. 여기서 페르소나란 어떤 서비스를 사용할 가상의 인물을 정하고 시나리오를 작성하는 것으로, 프로파일링과 비슷한 의미입니다.

❸ **UX 디자인 콘셉트 설정** | 사용자 테스트, 아이데이션(아이디어 회의), 콘셉트 모델 등을 통해서 디자인 콘셉트를 구축합니다.

❹ **UX 디자인 개발 수행** | 스토리보드, 와이어프레임, 키스크린, UI 개발, 사용자 테스트 등을 통해 개발을 수행합니다. 이 때 사용자가 얼마나 만족할 수 있는지, 얼마나 쉽고 편리하며 재미있게 사용할 수 있는지를 고려하여 개발해야 합니다. 보기 좋게 만드는 것에만 치중하기보다 사용자의 입장에서 쉽고 편리하게 이용할 수 있으며 흥미 요소를 갖고 이용할 수 있도록 하는 데 초점을 두어야 합니다.

UI 개념과 설계 지침 이해하기

UI 개념 이해하기

〈전자정부 웹사이트 UI/UX 가이드라인〉에 의하면 UI(User Interface, 사용자 인터페이스)란 웹과 모바일 간 의사소통을 할 수 있도록 만들어진 물리적, 가상적 매개체로 정의하고 있습니다. 여기서 인터페이스란 사물 간 또는 사물과 인간 간의 의사소통이 가능하도록 일시적 혹은 영속적인 접근을 목적으로 만들어진 물리적, 가상적 매개체를 의미합니다.

즉, UI는 화면(모니터, 스마트폰 등)에서 사용자가 보게 되는 콘텐츠를 조작이 편리하고 유용하도록 설계하는 서비스를 말합니다. 일반적으로 UX보다 좁은 의미로 여겨지며, 사용자가 화면을 볼 때 시각적으로 사용자의 인식에 어떠한 의미가 있는지 전달되어야 합니다. 디자인이 명확하게 구현되어야 하고 사용자가 원하는 정보를 잘 찾을 수 있도록 정리되어야 합니다.

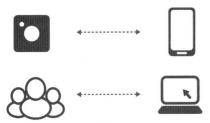

▲ 의사소통을 가능하게 하는 UI의 의미

UI 디자인의 기본 원칙은 직관성, 유효성, 학습성, 유연성을 고려하고 UI 설계 지침에 따르는 것입니다. 현재는 컴퓨터부터 스마트폰, TV, 세탁기, 로봇 청소기, 냉장고와 같은 전자제품과 자동차의 앱, 인공지능 스피커 등의 AI 기기(사물인터넷)가 일반화되어 있습니다. 따라서 시각적인 조작에 음성 인식 등을 더해 인터페이스가 나날이 발전하고 있습니다. 이러한 환경이다 보니 사용자가 더 편리하고 효율적으로 콘텐츠를 사용할 수 있도록 디자인해야 합니다.

〈전자정부 웹사이트 UI/UX 가이드라인〉에 의하면 UX/UI 설계 원칙을 다음과 같이 정리해볼 수 있습니다.

❶ **사용자 중심의 웹사이트** | 항상 사용자에 대한 연구부터 시작해야 합니다. 검색과 사용이 쉬워야 하며 일관성 있게 사용자를 고려합니다.

❷ **모두를 위한 웹사이트** | 다양한 상황과 환경, 능력을 고려해야 합니다. 모든 사람이 구조를 쉽게 이해하고 사용할 수 있도록 합니다.

❸ **편리한 웹사이트** | 더 쉽고 편리하게 이용할 수 있도록 합니다. 초보자가 쉽게 배우고 사용할 수 있어야 하며 기억하기 쉬워야 합니다.

❹ **열린 웹사이트** | 공개된 정보를 누구나 쉽게 찾고 활용할 수 있도록 합니다.

❺ **지속 가능한 웹사이트** | 사용자 데이터를 기반으로 품질을 지속적으로 개선해야 합니다.

〈전자정부 웹사이트 UI/UX 가이드라인〉에 의한 UX/UI 설계 기준은 다음과 같이 정리해볼 수 있습니다. 설계 원칙과 함께 참고합니다.

❶ **사용자에게 필요한 기능과 정보 제공하기** | 사용자가 목적을 달성할 수 있게 하기 위해 충분한 양의 정보와 기능을 제공합니다. 사용자와 웹사이트의 목적을 정의하고, 이를 기반으로 기능, 콘텐츠, 디자인을 결정합니다.

❷ **작업에 소요되는 시간과 단계 최소화하기** | 웹사이트의 반응 속도가 느리면 오래 머물 수 없습니다. 따라서 사용자가 불필요한 단계를 여러 번 거치지 않게 하고 절차를 간소화합니다.

❸ **직관적이고 일관성 있게 만들기** | 정보와 기능에 있어 논리적 흐름을 가지고 이해하기 쉬운 용어를 사용해야 하며 스타일 가이드 등을 수립하여 적용합니다.

❹ **사용자가 원하는 방식으로 이용할 수 있게 만들기** | 실제 사용하는 방법을 조사하고 관찰해 사용자가 빈번하게 사용하는 방식을 정의합니다.

❺ **사용자가 실수하지 않게 만들기** | 사용 중 오류가 발생하지 않아야 웹사이트를 신뢰합니다. 오류와 관련된 피드백을 신속하게 적용하여 개선합니다.

❻ **모든 유형의 사용자가 이용할 수 있게 만들기** | 장애, 비장애 사용자가 모두 편리하게 사용할 수 있도록 동등한 수준의 정보와 기능을 제공해야 합니다.

❼ **원하는 서비스와 정보를 쉽게 찾을 수 있게 만들기** | 사용자가 정보를 더 쉽게 찾을 수 있도록 링크, 버튼, 검색 등의 수단을 통해 위계를 명료하게 구분해야 합니다.

앱과 웹, 반응형 웹 이해하기

스마트기기의 발전과 함께 반응형(Responsive)이라는 개념도 성장했습니다. 스마트기기가 보급되기 이전에는 데스크톱이나 노트북을 활용하여 인터넷에 접속했지만, 지금은 휴대가 간편한 스마트기기로 언제 어디서나 인터넷에 접속할 수 있습니다. 그러다 보니 데스크톱의 웹보다 스마트기기의 앱(모바일 웹) 사용량이 더 늘었습니다.

> 스마트폰, 태블릿 등 기기의 크기나 형태에 따라 명칭이 다릅니다. 그러나 이 책에서는 인터넷 통신 기술을 접목한 기기이므로 '스마트디바이스'라 통칭하여 설명합니다.

모바일에서 앱과 웹의 차이 이해하기

스마트디바이스의 모바일 서비스는 크게 앱과 웹, 두 가지로 나누어 설명할 수 있습니다. 웹은 모바일 전용 웹과 데스크톱 기반의 웹서비스를 스마트디바이스 해상도에 따라 다르게 반응하는 반응형 웹으로 구분합니다.

모바일 앱은 앱이 운영되는 플랫폼에 따라 다른데, Android와 iOS 플랫폼에 따라 다르게 제작해야 합니다. 디자인 수정, 유지 보수 역시 각 운영체제(OS)에 맞춰 작업해야 하며 마켓 정책에 부합하도록 개발해야 합니다. 사용자가 직접 앱스토어나 플레이스토어 등을 통해 필요한 것을 다운로드해야 하므로 사용자의 필요성이 더 크게 부각됩니다. 즉, 사용자가 자신의 필요에 의해 다운로드한 것이므로 '1앱:1기능'이라는 말처럼 앱 고유의 기능이나 정보를 제공하는 것에 집중하여 디자인해야 합니다.

모바일 웹은 앱처럼 다운로드하지 않고 인터넷 주소(URL)만 알면 접속하여 이용할 수 있습니다. 어떤 스마트디바이스를 사용하더라도 쉽게 접근할 수 있습니다. 웹과 같은 방법으로 개발하되 반응형으로 개발해서 개발과 디자인 유지 보수도 효율적입니다.

반응형 웹은 프로젝트의 일부분으로, HTML 문서는 동일하나 CSS만 다르게 적용하여 개발한 것입니다. 하나의 HTML 문서에서 CSS를 통해 다양한 미디어쿼리 속성을 스마트디바이스의 해상도별로 만듭니다. 데스크톱, 태블릿, 스마트폰 등 다양한 기기에 최적화하여 서비스할 수 있습니다.

반응형 웹과 적응형 웹 이해하기

반응형 웹은 CSS를 통해 미디어쿼리 속성을 스마트디바이스의 해상도별로 제작한 것입니다. 화면 해상도에 따라 레이아웃이 자동으로 조절되므로 어떤 스마트디바이스라도 동일한 웹페이지가 나타납니다. 단, 페이지를 구성하는 정보가 너무 많을 때 코드를 선택자별로 다시 정리해야 해서 가독성이 떨어지고 문서를 읽어 들이는 로딩 속도가 느려지는 단점이 있습니다.

적응형 웹은 스마트디바이스의 화면 해상도를 기준으로 주소를 분리해 페이지를 제작하고, 서버나 브라우저에서 스마트디바이스를 감지하여 그에 맞는 문서를 보여주는 방식입니다. 해당 디바이스에 필요한 리소스만 다운로드해 보여주므로 로딩 속도가 상대적으로 빨라 사용자의 만족도가 높습니다.

> 모바일에서 데스크톱 기반의 웹사이트에 접속하면 레이아웃이나 해상도가 적절하지 않아 많은 어려움을 겪습니다. 데스크톱과 모바일 기기의 크기, 해상도, 사용하는 환경 등이 매우 다르기 때문입니다. 따라서 적응형 웹과 같은 형태로 서로 다른 사용자 경험과 가이드를 제공하는 것이 좋습니다. 다만 콘텐츠가 방대하지 않고 단순한 레이아웃을 가진 웹페이지라면 적응형 웹보다 반응형 웹으로 작업하는 것이 더 낫습니다.

적응형 웹의 대표적인 사례로 네이버와 다음을 들 수 있습니다. 네이버와 다음은 모바일에서 접속했을 때의 주소와 데스크톱에서 접속했을 때의 주소가 다릅니다. 네이버에 접속해보면 데스크톱에서는 naver.com, 모바일에서는 m.naver.com입니다. 다음 역시 데스크톱에서는 daum.net, 모바일에서는 m.daum.net입니다. 이처럼 주소가 다른 경우 서비스(문서)를 다르게 제작한 후 사용자가 접속하는 기기를 감지하여 그에 맞는 화면을 제공하고 있습니다. 기획 및 HTML 문서 제작부터 기기에 맞춰 다른 CSS를 적용하여 개발하는 것입니다.

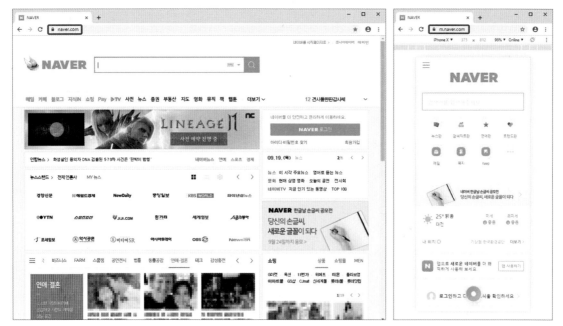

▲ 네이버의 데스크톱과 모바일 웹페이지(주소) 구분

▲ 다음의 데스크톱과 모바일 웹페이지(주소) 구분

기능 꼼꼼 익히기 ▶ **운영체제별 가이드라인 이해하기**

모바일 UX 디자인 가이드는 Android와 iOS, 두 가지로 나누어 설명할 수 있습니다. 구글, 애플, 마이크로소프트 모두 자사의 플랫폼에 맞는 가이드라인을 제공하고 있습니다. 참고로 시장조사업체 Gartner의 자료(https://thegear.net/14870)에 따르면 2019년 1분기 스마트폰 운영체제 점유율은 Android 86%, iOS 14%, Windows 0.1%로 조사되어 압도적으로 많은 사용자가 Android 기반의 모바일을 사용하고 있는 것을 확인할 수 있습니다.

Android 디자인 가이드(Material Design)

구글의 메티리얼 디자인(Material Design) 가이드라인은 UX에 큰 변화를 줄 만큼 영향력이 컸습니다. 한때 사용자가 접근하는 방대한 콘텐츠를 알아보기 쉽게 정리하기 위해 콘텐츠를 모듈화하는 것이 큰 이슈였습니다. 이때 콘텐츠를 모듈화하기 위해 구글 메티리얼 디자인은 격자 구조에 집중했지만, 트렌드가 변화하면서 오랫동안 자리 잡지는 못했습니다. 이후 Card UI에 좀 더 집중하게 되었고 구글은 반응형에 유연한 Card UI를 적극 수용하기 시작했습니다. Card UI는 콘텐츠를 논리적으로 재구축하고 격자 구조의 디자인을 차용하여 콘텐츠를 한눈에 볼 수 있게 해줍니다. 구글 메티리얼 디자인(https://material.io/design)에 접속하면 상세한 디자인 가이드와 예시까지 확인해볼 수 있으니 Android 디자인을 한다면 꼭 참고해보는 것이 좋습니다.

iOS 디자인 가이드(Human Interface Guidelines)

iOS 디자인 가이드에서는 크게 Bars, Views, Controls와 전체 레이아웃을 살펴보는 것이 좋습니다. iOS에서는 원래 사물의 모습과 아주 유사한 스큐어모피즘(Skeuomorphism)을 추구했으나 사용성이 떨어진다는 이유로 플랫 디자인(Flat Design)을 도입했습니다. 애플 HIG(https://developer.apple.com/design)에 접속하면 애플이 제시하는 디자인 가이드와 소프트웨어별로 다운로드할 수 있는 디자인 키트를 확인할 수 있습니다.

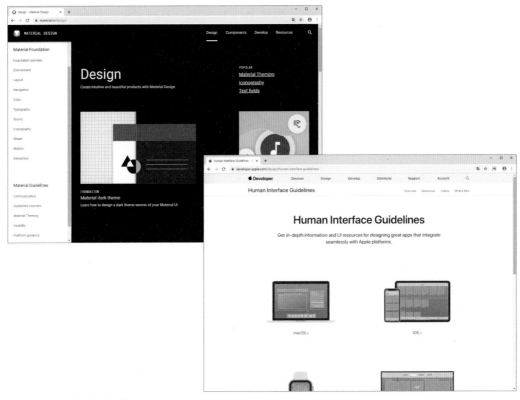

▲ 구글의 메티리얼 디자인과 애플의 HIG

▲ HIG 디자인 가이드

▲ 머티리얼 디자인 가이드라인

UX/UI 개발 프로세스 한눈에 살펴보기

기획 브랜딩 프로세스를 살펴보며 개발 프로세스에 따라 어떻게 디자인되는지 확인해보세요. UX/UI 개발 및 디자인은 사용자의 요구를 반영하여 화면을 설계하는 것이 주요 활동이므로 디자인적 구현과 검증 과정 을 거쳐 진행하는 것을 기본으로 설명하겠습니다. 참고로 이 책에서는 UX/UI 개발을 스마트디바이스(PC, 스마트폰, 태블릿 등)로 제한해 설명합니다.

첫째, 니즈 인식

지금 커피 향이 향기롭게 퍼지는 카페를 찾아가 일상 속에서 은은한 특별함을 누리고 싶다고 생각해봅니다. 마시고 싶은 커피와 함께 꽃이 주는 특별함도 함께하면 어떨까 고민해보며 플라워카페를 떠올립니다. 사람들이 많이 찾는 카페의 분위기를 생각해보고, 트렌드에 맞는 플라워카페는 어떤 모습일지 생각해봅니다. 트렌드를 따르는 젊은 세대는 SNS에 예쁜 사진을 업로드할 수 있는 감성적인 콘셉트에 끌릴 수 있습니다. 또는 원데이 클래스를 진행해 꽃꽂이와 같은 체험 활동도 함께하면 더욱 흥미를 느끼게 할 수 있을 것입니다.

이처럼 니즈를 인식한 후 시장 조사를 하고 장단점을 분석해 어떤 카페로 만들지, 어떤 이벤트로 브랜드를 알릴지 아이디어를 도출하는 단계입니다.

둘째, 브랜딩 기획

꽃과 커피 향이 가득한 플라워카페를 준비하기로 했습니다. 20대부터 중장년층을 타깃으로 하여 향기와 아름다움을 동시에 즐기는 콘셉트로 정리합니다. 마케팅 포인트로는 단조로운 일상에 특별함을 주고 싶어 하는 사람들에 집중하게 됩니다. 해당 타깃은 시각, 미각, 후각을 즐겁게 추구할 생각에 설렘을 가지고 있습니다. 사는 곳 근처가 아니더라도 플라워카페의 감성을 누리기 위해 기꺼이 드라이브를 즐기며 이동할 수도 있을 것입니다.

이들이 원하는 것은 눈을 즐겁게 하는 다양한 색채의 꽃과 코를 즐겁게 하는 커피 향이 가득한 감성적인 카페에서 시간을 보내거나 원데이 클래스 등으로 소소하게 참여 활동을 하는 기쁨입니다. 친구나 연인, 가족과 함께 공유할 시간과 추억을 만들기 위해 찾아갈 것이라 예상할 수 있습니다.

셋째, 프로토타이핑을 통한 시각화

브랜딩 방향이 결정되었다면 이제 어떤 콘셉트로 만들어갈지 아이디어를 나누고 자료를 모아 프로토타이핑을 합니다. 이 단계는 디자인 구성 요소를 시각화하는 과정입니다. 프로토타입을 만들고 이를 바탕으로 디자인 시안이 개발되도록 합니다.

이때 XD를 활용해 다양하게 디자인할 수 있습니다. 시안을 개발하는 과정에서도 감성적인 느낌으로 만들 것인지, 세련되고 트렌디한 느낌으로 만들 것인지에 따라 디자인이 달라집니다.

넷째, 사용성 테스트

이렇게 개발된 디자인 시안을 통해 해당 타깃에게 더 필요한 점이나 불편한 점은 없는지 확인합니다. 수정하거나 보완해야 할 사항이 있다면 적극 반영하여 개발 및 디자인의 완성도를 높입니다.

다음 그림은 위와 같은 단계를 거쳐 만든 꽃과 커피가 어우러진 플라워카페 브랜드의 웹사이트 디자인 시안입니다. 필요성을 인식하고 브랜딩 기획 및 자료 수집을 거쳐 콘셉트 시각화가 반영된 프로토타입까지 만들어냈습니다.

웹용 기획안	웹용 프로토타입

▲ UX/UI 개발 프로세스를 통해 제작한 웹용 브랜딩 기획안과 디자인 시안 사례

UX/UI 기획 단계 중 디자인 개발은 콘셉트 시각화, 무드보드 작성, 프로토타이핑, UI 시안 개발 과정을 거치고, 이후 퍼블리싱 및 데이터베이스 연동 등의 제작과 테스트를 거쳐 론칭합니다. 다음 그림은 디자인 과정과 기획 과정으로 분류해서 표시해두었지만 대부분 공통으로 해당됩니다. 디자이너가 UX/UI 디자인을 할 때는 콘텐츠를 분석해서 마인드매핑하고 정보 구조를 설계하며 스토리보드 작성에 상당한 부분을 이해하고 작업해야 합니다.

●	Benchmarking	●	**1단계** │ 벤치마킹
○	Mind Mapping	○	**2단계** │ 아이디어 마인드매핑
●	Visualization of the Concept	●	**3단계** │ 콘셉트 시각화
●	Mood board	●	**4단계** │ 무드보드 작성
○	Information Architecture	○	**5단계** │ 인포메이션 아키텍트
○	Story board	○	**6단계** │ 스토리보드 작성
●	Prototyping	●	**7단계** │ 프로토타이핑
●	UI Development(Design)	●	**8단계** │ UI 시안 개발(main&sub)
●	Publish in Html5+CSS3	●	

● design ○ planning

▲ UX/UI 디자인 기획 및 제작 단계

기능 꼼꼼 익히기 ▶ **웹사이트의 목적과 좋은 UX/UI 디자인을 위한 참고 웹사이트**

웹사이트는 기업의 브랜드 정체성을 보여주는 수단이자 디지털 마케팅의 핵심 요소입니다. 사용자들이 웹사이트에 방문하는 목적은 해당 브랜드에서 제공하는 서비스와 부합해야 합니다. 웹사이트의 목적은 여러 가지가 있는데 사용자에게 제공하는 서비스의 종류가 어떤 것인지 그 역할에 따라 분류해볼 수 있습니다. 많은 사용자가 모바일을 통해 정보 통신 서비스인 카카오톡, 페이스북, 인스타그램, 스카이프 등의 SNS를 이용합니다. 옥션, 인터파크, 아마존 등 모바일 쇼핑몰을 활용해 원하는 물건을 손쉽게 구매하고 구글, 네이버, 다음 등과 같은 포털 서비스를 활용해 정보 탐색도 합니다.

❶ **브랜드 비즈니스** │ 마케팅과 홍보의 역할을 합니다.

❷ **수익 창출** │ 대표적으로 옥션, 아마존 등의 쇼핑몰을 예로 들 수 있습니다.

❸ **정보 제공** │ 뉴스, 사전, 위키피디아, 구글, 깃허브 등 정보 전달의 역할을 합니다.

❹ **흥미 유발** │ 게임 사이트, 유튜브 등 흥미를 제공합니다.

❺ **프로모션** │ 단발성 이벤트나 공연, 페스티벌 등의 프로모션 홍보 역할을 합니다.

❻ **교육** │ 온라인 강좌, 학원, 학교 등의 기관에서 해당 콘텐츠를 교육합니다.

❼ **포트폴리오** │ 디자이너, 개발 회사, 배우, 모델의 프로필 등을 보여주는 이력서 역할을 합니다.

❽ **정보 활용** │ 리걸테크, 핀테크, 은행, 민원24 등과 같이 정보를 활용합니다.

❾ **커뮤니티** │ 드리블, 핀터레스트, 인스타그램, 페이스북, 인스타그램, 카카오톡 등과 같이 특정 혹은 일반 커뮤니티의 역할을 합니다.

이 분류 외에도 웹사이트는 그 목적과 역할에 따라 제공되는 콘텐츠의 종류와 범위가 다릅니다. 따라서 웹사이트를 기획하고 디자인하는 과정에서 많은 고민을 해야 하며, 만들어놓고 방치하거나 업데이트를 소홀히 하면 사용자는 흥미를 잃어 방문하지 않게 됩니다. 그러므로 기획자나 디자이너라면 웹의 목적과 역할을 제대로 알고 다양한 웹사이트도 참고하는 것이 좋습니다. 아이디어를 얻기 위한 좋은 웹사이트를 소개해보겠습니다.

❶ Behance(https://www.behance.net)

많은 디자이너가 자신이 작업한 결과물과 포트폴리오, 혹은 참고할 만한 이미지를 올려두는 웹사이트입니다. 세계 최대 규모의 디자인 웹사이트라고 할 수 있을 정도로 규모가 큽니다.

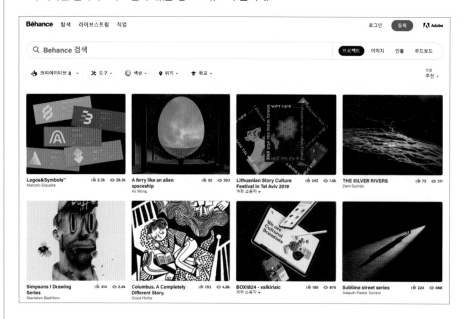

❷ Awwwards(https://www.awwwards.com)

최고의 웹디자이너, 개발자, 에이전시에게 재능과 노력을 인정하는 상을 부여합니다. Awwwards에 자신의 프로젝트를 제출하면 업계의 저명한 디자이너, 크리에이티브 디렉터, 블로거 및 에이전시가 선정한 전문가 패널이 프로젝트에 대한 재능과 노력을 평가합니다. 카테고리별로 다양한 디자인을 참고할 수 있고 결과물에 대한 피드백도 볼 수 있어서 많은 도움이 됩니다.

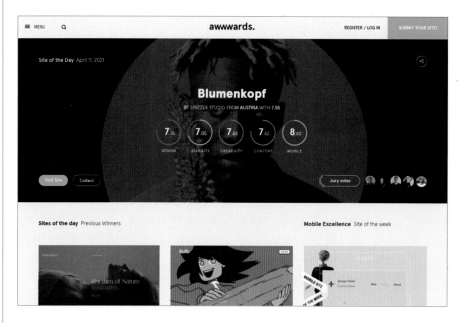

❸ UI Movement(https://uimovement.com)

순수하게 UI를 중심으로 한 콘텐츠를 제공하는 웹사이트로, 디자인 영감을 얻을 수 있는 대표 웹사이트입니다. 디자이너 또는 개발자라면 최고의 UI 디자인에 대한 아이디어를 얻을 수 있고 디자인 태그를 통해 원하는 콘텐츠를 주제나 툴별로 필터링하여 확인할 수 있습니다.

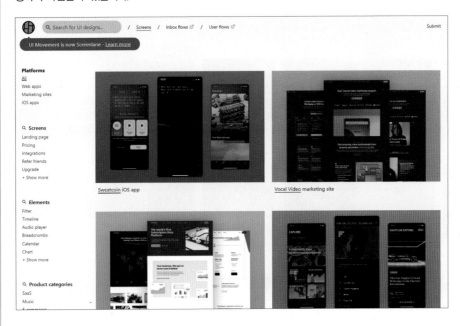

❹ Pinterest(https://www.pinterest.com)

핀터레스트는 UI 디자인뿐만 아니라 일러스트, 사진, 캘리그래피, 드로잉, 패션, 건축 등 다양한 산업 분야의 디자인을 정리해 업로드하는 웹사이트입니다. 마음에 드는 작품은 내 핀에 따라 저장해 수시로 확인할 수 있어 매우 유용하며, 관심 있는 분야를 지정해두면 업로드되는 이미지를 추천해줍니다.

❺ notefolio(https://notefolio.net)

국내 다양한 분야의 아티스트와 디자이너를 위한 크리에이티브 네트워크 웹사이트입니다. 여기저기 흩어져 있는 작품을 한 곳에 모으고 자신의 작품을 공개하는 플랫폼으로 자리 잡았습니다. 포트폴리오가 있는 갤러리 외에도 공모전, 매거진, 스토어, 작은 아카데미 등을 열어두어 효과적으로 활용할 수 있습니다.

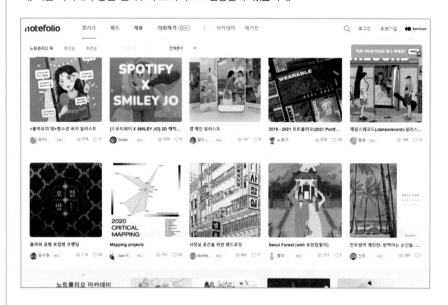

❻ UpLabs(https://www.uplabs.com)

웹과 모바일 중심의 UI 디자인을 업로드해 공유하는 플랫폼으로, 소프트웨어별로 나눠 확인할 수 있습니다. 트렌드, 웹디자인, iOS, Android, 일러스트, 브랜딩, 애니메이션, 3D 등으로 분류해두었고, 특히 UI가 잘 정리되어 있습니다. 디자인 소스를 다운로드할 수 있는 유/무료 시스템이 활성화되어 있으며 하루에 세 개의 소스를 무료로 다운로드할 수 있습니다.

이 외에도 많은 웹사이트가 있고 지금도 매 순간 좋은 작품이 업데이트되고 있습니다. 좋은 디자인을 만들고 싶은 디자이너라면 어떤 방법을 활용하든 쉬지 않고 벤치마킹하여 아이디어를 찾아내야 합니다.

LESSON 02 벤치마킹

사용자의 요구와 콘텐츠 내용 분석하기

벤치마킹 이해하기

UX/UI 디자인에 앞서 기획 단계에서는 벤치마킹을 통해 사용자의 요구와 콘텐츠의 기능을 분석할 수 있습니다. 벤치마킹(Benchmarking)은 '기준'이라는 뜻으로, 어떤 대상을 설정하고 설정한 대상과의 비교 분석을 통해 장점을 따라 배우는 것을 말합니다. 컴퓨터/모바일 분야에서는 어떤 정보 시스템이나 웹사이트 등을 비교 분석하여 그 장점을 따라 배우는 것입니다. 특히 기획 단계에서는 다양한 방법을 통해 문제를 찾아내고 해결 방법을 찾아야 하는데, 이때 가장 보편적으로 활용하는 방법이 벤치마킹입니다.

벤치마킹 과정에서는 장단점별로 이미지를 리서치하는 것이 매우 중요합니다. 이렇게 리서치한 이미지는 프로토타입 개발이나 시안 개발에 중요한 자료가 될 수 있기 때문입니다. 또한 벤치마킹을 할 때는 명확한 분석 기준을 가지고 접근해야 객관적이고 구체적인 방안을 마련할 수 있으며, 개발자 입장보다는 사용자 관점에서 분석해야 합니다. 다음 그림을 참고해 벤치마킹의 5단계 프로세스를 알아봅니다.

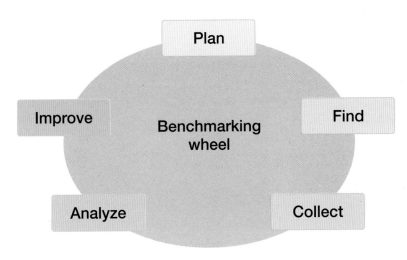

▲ 벤치마킹 휠(Benchmarking wheel)

① **Plan(계획)** | 팀을 구성하고 비교할 대상을 명확하게 정의해 측정 기준을 할당합니다.

② **Find(발견)** | 벤치마킹 파트너나 정보 출처를 파악해 정보를 수집합니다.

③ **Collect(수집)** | 정의한 매트릭스에 대한 데이터 수집 방법을 선택합니다.

④ **Analyze(분석)** | 측정 기준을 비교하고 회사와 관찰된 조직 간의 성과 격차를 확인합니다. 성능을 향상시키는 방법에 대한 결과와 권장 사항을 정의합니다.

⑤ **Improve(개선)** | 제품, 서비스, 프로세스 또는 전략에 대한 변경 사항을 구현합니다.

다양한 벤치마킹 사례 살펴보기

벤치마킹 과정 중 이미지 리서치 단계는 매우 중요합니다. 실제 개발 및 디자인 작업이 이루어지기 전에 다양한 이미지를 서치해둔다면 작업에 유용하게 활용할 수 있습니다. 다음은 브랜딩을 위한 기획 단계에서 벤치마킹을 통해 장점과 단점 등을 분석해 도식화한 것입니다.

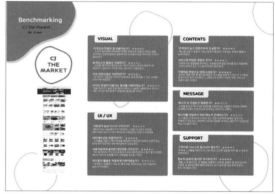

▲ 벤치마킹하여 장단점을 분석한 사례

LESSON **03**

아이디어 도출

주제에 맞는 아이디어 정리하기

아이디어 도출 이해하기

아이디어 도출 단계에서는 해당하는 아이디어를 주제별로 정리해야 합니다. 그 과정에는 아이디어 도출(마인드매핑 등), 콘셉트 시각화(버블매트릭스, 키워드 도출), 무드보드 작성(콘셉트 정리, 색상, 로고, 타이포그래피, 레이아웃, 프로토타입), 인포메이션 아키텍트(Information architect, 사이트맵의 정보 구조 설계)의 내용이 포함됩니다. 개발 및 디자인하려는 앱의 구조를 설계하기 위해서는 어떤 사이트를 만들 것인지 제대로 이해하고 있어야 하고, 아이디어 도출 단계에서는 그 주제에 맞는 아이디어를 정리해봐야 합니다.

아이디어 정리를 돕는 도구

아이디어 도출 및 정리를 도와주는 도구로는 마인드맵, 브레인스토밍, 스캠퍼 등이 있습니다. 여기서는 아이디어를 도출하고 정리하는 방법만 소개합니다.

① **마인드매핑** | 핵심 주제나 키워드 중심으로 지도 그리듯이 생각을 거미줄처럼 확장해나가는 방사 형 사고(Radial Thinking)를 활용합니다. 이를 통해 자신의 사고를 시각화할 수 있어 실무에서 많이 쓰이는 방법입니다. 예전에는 종이와 펜을 이용해 마인드맵을 작성했는데, 현재는 XMind 프로그램을 활용해 작업하면 효율적입니다. Xmind 웹사이트(http://www.xmindkorea.net)에 접속하면 마인드매핑 프로그램을 무료로 다운로드해 작업할 수 있습니다.

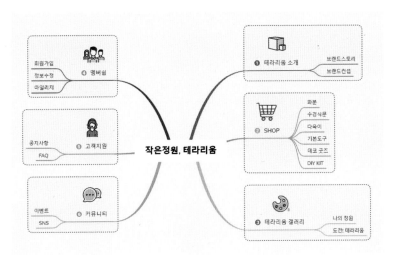

◀ 마인드맵

위 그림은 마인드매핑을 통해 앱 구조를 정리한 예시입니다. 사이트의 주제는 테라리움이라는 감성 카페로 정했습니다. 테라리움 회사 소개, SHOP, 갤러리, 멤버십, 고객 지원, 커뮤니티 등의 메뉴로 구성하여 하위에 들어갈 내용도 정리했습니다. 간략히 잘 정리되어 앱의 구조가 한눈에 파악됩니다.

② **브레인스토밍** | 매우 유명한 아이디어 도출 및 정리 방법으로 모두가 함께 만들어가는 아이디어 수집이라고 할 수 있습니다. 여러 사람이 모여 어느 한 주제에 대한 아이디어를 공동으로 내놓는 회의 방식이자 집단 사고 방법입니다. 자유롭게 의견을 교류할 수 있고 가지를 치는 전개 방식을 통해 창의적인 아이디어를 도출하기에 좋은 방법입니다. 자유로운 사고와 시각을 끊임없이 끄집어내고 기록, 결합, 개선하는 작업으로 정리합니다. 단, 분석과 검증, 비판과 판단, 자체 검증과 겁내기를 하지 말아야 좋은 결과를 만들어낼 수 있습니다.

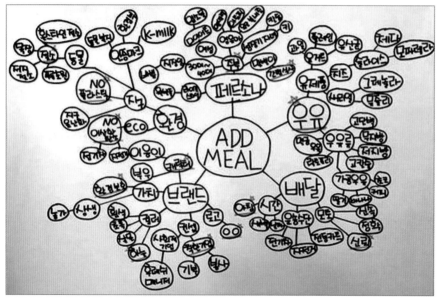

▲ 브레인스토밍으로 다양한 아이디어 도출

③ **스캠퍼** | 스캠퍼(Scamper)는 브레인스토밍 기법의 하나로, 일곱 개의 키워드로 재구성한 아이디어를 발전시키는 것입니다. 사고의 영역을 일곱 개의 키워드로 정해놓고 이에 맞는 새로운 아이디어를 생성한 후 실행 가능한 최적의 대안을 골라내므로 브레인스토밍보다 구체적인 안을 도출하기에 좋습니다.

> **일곱 개의 스캠퍼 키워드**
> ① Substitute(대치) | A 대신 B로 하면 어떨까?
> ② Combine(결합) | A와 B를 결합하면 어떨까?
> ③ Adapt(응용) | A를 B 외에 C에도 사용하면 어떨까?
> ④ Modify, Magnify, Minify(수정, 확대, 축소) | A의 특성을 변형하거나 확대, 축소하면 어떨까?
> ⑤ Put other uses(다른 용도) | A를 B 용도 외의 다른 용도로 사용하면 어떨까?
> ⑥ Eliminate(제거) | A의 일부를 제거하면 어떨까?
> ⑦ Reverse, Rearrange(반전, 재정렬) | AB를 BA로 반전하거나, A의 역할을 바꾸면 어떨까?

체크리스트	질문	아이디어
Substitute(대치)	무엇으로 대치할 수 있는가?	밀가루 대신 쌀가루로 만든 라면
Combine(결합)	무엇과 결합할 수 있는가?	시계 + 시계 = 양면시계 프린트 + 복사기 = 복합기
Adapt(응용)	조건이나 목적에 맞게 적용할 수 있는가?	김치냉장고에 온도 조절 기능을 넣어 야채 보관 고로 응용
Modify, Magnify, Minify (수정, 확대, 축소)	수정, 확대, 축소할 수 있는 것은 무엇인가?	와플 과자에 아이스크림을 얹어 아이스크림 콘 으로 활용
Put other uses(다른 용도)	다른 방법이나 다른 용도로 사용할 수 있는 것은 무엇인가?	솥뚜껑을 뒤집어 무쇠 프라이팬으로 사용
Eliminate(제거)	무엇을 생략시킬 수 있을까?	기기 내부에 공기 순환 장치를 두고 선풍기의 날개를 제거한 날개 없는 선풍기
Reverse, Rearrange (반전, 재정렬)	순서를 재배열할 수 있는 것은 무엇인가?	상단 냉동실을 좌측에 배치한 양문형 냉장고

▲ 스캠퍼 체크리스트 활용

04

구조 전략 설계

콘셉트를 시각화하기

콘셉트 시각화 이해하기

구조 전략 설계 단계에서는 벤치마킹한 사이트 혹은 이미지의 분석 기준을 토대로 작업을 진행할 사이트의 콘셉트를 구체화하는 단계입니다. 우선 콘셉트를 시각화하는데 이 단계에서 가장 중요한 것은 시각 자료를 많이 모아두고 이것을 바탕으로 작업하는 것입니다. 벤치마킹한 대상과 비교했을 때 나의 프로젝트는 어떤 점을 강조할지 버블매트릭스 다이어그램으로 정리하고 이미지 배색을 통해 콘셉트를 시각화해나가는 것이 좋습니다. 여기서는 '친환경 프리미엄 우유' 콘셉트로 시각화 작업을 진행해보겠습니다.

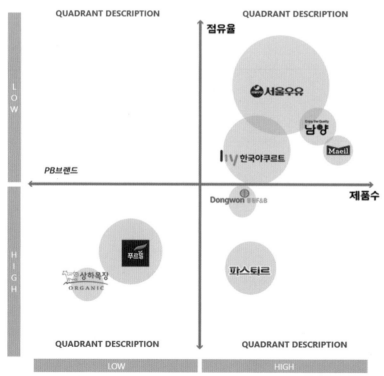

▲ 버블매트릭스를 통한 콘셉트 시각화

만약 콘셉트 시각화 작업이 어렵다면 콜라주 형식으로 벤치마킹한 이미지를 정리해도 됩니다. 이미지를 모았다 다시 나누는 작업을 통해 해당 이미지가 시각적으로 어떻게 보이게 될지 가늠해볼 수 있습니다.

콘셉트 시각화는 레이아웃, 타이포그래피, 색감, 모션 등을 벤치마킹하여 자료를 수집하고, 수집한 모든 자료를 가지고 버블매트릭스나 콜라주 형식을 통해 콘셉트를 시각화해나갑니다. 이 과정에서 중요한 작업은 전체적인 콘셉트를 형용사(세련된, 도시적인, 편안한, 산뜻한 등)로 도출하는 것입니다. 이런 작업이 이미지와 색상 톤을 연상하는 데 도움이 되며 실제로 사용할 색상 콘셉트를 정할 때 굉장히 유용합니다. 예를 들어 '전문적인, 도시적인, 심플한'이라는 형용사를 도출했다면, 관련된 이미지(도시, 빌딩숲, 도로, 직선 등)와 색(명도별 무채색, 신뢰감을 주는 푸른 계열의 색이나 노란 계열의 색 등)을 연상할 수 있습니다. 이렇게 연상된 이미지와 색으로 전체적인 콘셉트를 시각화해나갈 수 있게 됩니다.

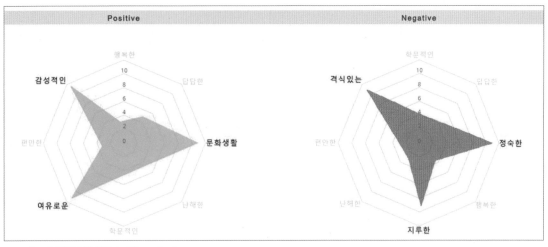

▲ 콘셉트 시각화를 위한 형용사 키워드 도출

콘셉트 시각화 한눈에 살펴보기

콘셉트 시각화 작업에서는 먼저 콘셉트보드(무드보드, 톤앤매너보드)를 작성합니다. 콘셉트를 시각화하기 위해서는 그래픽 요소를 컬러, 타이포그래피, 레이아웃, 이미지 등 네 가지 정도로 정리해볼 수 있는데, 이 요소들을 정리해놓은 것이 무드보드(Moodboard) 혹은 톤앤매너보드(Tone&Mannerboard)입니다. 이때 디자이너는 자신이 사용할 여러 가지 컬러와 질감 등의 샘플을 정리해두면 디자인 작업 시 전반적인 분위기와 흐름을 파악할 수 있습니다. 실무에서 사용하는 이 콘셉트보드는 에이전시나 프로젝트별로 다른 형태일 수 있지만, 콘셉트 시각화에 가장 필요한 단계이므로 어떤 프로세스로 진행되는지는 제대로 익혀둬야 합니다.

| 기능 꼼꼼 익히기 ▶ | 좋은 콘셉트를 만들기 위한 다섯 가지 원칙 |

좋은 콘셉트를 만들기 위해서는 다음 다섯 가지 원칙을 반드시 기억해두는 것이 좋습니다.

❶ 핵심만 단순하게 전달하라   ❷ 다른 것과의 차별성을 강조하라   ❸ 계속 생각나게 하라

❹ 스토리를 부여하라   ❺ 일관성 있는 콘셉트를 유지하라

콘셉트 시각화의 요소

① **키워드 도출** | 콘셉트 시각화를 위한 가장 첫 번째 단계로, 자신이 작업할 디자인의 전체적인 콘셉트를 키워드로 정리합니다. 앞서 말했듯이 키워드는 형용사로 정리해야만 형용사의 분위기에 어울리는 색을 선택할 수 있습니다.

② **컬러 및 이미지맵 정리** | '상생, 신뢰, 동물보호, 환경보호'라는 키워드를 도출했다면 어울리는 색상 톤은 명도가 높은 푸른 계열의 색일 것입니다. 이때 주조색을 정했다면 그에 어울리는 보조색과 강조색을 정해 배색하고 컬러테이블을 만들어줍니다.

'상생, 신뢰, 동물보호, 환경보호' 키워드에 맞춰 무채색 또는 푸른 계열의 색을 정하고, 그에 어울리는 색을 선택하여 배색합니다. 그런 다음 타깃의 성향에 맞게 디자인 방향을 정하고 레이아웃을 참조할 만한 벤치마킹 자료를 모아 콜라주합니다. 이 모든 것은 디자인 의도를 정리하는 단계입니다.

기능 꼼꼼 익히기 ▶ **주조색, 보조색, 강조색**

❶ **주조색** | 가장 많은 면적과 기능을 차지하는 색으로, 디자인 전체의 중심이 되는 색입니다. 상징적으로 떠오르는 색이며 특정한 색이 아닌 톤 중심으로 표현할 수도 있습니다. 기조색이라고도 합니다.

❷ **보조색** | 주조색을 보완한 배색으로 주조색과 함께 디자인의 느낌과 목표를 전달해야 하는 색입니다.

❸ **강조색** | 가장 작은 면적으로 가장 큰 효과를 나타내는 포인트 색입니다.

---

③ **타이포그래피 선정** | 문자(Type)는 주로 사용할 글꼴과 포인트로 부각할 글꼴을 정하고 그에 알맞은 색을 정리합니다. 프로토타입은 이미지로 콜라주하듯이 정리해도 좋습니다.

실전 콘셉트 시각화 예시

'친환경 프리미엄 우유'라는 콘셉트에 맞춰 키워드, 컬러 및 이미지맵, 타이포그래피 요소를 정해봅니다. 바쁘게 살아가는 현대인이 건강한 아침을 맞이할 수 있도록 도와준다는 의미를 담은 우유입니다. 이를 브랜딩한 것으로 다음과 같은 콘셉트에 따라 시각화 작업을 거칩니다.

① **콘셉트**
- 기업과 파트너 모두가 함께 성장하는 브랜드
- 건강한 목장 환경의 발전과 젖소의 건강을 위해 힘쓰는 브랜드
- 시간이 지나도 믿고 구매할 수 있는 제품을 만드는 브랜드
- 친환경 기업의 선두 주자로 환경보호에 앞장서는 브랜드

② **키워드** | 상생의, 신뢰의, 건강한, 친환경의, 환경보호

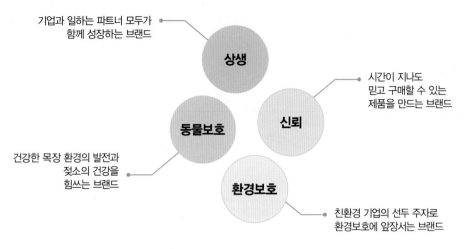

▲ 콘셉트 시각화를 위한 형용사 키워드 도출

③ **컬러 및 이미지맵** | 함께 성장하는 상생, 친환경 목장과 젖소의 건강, 신뢰받는 브랜드, 환경보호 등 도출한 키워드가 연상되는 색상 톤과 이미지를 찾아 이미지맵을 구성합니다. 다음 이미지에서 보이는 색을 컬러맵으로 정리하면 브랜드 콘셉트에 맞는 색을 정할 수 있습니다.

▲ 콘셉트 시각화를 위한 이미지맵

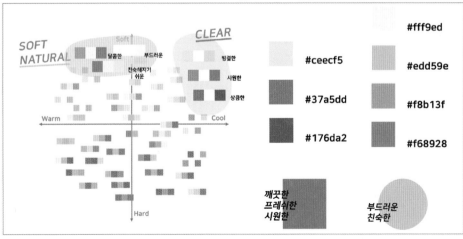

▲ 콘셉트 시각화를 위한 컬러맵

④ **타이포그래피** | '경기 천년 바탕체'는 가독성이 높고 깔끔하여 브랜드의 신념인 신뢰를 나타낼 수 있는 글꼴입니다. '나눔 스퀘어'는 문서의 본문 내용에 사용하기에 좋은 글꼴 중 하나이며 반듯한 직선 모양으로 가독성이 높고 대중적이며 친근한 느낌을 주기에 적합합니다.

경기 천년 바탕체	너에게 줄 우유를 고민하는 나는 이렇게 행복한걸
나눔 스퀘어	먹고 나면 기운이 좀 날 거야!

▲ 콘셉트 시각화를 위한 타이포그래피 선정

기술적 구현

스토리보드 작성하기

스토리보드 이해하기

UX/UI 디자인 기획에 있어서 기술적 구현은 기획한 내용을 기록 및 정리하여 클라이언트에게 보여주기 위한 수단입니다. 이때 스토리보드(Storyboard)를 활용하는데, 스토리보드는 사용자, 목표, 인터페이스 간의 상호작용 역할을 합니다. 스토리보드는 개발자, 디자이너, 기획자 간의 의사소통을 원활하게 해주며 최종적으로 구현해야 하는 서비스와 예상되는 사용자의 경험을 미리 알아볼 수 있는 중요한 요소입니다.

스토리보드는 디자이너가 구현하려는 서비스의 형태가 기획자, 개발자가 의도하고 있는 바와 일치하는지 확인해야 하므로 구체적으로 작성해야 합니다. 스토리보드는 사용자의 행동 패턴을 의도적으로 유도하거나 예상하여 어떤 동작을 수행하게 할 때도 유용합니다. 이를 통해 화면 구현(디자인)뿐만 아니라 개발자가 구현해야 하는 서비스 등에서 발생할 우려가 있는 문제를 사전에 대처해볼 수 있습니다. 또한 디자이너의 화면 구현 및 개발자의 서비스 구현 등에 대해 상호 피드백을 주고받으며 지속적으로 수정해 서비스를 완성시키는 데도 도움이 됩니다.

와이어프레임 작성하기

기획 단계에서 와이어프레임을 작성하는 이유는 프로젝트 일정을 단축하는 데 도움이 되고 제한된 사고를 배제하기 위함입니다. 선 형태로 위치를 잡아 전체적인 레이아웃을 정리하므로 디자인 콘셉트와 콘텐츠의 기능을 파악하는 데도 많은 도움이 됩니다. 이후 대략적인 레이아웃의 형태를 도출하면 시각적인 문서 작업이 마무리됩니다. 이 과정은 업무의 방향성을 이해하는 데 효과적이고, 화면이 어떻게 구현되고 구동되는지 쉽게 알아볼 수 있어 매우 효율적입니다. 이때 와이어프레임은 프로젝트 참여자 모두가 보는 것이므로 알아보기 쉽게 작성해야 합니다. 와이어프레임 작성 과정을 통해 화면에 필요한 기능은 어떤 것이 있는지 상세하게 구상하고 사용성을 정리한 후 전체적인 디자인 콘셉트를 결정합니다.

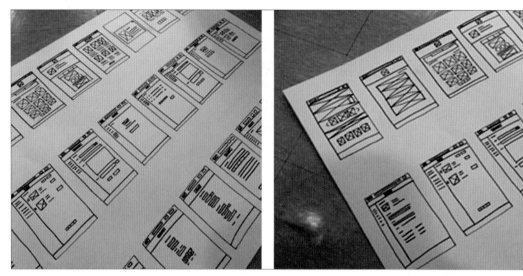

▲ 손으로 그린 와이어프레임

와이어프레임 작성은 도구에 대한 제한이 없습니다. 손으로도 많이 그리지만 파워포인트, 스케치, 일러스트레이터, 포토샵 등 와이어프레임을 구현할 수만 있다면 어떤 도구(프로그램)를 활용해도 상관없습니다. 오른쪽 그림은 와이어프레임을 작성할 수 있는 웹사이트(https://wireframe.cc)를 활용한 와이어프레임입니다.

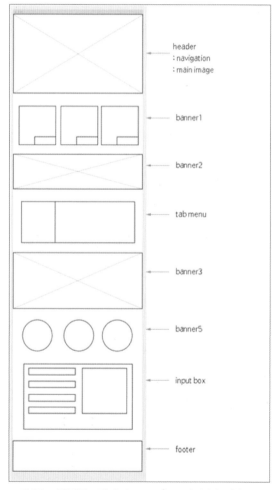

▲ 와이어프레임 작성 도구(wireframe.cc)로 그린 와이어프레임

스토리보드 작성하기

스토리보드는 서비스에 필요한 각 기능 간의 관계를 제대로 설명할 수 있어야 합니다. 또한 사용성이 높은 사이트를 구현할 수 있도록 설계 단계에서는 필요한 콘텐츠와 기능을 모아 순서대로 놓고, 콘텐츠의 크기와 위치 등을 고려해 잘 배치해야 합니다. 이때 실제 개발 단계에서 발생할 수 있는 여러 가지 문제점을 미리 예측하고 발견하여 해결합니다. 즉, 스토리보드를 통해 화면 구현에 대한 의사소통을 효과적으로 할 수 있어야 합니다. 기획자, 디자이너, 개발자 등 모든 실무자가 원활하게 의사소통을 할 수 있어야 하고 서로 신속하고 정확하게 의미를 전달해야 하므로 스토리보드를 잘 작성하는 것은 프로젝트 개발의 매우 중요한 과정입니다.

스토리보드 제대로 작성하기

① **표지 작성** | 프로젝트 이름, 문서의 버전, 작성자 정보, 최종 업데이트 일자를 반드시 작성해야 합니다. 이를 통해 언제, 몇 번째로, 누가 업데이트한 문서인지 알 수 있게 합니다.

OOO Branding Web UI Story Board

Service ID : 01

프로젝트 명	OOO Branding Web UI		
개발기간	2020.03.11 ~ 2020.07.10		
작 성 자	홍 길 동		
부 서	온라인 개발부 기획팀		
최종 수정일	2020.05.15		

결 제			
프로젝트기획자	프로젝트매니저	클라이언트매니저	클라이언트대표

▲ 스토리보드 표지 작성 예시

② **문서의 버전 관리** | 프로젝트는 혼자 하는 것이 아니므로 버전 관리 이력은 매우 중요합니다. 여러 사람이 함께 작업하는 프로젝트는 협업하는 팀 전원이 수정된 내용을 쉽게 확인할 수 있어야 합니다. 따라서 변경된 문서의 버전, 변경 일자, 변경된 위치, 변경 내용, 작성자 정보를 알아볼 수 있게 작성합니다. 문서에서 이해되지 않는 부분은 문서의 최종 수정 시점과 작성자를 확인하여 작성자에게 직접 확인해야 하므로 특히 버전 관리는 필수로 기입합니다.

OOO Branding Web UI 개정이력

Service ID : 01

V.History	Last updated	작업 및 갱신내용	비고	작성자
V0.1	2020.03.11	초안 제작 회의		홍길동
1.2	2020.03.13	건강한 유기농 우유 브랜드 사이트 이므로 타 경쟁사 간의 포지셔닝 맵 정리	3.12 회의 결과 반영	홍길동
1.3	2020.03.15	-브랜드컨셉에 맞는 Main banner 화면 전체로 제작 -fixed banner 바틀 추가	3.14 회의 결과 반영	홍길동
1.4	2020.03.17	-side bar 광고 이벤트 banner 공간 마련, 내용 수정	3.16 회의 결과 반영	홍길동
1.5	2020.03.27	-개인정보취급방침 수정사항 반영 및 서브페이지 내용 업데이트 완료 -모바일 페이지 상단 소개 문구 회의 및 수정		홍길동
1.6	2020.04.02	-푸터수정, 고객사 피드백 반영		홍길동
1.7	2020.04.10	-메뉴 레이블링 국문으로 수정 -고객 최종 수정사항 반영		홍길동

▲ 스토리보드 문서의 버전 관리 예시

③ **목차 작성** | 목차가 있으면 스토리보드의 내용이 많을 때 원하는 내용을 쉽게 찾아볼 수 있어서 업무의 효율성을 기대할 수 있습니다.

④ **정보설계도(Information Architecture) 작성** | 메뉴의 내용과 기능을 카테고리화하고 사용자 입장에서 복잡하지 않은 단계(Depth)까지 작성해야 합니다. 쉽게 말해 정보설계도는 사이트맵으로 이해할 수 있고, 이러한 구조 전략을 제대로 정리해야 합니다.

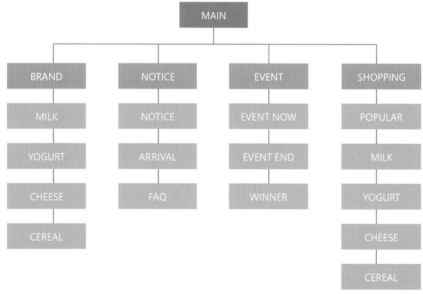

▲ 정보설계도 작성 예시

> 정보설계도란 모형 가이드라인, 그래픽 테마 설계, 페이지 설계와 산업 디자인 정보를 정리하는 데 기초가 되는 것으로, 웹사이트 설계에서 시각적 구조를 만들고 정보 탐색에 적합하도록 내용을 협의적으로 표현한 것입니다. 내용을 일목요연하게 보여주기 위해 일종의 사이트맵으로 정리한 구조도라고 볼 수 있습니다.

⑤ **공통 모듈 작성** | 매번 반복해서 나오는 내용을 공통 모듈로 작성해서 사용합니다. 내비게이션 메뉴, 헤더, 푸터 등은 대부분 모든 페이지에 동일하게 들어가는 내용이므로 한 곳에서 공통 모듈로 작성하게 되면 수정 사항이 생겨도 한 번만 수정하면 되어 매우 편리합니다.

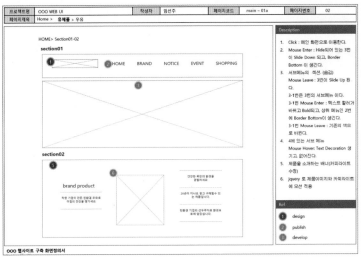

▲ 공통 모듈 작성 예시

⑥ 화면 설계 설명문(Description) 작성 | 화면의 내용을 직관적이고 구체적으로 설명하는 단계입니다. 이때 UX를 고려하여 실제로 구현할 화면의 내용과 구성 요소 등에 대해 순차적인 번호를 부여하고 설명을 자세하게 기술합니다. 디자인 구성과 기능적인 내용을 구체적으로 기술해서 디자이너와 개발자가 한눈에 직관적으로 확인할 수 있도록 합니다. 또한 기본 텍스트 구현의 경우 실제로 사이트가 운영되는 것처럼 보이도록 내용에 맞는 스크립트로 작성하는 것이 좋습니다. 예를 들어 '테스트 중입니다'라는 스크립트보다는 '오픈 기념 이벤트가 진행 중입니다' 등으로 스크립트를 현실감 있게 작성합니다. 이렇게 작성하면 개발자, 디자이너, 기획자 모두가 명확한 의사소통을 할 수 있어 업무 효율이 올라갑니다.

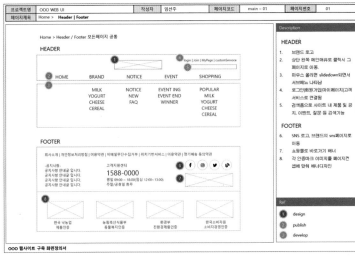

▲ 화면 설계 설명문 작성 예시

목업

개발 전 디자인 결과물 만들어보기

목업 이해하기

목업은 서비스를 완전히 개발하기 전에 실제 결과물과 같은 형태로 만들어보는 것입니다. 이는 스케치나 와 이어프레임과 달리 어느 정도 시각적인 형태가 적용되게 하고, 디자인이 실제로 어떻게 보이게 될지 최대한 유사한 모양으로 만드는 과정이므로 결과물에 대해 충분히 예상할 수 있도록 제작합니다.

UI 디자인에서 목업은 보통 시제품, 견본품, 프로토타입 등과 같은 맥락으로 사용되고 있습니다. 엄밀히 차이를 구분하자면, 프로토타입보다는 조금 빠르게 제품 등에 브랜딩 결과를 적용해봄으로써 제품이 잘 만들어질 것이라는 확신을 갖거나 부족한 부분을 보완하기 위한 과정입니다. 따라서 목업은 브랜딩한 로고 등을 여러 제품에 적용해 색상 및 타이포그래피 구성 등의 시각적인 부분을 확인해볼 수 있습니다.

목업 예시 살펴보기

제품 목업을 통해 브랜딩의 시각적인 측면을 확인할 수 있습니다.

▲ 제품 목업 예시

목업은 프로토타입과 같은 내용으로 만들어집니다. 따라서 기획 과정을 거쳐 프로토타입을 제작한 디자인 결과물을 목업이라 표현할 수도 있습니다. 다음 이미지는 우유 브랜드를 기획하여 제작을 완성한 웹용 UI 목업, 즉 프로토타입 사례입니다.

프로토타입을 제작하는 방법은 이 책의 208쪽에서 자세히 실습해보겠습니다.

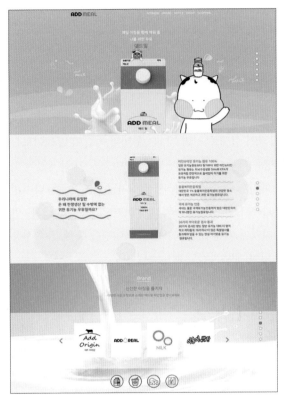

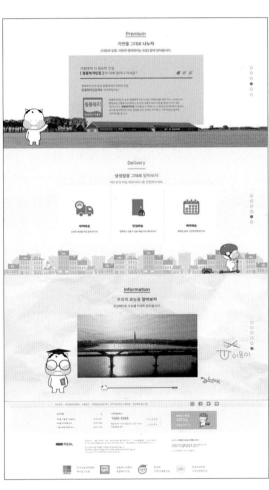

▲ 기획 과정을 통해 제작한 포트폴리오용 목업 제작 예시

비주얼 디자인 프로토타이핑

프로토타입 이해하고 만들기

프로토타이핑 이해하기

프로토타이핑(Prototyping)은 다양한 인터랙션이 결합되어 실제로 서비스하는 형태와 똑같이 만들어보는 모형 단계를 말합니다. 프로토타이핑을 통해 사용자의 행동 패턴이 분석되면 페이지 이동 등이 문제없이 적용되는지 테스트할 수 있고, 화면이 이동하는 동작까지 확인할 수 있습니다. 시간이 지날수록 프로토타이핑의 중요성은 점점 대두되고 있습니다. 다양한 인터랙션과 복잡한 프로세스의 발달로 미리 프로토타입을 만들어두고 논의하는 것이 프로젝트 완성도에 큰 영향을 미치기 때문입니다. 프로토타이핑을 통해 최종 사용자의 요구를 극대화하거나 사용자의 평가를 빠르게 알 수 있어 개발 기간도 꽤 단축됩니다.

프로토타입을 제작한 후 화면 전환 효과 등을 위해 인터랙션 기능을 적용합니다. 인터랙션 기능에 대해서는 이 책의 175쪽에서 더 자세히 설명합니다.

프로토타이핑의 과정과 문제점

① **1단계** | 사용자의 요구 사항을 분석하기 위해 시스템 설계자와 사용자가 함께 작업합니다.

② **2단계** | 시스템 설계자는 케이스 도구를 이용해 개발합니다.

③ **3단계** | 사용자는 개발된 프로토타입을 실제로 사용해보고, 요구 사항을 확인하며 보완 작업을 거칩니다.

④ **4단계** | 최종적으로 수정 보완된 프로토타입으로 완성도를 높여나갑니다.

그러나 프로토타이핑 단계에서는 몇 가지 주의 사항도 있습니다. 문서로 만드는 과정이 지나치게 축소되어 의사소통이 제대로 되지 않으면 유지 보수의 문제가 발생할 수 있습니다. 단순히 프로토타입만으로 테스트할 수 있는 부분은 한계가 있어서 하드웨어 성능을 고려하지 않고 프로토타이핑을 하면 사용자 요구에 따른 효율성이 떨어질 수도 있습니다.

프로토타이핑 도구 알아보기

프로토타이핑을 하려면 인터랙션 디자인을 할 수 있는 도구를 확인해봅니다. 프로토타이핑 제작 도구를 선택하는 기준은 학습 난도, 인터랙션 구현 능력, 디바이스 테스트 여부, 도구의 업데이트, 공유 편의성, 유/무료 등 선택 기준이 다양합니다. 프로토타이핑 제작 도구는 계속 업그레이드되고 있고 새로운 도구가 개발되기도 합니다. 여기서는 대표적인 도구 몇 가지를 살펴보겠습니다.

파워목업(PowerMockup)

파워포인트에 추가 메뉴(플러그인)를 설치해 사용할 수 있습니다. Windows 환경에서 실행할 수 있고 파워포인트의 제한된 기능을 화면 설계 디자인에 적합하도록 설정해줍니다. 작업 환경은 다음과 같으며 공식 사이트(https://powermockup.com)에서 다운로드해 설치할 수 있습니다. 30일 동안 무료로 사용할 수 있고 이후로는 유료로 전환됩니다.

발사믹 목업(Balsamiq Mockups)

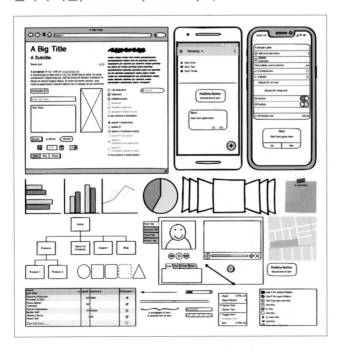

손으로 스케치한 느낌을 표현할 수 있고 빠르고 간단하게 콘셉트를 보여줄 수 있습니다. Windows와 macOS 환경에서 실행할 수 있어 활용하기 좋습니다. 단시간에 빠르게 프로토타입을 만들어야 할 때 매우 효과적인 도구입니다. 공식 사이트(https://balsamiq.com)에서 다운로드해 설치할 수 있으며 유료 프로그램입니다.

카카오 오븐(Kakao Oven)

카카오 오븐은 카카오에서 제공하는 HTML5 기반의 무료 웹/앱 프로토타이핑 도구입니다. 목업 외에도 동작할 수 있는 인터랙션 인터페이스를 만들 수 있고 동작하는 모습을 빠르게 보여줄 수 있습니다. 공식 사이트(https://ovenapp.io)에 접속하여 사용할 수 있는데 별도의 프로그램을 설치하지 않고 웹에서 바로 작업할 수 있습니다. 게다가 크롬, 파이어폭스, 오페라, 사파리 브라우저를 지원하며 무료로 사용할 수 있습니다. 단, 인터넷 익스플로러는 지원하지 않습니다.

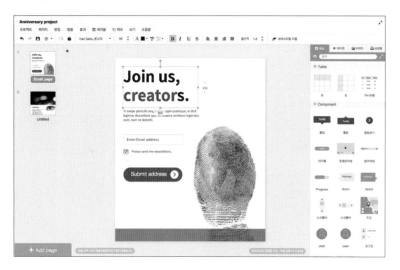

액슈어(Axure)

액슈어는 스토리보드에 포함되는 정책, 플로우차트, 디스크립션까지 모두 작성할 수 있고 Windows와 macOS 환경에서 사용할 수 있습니다. 와이어프레임부터 목업, 프로토타입까지 한번에 작성하는 기획자나 디자이너에게 매우 유용한 도구입니다. 웹에서 구현된 상태를 바로 확인할 수 있어서 구체적인 회의를 진행할 수 있고, 클라이언트에게도 바로 검증해볼 수 있어서 실무에 많은 도움이 됩니다. 공식 사이트(https://axure.com)에서 다운로드해 설치할 수 있고 처음 설치하면 30일 동안 무료로 사용할 수 있습니다.

스케치(Sketch)

macOS 전용 프로토타이핑 도구이지만 가장 많이 사용되고 있는 도구이기도 합니다. 스케치 프로그램 내에서 프로토타입을 확인할 수 있고, iOS Sketch Mirror에서 테스트하고 스케치 클라우드에 업로드해 클라이언트나 동료와 공유하고 확인하기 쉽습니다. 또한 매우 가볍고 심플하며 템플릿이 많아 디자이너에게 인기가 많습니다. 단, macOS 전용이고 유료로만 사용할 수 있어 사용에 제한이 많습니다.

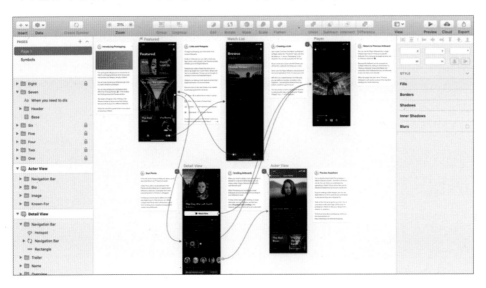

피그마(Figma)

피그마는 2016년에 개발된 프로토타입 도구로, Windows와 macOS 환경에서 사용할 수 있는 응용 프로그램입니다. Android와 iOS용 앱을 사용하면 모바일 기기에서도 프로토타입을 확인할 수 있습니다. 앞서 소개한 도구들처럼 실시간 협업에 중점을 두었고 스케치, XD와 함께 많이 사용되는 도구입니다. 공식 사이트(https://www.figma.com)에서 다운로드해 무료로 사용할 수 있으나 일부 기능이 제한되어 있어서 유료로 가입해 사용하기를 권합니다.

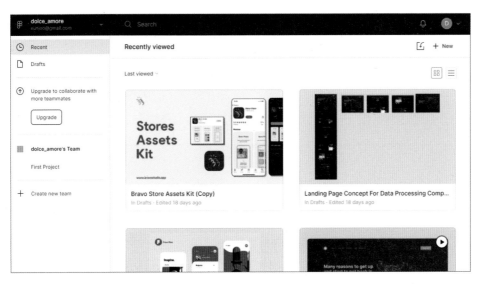

XD를 활용하면 웹사이트나 모바일용 웹, 앱을 간편하게 디자인할 수 있습니다.

와이어프레임과 목업을 빠르게 디자인하고

다양한 디바이스 환경에 맞춰 제작할 수 있습니다.

인터랙션 기능을 활용하면 애니메이션 추가가 자유롭고

이를 통해 프로토타입도 손쉽게 제작할 수 있습니다.

또한 실시간 협업이 가능하므로 디자인을 공유하면

피드백도 빠르게 반영할 수 있습니다.

그럼 지금부터 XD의 기본 도구 활용 및 애니메이션 적용 등

XD의 핵심 기능을 학습해보겠습니다.

CHAPTER 02

UX/UI 디자인을
제작하다

XD, 어떻게 생겼지

XD 실행 화면 살펴보기

본격적으로 UX/UI 디자인 작업을 하기 전에 먼저 XD와 친해져야 합니다. 이미 포토샵이나 일러스트레이터를 다뤄봤더라도 XD의 인터페이스는 익숙하지 않을 수 있습니다. 하지만 XD는 매우 직관적이고 최소한의 메뉴만 있으므로 기능을 익히는 것이 어렵지 않습니다.

XD 워크플로우 이해하기

XD 프로그램을 활용한 워크플로우는 '디자인→프로토타이핑→공유'입니다. 디자인 모드에서는 레이아웃을 만들고 텍스트와 이미지를 삽입하거나 벡터 형식의 아이콘을 만듭니다. 다양한 도구와 기능을 이용해 프로토타입의 디자인을 구현합니다. 프로토타입 모드에서는 인터랙션 디자인, 즉 사용자의 클릭 및 드래그와 같은 행동이 있을 때 반응하는 화면 전환 효과를 적용합니다. 트랜지션 링크 기능을 활용해 인터랙션 디자인을 만듭니다. 공유 모드에서는 프로토타입을 미리 확인할 수 있고 다른 작업자와 공유할 수 있는 링크 주소를 생성합니다. 언제 어디서나 PC 또는 모바일 등을 활용해 공유 링크에 접속하면 프로젝트 참여자가 프로토타입을 확인할 수 있습니다. XD를 활용한 기본 화면은 디자인 모드이고, 디자인 모드에서 작업한 후 프로토타입 모드를 거쳐 공유 모드를 활용합니다.

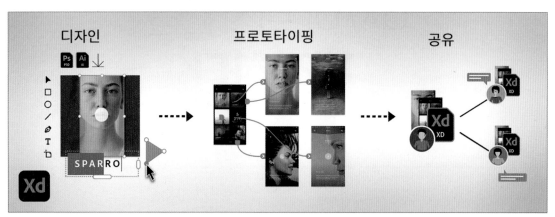

▲ XD 워크플로우

XD 시작/기본 화면 알아보기

XD를 실행했을 때 처음 보이는 시작 화면과 기본 화면부터 살펴보겠습니다. XD 화면을 구성하고 있는 요소의 이름, 위치, 기능을 파악하고 도구와 속성 관리자도 알아보겠습니다.

시작 화면

XD를 시작하면 가장 먼저 보이는 화면입니다. 홈 화면이라고도 하며 아트보드를 선택해 디자인 모드에서 프로토타입을 구현할 수 있습니다. 각 항목의 이름과 기능에 대해 알아보겠습니다.

▲ XD 시작 화면

① **홈** | XD를 실행하면 나타나는 시작 화면입니다. 디자인 작업 중 홈🏠을 클릭하면 현재 보이는 시작 화면이 새 창으로 나타납니다.

② **내 작업** | 어도비 클라우드에 저장된 문서를 공유, 관리할 수 있습니다. 내 클라우드 문서뿐만 아니라 나에게 공유된 문서도 확인할 수 있습니다.

③ **내 컴퓨터에서** | 내 컴퓨터에 저장된 XD 파일 또는 PSD, AI, Sketch 등의 파일을 불러올 수 있습니다.

④ **아트보드** | 디자인을 시작할 아트보드의 크기를 선택할 수 있습니다. [iPhone], [웹], [소셜 미디어] 등 사전 설정된 다양한 옵션 중에서 선택하거나 [맞춤형]으로 직접 지정할 수도 있습니다. 원하는 플랫폼의 종류에 따라 아트보드 크기 및 옵션을 선택해 프로토타입 디자인을 만듭니다.

⑤ **최근 항목** | 최근에 열어본 파일의 목록을 미리 확인할 수 있습니다.

⑥ **튜토리얼 시작** | XD 기본 기능이나 UI 키트 등을 찾을 수 있고 어도비에서 추천하는 것을 활용할 수도 있습니다. 인터넷에 연결된 상태여야만 활용할 수 있습니다.

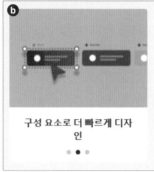

ⓐ **XD의 새로운 기능 보기** | 업데이트된 기능을 소개하는 어도비 홈페이지의 XD 지원 페이지로 이동합니다.

ⓑ **구성 요소로 더 빠르게 디자인** | 튜토리얼의 프로젝트 파일을 활용한 실습을 통해 XD의 주요 기능을 익힐 수 있습니다. 애플 HIG 디자인, 구글 머티리얼 디자인, 어도비 구성 요소, 마이크로소프트 등의 UI 키트를 다운로드해 활용할 수도 있습니다.

ⓒ **모바일 제스처를 만드는 방법 알아보기** | 도전 과제에 참여하거나 이전 도전 과제의 내용을 영상으로 살펴볼 수 있습니다.

기능 꼼꼼 익히기 ▶ **시작 화면 꼼꼼히 살펴보기**

XD는 프로그램뿐만 아니라 플러그인 및 UI 키트도 자주 업데이트됩니다. 따라서 작업을 시작하기 전에 각 항목을 클릭해 자주 확인해보는 것이 좋습니다. 어도비에서 추천하는 플러그인으로 XD 기능을 확장하고 UI 키트를 사용해 디자인의 완성도를 높일 수 있습니다. 또한 시작 화면에 새로 추가된 [학습] 메뉴는 XD 초보자가 활용하기에 안성맞춤입니다. 간단한 디자인, 프로토타입, 공동 작업, 디자인 시스템(구성 요소, 반복 요소, 간편한 크기 조절) 등의 내용을 짧은 학습 영상으로 제공합니다. 잘 활용하면 XD의 핵심 기능을 쉽고 빠르게 배울 수 있습니다.

[학습] 메뉴에서는 XD 시작하기, 디자인 요소 만들고 가져오기, UI 키트 다운로드해 활용하기, 프로토타입으로 생동감 있는 인터랙션 연결하기, 공동 작업으로 협업하기, 디자인 시스템 등의 단계별 과정도 한눈에 확인할 수 있습니다.

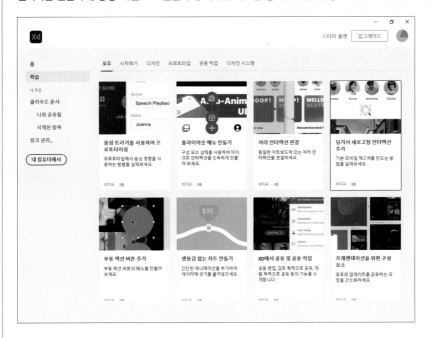

아직 XD가 서툴다면 이러한 튜토리얼을 숙지한 후 작업을 시작해도 좋습니다. XD는 업데이트가 잦은 프로그램이므로 크리에이티브 클라우드 앱을 통해 수시로 업데이트하기를 권합니다. 그리고 새로운 기능은 어도비 홈페이지의 XD 지원 페이지를 참고합니다.

기본 화면(인터페이스)

시작 화면에서 아트보드를 선택하면 디자인 모드인 기본 화면이 나타납니다. 각 항목의 이름과 기능에 대해 살펴보겠습니다.

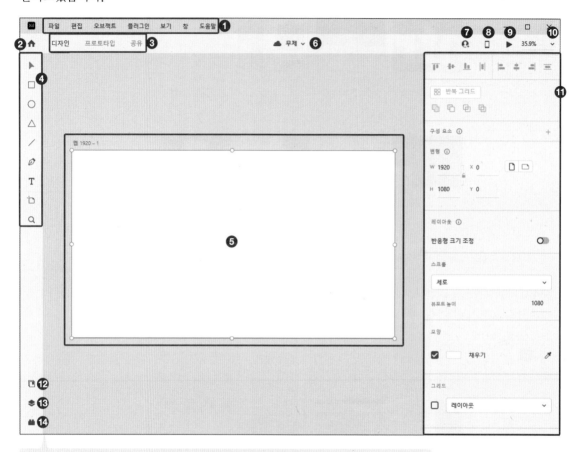

XD 메뉴는 사용자 환경(Windows와 macOS)에 따라 인터페이스가 약간 다른데, 위치만 다를 뿐 기능은 같습니다.

XD CC 최신 버전에서는 상단에 메뉴바가 생겨 작업이 더욱 편리해졌습니다. 이전에는 왼쪽 상단의 ≣를 클릭하면 나타나는 파일 관련 메뉴 하나만 있었습니다. 현재는 파일, 편집, 오브젝트, 플러그인, 보기, 창, 도움말 등 다양한 메뉴가 메뉴바에 정리되어 있어 필요한 기능을 쉽게 찾을 수 있습니다. XD CC 는 업데이트가 잦아 이와 같은 변경 사항이 계속 생길 수 있습니다. 업데이트마다 유연하게 대처해야 합니다.

① **메뉴** | 파일, 편집, 오브젝트, 플러그인, 보기, 창, 도움말 등 자주 사용하는 기능을 메뉴로 정리해 모아두었습니다.

② **홈** | 시작 화면으로 이동합니다. 새 파일을 생성하거나 최근에 생성한 파일을 불러올 수 있고 새로운 기능을 학습할 수도 있습니다.

③ **디자인/프로토타입/공유** | 작업 모드를 전환할 수 있습니다. 기본 모드는 디자인 모드이고 [프로토타입]을 클릭하면 프로토타입 모드로 전환됩니다. [공유] 탭을 클릭하면 오른쪽에 있는 속성 관리자에서 링크를 만들어 공유할 수 있습니다.

④ **도구바(도구 패널)** | 선택, 사각형, 원형, 다각형, 선, 펜, 문자, 아트보드, 확대/축소 도구가 있습니다. 다

양한 도형과 선을 만들고 문자를 입력할 수 있는 도구 모음입니다.

⑤ **아트보드** | 시작 화면에서 선택한 크기의 아트보드가 나타납니다. 아트보드에서 디자인하고 편집합니다.

⑥ **문서 이름** | 문서 이름이 나타나고 아무것도 지정하지 않았다면 '무제'로 표시됩니다. 클라우드 문서에 저장할지 내 컴퓨터에 저장할지, 저장 방식을 선택할 수 있습니다.

⑦ **문서로 초대** | 편집 작업에 필요한 공동 편집 멤버를 초대합니다. 다른 사람과 온라인에서 실시간으로 공동 작업을 수행할 수 있습니다.

⑧ **디바이스 미리보기** | 연결된 디바이스에서 작업 결과물을 미리 확인할 수 있습니다. iOS에서 확인하려면 최신 버전의 iTunes를 이용하고, Android에서 확인하려면 파일을 클라우드 문서로 저장해 XD 모바일 앱을 이용합니다.

⑨ **데스크탑 미리보기** | 사용 중인 데스크톱에서 작업 결과물을 미리 확인할 수 있습니다.

⑩ **확대/축소** | 아트보드 화면을 확대하거나 축소하여 볼 수 있습니다. 보이는 설정에 따라 단축키를 사용할 수도 있습니다. `Ctrl` + `1` 을 누르면 100%로 볼 수 있고, 화면을 확대하려면 `Ctrl` + `+` 를, 화면을 축소하려면 `Ctrl` + `-` 를 누릅니다.

⑪ **속성 관리자** | 선택한 오브젝트나 도구의 정렬, 배치, 크기 등 옵션을 확인하고 설정할 수 있습니다.

⑫ **라이브러리** | 오브젝트에 지정한 색, 문자 속성, 구성 요소 등의 속성을 그대로 저장해두는 [문서 에셋] 패널이 나타납니다. 에셋을 불러오거나 새 에셋을 만들어 사용할 수 있습니다. 단축키는 `Shift` + `Ctrl` + `Y` 입니다.

⑬ **레이어** | [레이어] 패널이 나타납니다. 아트보드를 구성하는 오브젝트의 정보가 목록으로 나타나며, 레이어 구성 요소의 이름을 설정하고 순서를 변경할 수 있습니다. 단축키는 `Ctrl` + `Y` 입니다.

⑭ **플러그인** | 아이콘, 일러스트레이션, 사진 등을 제공하는 [플러그인] 패널이 나타납니다. 플러그인을 탐색하여 바로 설치할 수 있고 설치된 플러그인을 꺼내 바로 활용할 수도 있습니다.

도구 이름과 기능 살펴보기

XD의 도구바는 다른 어도비 프로그램에 비해 비교적 간단하게 구성되어 있습니다. 오브젝트를 디자인할 때 반드시 필요한 도구로만 구성되어 있고 누구나 직관적으로 알아볼 수 있는 아이콘이라 기능을 익히기에 어렵지 않습니다. 마우스 포인터를 올리면 도구 위에 도구 설명과 단축키가 나타나므로 어떤 기능의 도구인지 쉽게 익힐 수 있습니다.

도구바 살펴보기

도구를 자유롭게 다루려면 약간의 시간과 노력이 필요합니다. 여기서는 어떤 도구들이 있는지, 그 도구들의 기능은 무엇인지 간단히 훑어보고 다양한 실습을 진행하며 도구 사용에 익숙해지도록 합니다.

① **선택 도구 V** | 원하는 영역이나 오브젝트를 선택합니다.

② **사각형 도구 R** | 벡터 형식의 사각형 오브젝트를 그립니다.

③ **원형 도구 E** | 벡터 형식의 원 오브젝트를 그립니다.

④ **다각형 도구 Y** | 벡터 형식의 다각형 오브젝트를 그립니다.

⑤ **선 도구 L** | 간단한 직선을 그립니다.

⑥ **펜 도구 P** | 직선과 곡선, 벡터 형식의 열린 도형과 닫힌 도형을 그립니다.

⑦ **문자 도구 T** | 문자를 입력하고 수정합니다.

⑧ **아트보드 도구 A** | 기본 아트보드 외에 새 아트보드를 추가하거나 아트보드를 수정합니다. 디바이스별로 다른 크기의 아트보드를 추가할 수 있습니다.

⑨ **확대/축소 도구 Z** | 아트보드나 오브젝트 위를 클릭하면 클릭한 부분 중심으로 확대되고, Alt 를 누른 채 클릭하면 축소됩니다.

도구바 아래에 있는 라이브러리, 레이어, 플러그인에 대한 설명은 073쪽의 기본 화면(인터페이스) 설명을 참고합니다.

어도비 그래픽 프로그램의 도구는 대부분 비슷한 모양이고 사용법이나 단축키가 동일합니다. 각 도구를 하나씩 선택할 때마다 오른쪽에 속성 관리자가 자동으로 나타나는 것도 동일합니다. 속성 관리자는 도구의 보조 역할을 하므로 설정값이나 옵션을 변경하고 싶을 때는 속성 관리자를 살펴봅니다.

속성 관리자 살펴보기

작업 화면 오른쪽에는 속성 관리자가 나타납니다. 선택한 도구에 따라 기능이 다르게 나타나는 유동적인 패널로, 아래 그림은 선택 도구로 아트보드를 선택한 상태입니다.

선택 도구의 속성 관리자

도구바에서 선택 도구를 클릭하면 오른쪽에 속성 관리자가 나타납니다. 선택한 도구에 따라 각 항목이 다르지만 기본값은 선택 도구 항목과 동일합니다. 선택 도구로 오브젝트를 선택하면 변경할 수 있는 속성이 표시되고 옵션값을 설정할 수 있습니다. 자세한 기능을 살펴보며 어떤 역할을 하는지 알아보겠습니다.

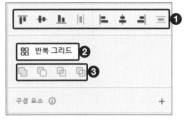

① **정렬과 배치** | 오브젝트 간의 가로, 세로, 간격 등을 정렬합니다.

② **반복 그리드** | 한 개의 오브젝트를 그리고 반복 그리드를 설정한 후 드래그하면 같은 오브젝트가 가로 혹은 세로 방향으로 반복합니다.

③ **병합 방법** | 두 개의 오브젝트의 겹친 부분을 기준으로 합치거나, 빼거나, 겹친 부분만 남기거나, 겹친 부분을 제외하고 남깁니다.

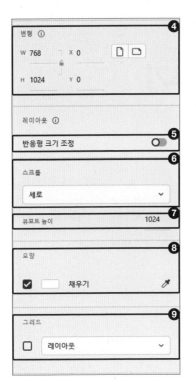

④ **변형** | 선택한 오브젝트의 크기(W, H)와 위치(X, Y)를 설정합니다. 아트보드의 방향을 가로 또는 세로로 설정할 수 있고 좌우 또는 상하로 반전할 수 있습니다.

⑤ **반응형 크기 조정** | 디자인된 아트보드를 복제하고 이미지나 텍스트의 크기, 위치 등을 모바일, 태블릿, 데스크톱의 해상도에 맞춰 조정(정렬, 크기)하여 반응형 페이지를 빠르게 만들 수 있습니다. 설정(자동, 수동) 혹은 해제의 상태로만 적용할 수 있습니다.

⑥ **스크롤** | 스크롤 방향을 [가로], [세로] 중 선택할 수 있습니다.

⑦ **뷰포트 높이** | 뷰포트의 높이가 아트보드의 크기보다 작으면 스크롤이 생깁니다.

⑧ **모양** | [불투명도], [혼합 모드], [채우기], [테두리] 등의 속성을 설정합니다.

⑨ **그리드** | 페이지의 그리드를 세로 모양이나 격자 모양으로 만들 수 있습니다.

오브젝트 선택 시 속성 관리자

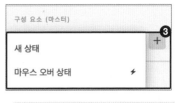

XD CC 최신 버전에서는 [구성 요소 (마스터)] 항목이 [구성 요소 (메인)] 항목으로 나타납니다. 같은 항목이나 이름만 변경된 것이니 실습에 참고하세요. XD CC는 업데이트가 잦아 이와 같은 사소한 변경 사항이 계속 생길 수 있습니다. 업데이트마다 유연하게 대처해야 합니다.

① **구성 요소 추가** | 오브젝트를 만든 후 해당 구성 요소를 마스터로 지정하여 에셋에 등록할 수 있습니다.

② **기본 상태 추가** | 마스터 구성 요소는 그대로 둔 채 [새 상태]와 [마우스 오버 상태] 등의 모양을 추가해 기본 요소를 재구성할 수 있습니다.

③ 이렇게 추가한 상태의 구성 요소는 마스터 구성 요소에 영향을 주지 않습니다. ②에서 추가하여 변경해 둔 속성은 덮어쓰기(Override)되어 같은 구성 요소에 대해 여러 버전으로 활용됩니다.

XD 기본 도구 다루기

LESSON **02**

아트보드와 레이어 조작하기

XD의 기초를 다질 수 있는 다양한 기능 실습을 통해 XD 기본 도구를 정복해보겠습니다.

아트보드 다루기

아트보드(Artboard)는 작업 화면 안쪽의 흰색 작업 영역이자 문서를 말합니다. UX/UI 디자인 작업 시 이곳에 이미지와 텍스트, 오브젝트 등을 배치하여 화면을 디자인하며, 프로토타입 모드의 작업 영역이기도 합니다. 아트보드 바깥쪽의 회색 영역은 페이스트보드(Pasteborad)라고 하며 이미지와 텍스트, 오브젝트 등을 놓을 수는 있지만 프로토타입을 완료했을 때 화면에는 표시되지 않는 영역입니다.

간단 실습 | 아트보드 만들고 이름 변경하기

새 아트보드 만들기

❶ 시작 화면에서 원하는 플랫폼 크기의 아트보드를 선택하면 ❷ 디자인 모드인 기본 화면으로 변경되고 선택한 아트보드가 나타납니다.

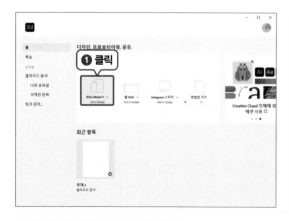
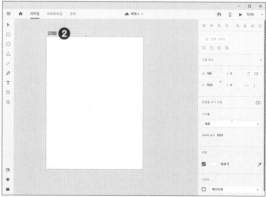

> XD CC 최신 버전에서는 ▤ 대신 상단에 메뉴바가 나타납니다. 이 책에서는 실습에 메뉴바를 거의 사용하지 않으나 메뉴바 사용 시 추가 설명을 첨부하니 참고하길 바랍니다.

아트보드 이름 변경하기

❶ 도구바의 선택 도구▶를 클릭합니다. ❷ 아트보드의 이름을 더블클릭하여 ❸ 원하는 이름을 입력합니다. 여기서는 **HOME**을 입력했습니다.

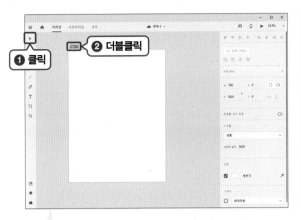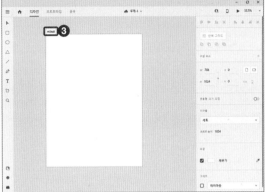

> [레이어] 패널에서 아트보드 레이어의 이름을 더블클릭하는 방법으로도 아트보드 이름을 변경할 수 있습니다.

간단 실습 아트보드 추가하고 삭제하기

아트보드 추가하기

01 ❶ 도구바에서 아트보드 도구▣를 클릭하고 ❷ 페이스트보드에 드래그하면 드래그한 크기의 새 아트보드가 추가됩니다. ❸ 정확한 크기의 아트보드를 만들려면 속성 관리자에서 [W]와 [H]에 값을 입력합니다.

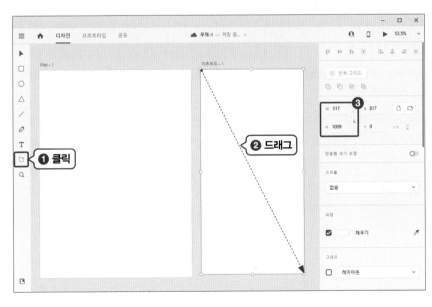

02 ❶ 아트보드 도구 🗔로 빈 아트보드를 클릭하거나 ❷ 페이스트보드를 클릭하면 같은 크기의 아트보드 가 추가됩니다.

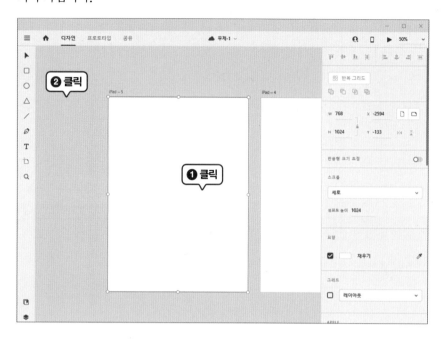

기능 꼼꼼 익히기 ▶ **아트보드를 추가하는 다양한 방법**

새 아트보드를 추가하는 방법은 다양합니다. 아트보드의 개수는 제한이 없으므로 기획한 페이지를 모두 한 파일에 구성할 수 있습니다. 아래 방법을 실습해보고 편한 방법으로 활용하세요.

❶ **페이스트보드를 클릭하거나 드래그하기** | 아트보드 도구로 페이스트보드를 클릭하면 앞서 설정한 아트보드와 크기가 같은 새 아트보드가 추가됩니다. 드래그하면 드래그한 크기대로 새 아트보드가 추가됩니다.

❷ `Ctrl` +**클릭하기** | 아트보드 도구가 선택된 상태에서 `Ctrl` 을 누른 채 아트보드나 페이스트보드를 클릭하면 클릭한 아트 보드 와 크기가 같은 새 아트보드가 추가됩니다.

❸ **복사하여 붙여넣기** | 선택 도구로 아트보드 하나를 클릭하고 복사(`Ctrl` + `C`)한 후 붙여 넣으면(`Ctrl` + `V`) 복사한 아트 보드 옆에 새 아트보드가 추가됩니다.

❹ **복제하기** | 선택 도구로 아트보드 하나를 클릭하고 `Alt` 를 누른 채 드래그하면 아트보드가 복제되어 추가됩니다. 이때 `Shift` 를 누르면 수평이나 수직으로 이동/복제되며, 각 아트보드의 간격과 같은 지점에서 아트보드 사이에 분홍색 그리 드(안내선)가 나타납니다.

❺ **속성 관리자에서 추가하기** | 아트보드 도구를 클릭하면 오른쪽 속성 관리자에 다양한 플랫폼 크기가 나타납니다. 원하 는 플랫폼이나 디바이스를 선택하면 해당 크기의 아트보드가 추가됩니다.

작업 중인 아트보드 확인하기

❶ 도구바에서 레이어 ▣ 를 클릭하면 ❷ 도구바 오른쪽에 [레이어] 패널이 나타납니다. ❸ 여기에서 작업 중인 아트보드(아트보드 이름, 개수)를 확인할 수 있습니다.

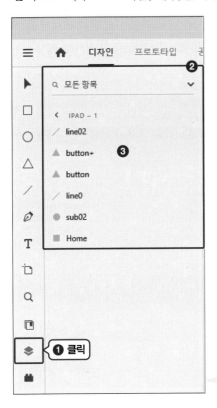

[레이어] 패널에 대한 자세한 설명은 084쪽을 참고하세요.

아트보드 삭제하기

❶ 도구바에서 선택 도구 ▶ 를 클릭하고 ❷ 삭제하고 싶은 아트보드를 클릭해 선택합니다. ❸ Delete 를 누르면 아트보드를 삭제할 수 있습니다.

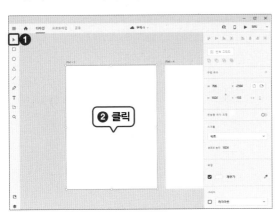

아트보드 정렬하고 옮기기

아트보드 정렬하기

여러 아트보드의 간격을 정렬할 수 있습니다. ❶ 도구바에서 선택 도구▶를 클릭하고 ❷ Shift 를 누른 채 흩어진 아트보드를 모두 클릭합니다. ❸ 속성 관리자에서 상단 정렬 🔳과 가로 배치 🔳를 클릭하면 ❹ 아트보드가 상단에 맞춰 동일한 가로 간격으로 나란히 정렬됩니다.

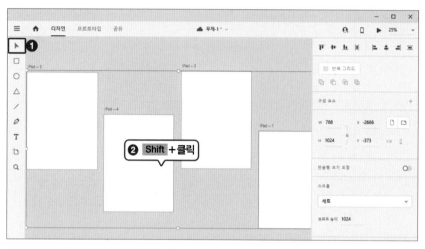

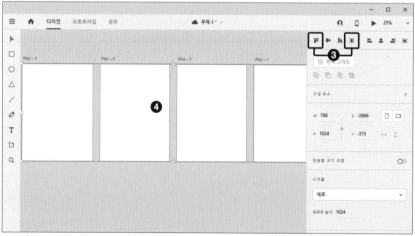

가로 배치의 단축키는 Shift + Ctrl + H 입니다. 다른 정렬 아이콘을 클릭해 원하는 대로 정렬할 수 있습니다. 오브젝트 정렬에 대한 자세한 내용은 이 책의 115쪽을 참고하세요.

아트보드 옮기기

❶ 도구바에서 선택 도구 ▶를 클릭하고 ❷ Shift 를 누른 채 옮기고 싶은 아트보드만 클릭합니다. ❸ 원하는 위치로 드래그해 아트보드를 옮깁니다.

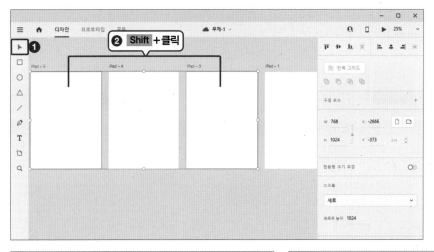

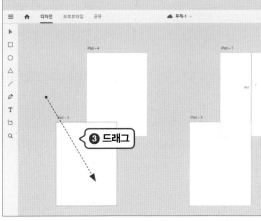

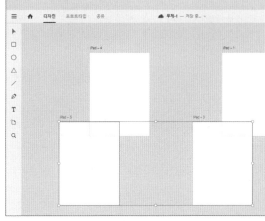

간단 실습 **아트보드에 색 적용하기**

❶ 도구바에서 선택 도구 ▶를 클릭하고 ❷ 색을 적용하고 싶은 아트보드를 클릭합니다. ❸ 속성 관리자에서 [채우기]의 컬러 박스를 클릭합니다. ❹ 컬러 패널이 나타나면 원하는 색을 선택하여 적용합니다. ❺ 같은 방법으로 각 아트보드에 색을 적용할 수 있습니다.

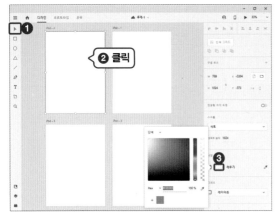

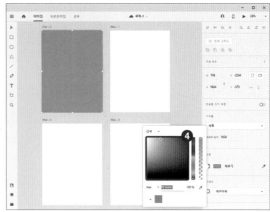

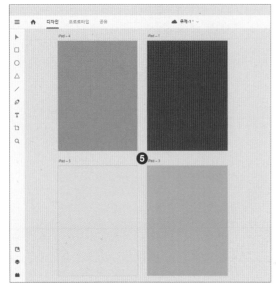

[채우기]의 컬러 패널을 활용하는 방법은 이 책의 093
쪽을 참고하세요.

간단 실습 | 아트보드 확대/축소하기

❶ Ctrl + 1 을 누르면 화면의 중앙을 중심으로 하여 100% 크기로 볼 수 있습니다. ❷ Ctrl + 0 을 누르면
작업 중인 아트보드가 화면에 모두 나타납니다.

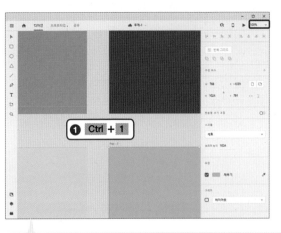
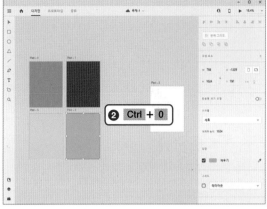

Ctrl + + 를 누르면 작업 화면을 확대할 수 있고 Ctrl + - 를 누르면 작업 화면을 축소할 수 있습니다.

간단 실습 | 단축키로 아트보드 보기 설정하기

선택한 오브젝트 크게 보기

❶ 도구바에서 문자 도구 T 를 클릭하고 ❷ 아트보드 위에 zoom을 입력합니다. ❸ 선택 도구 ▶ 로 ❹ 텍스트를 선택하고 ❺ Ctrl + 3 을 누르면 선택한 텍스트가 화면에 꽉 차게 확대됩니다.

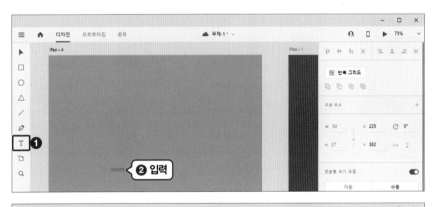

Ctrl + 3 을 누르면 작업 화면에 맞춰 오브젝트를 확대해 보여줍니다. 문자를 작게 입력해보고 작게 입력한 문자(오브젝트)가 얼마나 확대되는지 직접 확인해보세요.

선택한 아트보드 크게 보기

❶ 선택 도구 로 아트보드를 한 개만 선택하고 ❷ Ctrl + 3 을 누르면 ❸ 여러 개의 아트보드 중 선택한 아트보드만 작업 화면에 꽉 차게 확대됩니다.

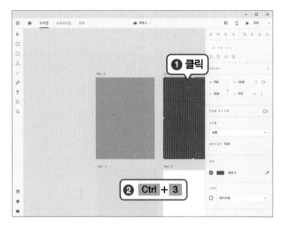
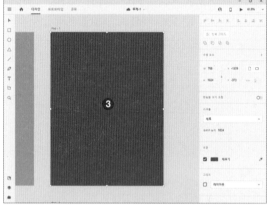

레이어 다루기

[레이어] 패널은 도구바에서 레이어 를 클릭하거나 단축키 Ctrl + Y 를 누르면 나타납니다. [레이어] 패널에서는 레이어의 순서나 이름을 변경하거나 레이어를 구성하는 오브젝트의 표시하기/숨기기, 잠그기/잠금 해제하기 등의 작업을 할 수 있습니다. XD CC 2020 버전부터 포토샵이나 일러스트레이터에서 만든 레이어도 제대로 적용되도록 업데이트되었습니다.

레이어 정렬하고 그룹 만들기

준비 파일 기본/Chapter 02/레이어1.xd

레이어 정렬하기

아트보드에 여러 개의 오브젝트가 있다면 오브젝트의 수만큼 레이어가 생성됩니다. ❶ 도구바에서 선택 도구▶를 클릭하고 ❷ Shift 를 누른 채 오브젝트를 클릭하여 모두 선택합니다. ❸ 속성 관리자에서 가운데 정렬(가로)⬍을 클릭하면 ❹ 가로선 기준으로 레이어가 정렬됩니다.

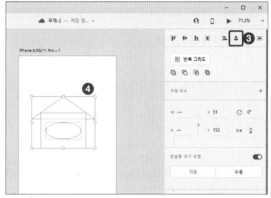

[파일]-[내 컴퓨터에서 열기] Shift + Ctrl + O 메뉴를 선택해 준비 파일을 불러온 후 실습합니다. 혹은 직접 여러 개의 오브젝트(레이어)를 만들어 실습해도 됩니다. 참고로 XD CC 최신 버전에서는 위 그림과 달리 ☰ 대신 상단에 메뉴바가 나타납니다. 제일 왼쪽의 [파일] 메뉴를 찾아 선택하면 됩니다.

XD는 하나의 레이어가 하나의 오브젝트를 의미합니다. 따라서 레이어를 정렬한다는 의미는 오브젝트를 정렬한다는 의미와 같습니다.

레이어 그룹 만들기

❶ 여러 개의 레이어를 모두 선택하고 ❷ 마우스 오른쪽 버튼을 클릭한 후 ❸ [그룹] Ctrl + G 을 선택하면 레이어 그룹이 만들어집니다. ❹ 레이어 그룹을 클릭하면 ❺ 그룹에 속한 레이어를 확인할 수 있습니다.

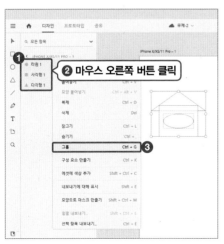

레이어 이름 변경하기

준비 파일 기본/Chapter 02/레이어2.xd

❶ 이름을 변경하고 싶은 레이어의 이름 부분을 더블클릭하고 ❷ 원하는 이름을 입력합니다. ❸ 다른 레이어의 이름도 변경해봅니다.

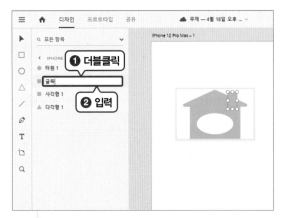
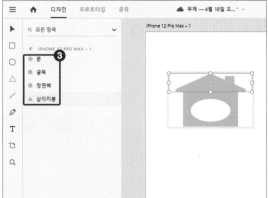

[파일]-[내 컴퓨터에서 열기] Shift + Ctrl + O 메뉴를 선택해 준비 파일을 불러온 후 실습합니다. 혹은 직접 여러 개의 오브젝트(레이어)를 만들어 실습해도 됩니다. 참고로 XD CC 최신 버전에서는 위 그림과 달리 ▤ 대신 상단에 메뉴바가 나타납니다. 제일 왼쪽의 [파일] 메뉴를 찾아 선택하면 됩니다.

실무에서는 XD를 공유 파일로 사용하는 경우가 많습니다. 특히 여러 개의 오브젝트를 만들 때 직관적인 이름을 입력해야만 의사소통이 원활해집니다. 공유 목적이 아니더라도 레이어 이름은 누구나 알 수 있는 이름으로 설정하는 것이 좋습니다.

레이어 복제하기

준비 파일 기본/Chapter 02/레이어3.xd

❶ 복제하고 싶은 레이어를 마우스 오른쪽 버튼으로 클릭합니다. ❷ [복제] Ctrl + D 를 선택하면 ❸ 레이어가 복제됩니다. ❹ 선택 도구 ▶로 오브젝트의 크기와 위치를 조정합니다.

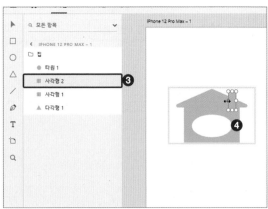

레이어 그룹도 복제할 수 있습니다. 레이어를 복제하는 방식과 동일하게 그룹을 마우스 오른쪽 버튼으로 클릭하고 [복제]를 선택합니다.

간단 실습 · 레이어 순서 바꾸기

준비 파일 기본/Chapter 02/레이어4.xd

레이어 순서에 따라 아트보드에 보이는 오브젝트의 순서도 달라집니다. ❶ [레이어] 패널에서 맨 위에 있는 보라색의 [집2] 레이어 그룹이 아트보드에서도 가장 위쪽에 나타납니다. ❷ [집2] 레이어 그룹을 아래로 드래그하여 하늘색의 [집1] 레이어 그룹 아래쪽에 배치합니다. ❸ 겹쳐 있는 오브젝트는 레이어 순서에 따라 아래쪽에 있는 오브젝트가 가려집니다.

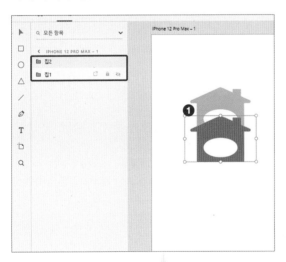
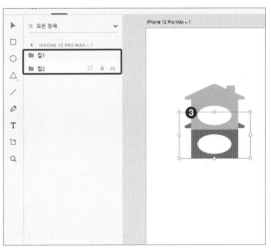

예제에서는 [집2] 레이어 그룹이 보라색 오브젝트, [집1] 레이어 그룹이 하늘색 오브젝트입니다. 실무에서는 각 레이어보다 레이어 그룹을 이용한 작업이 많습니다. [레이어] 패널에서 각 레이어 그룹을 드래그하면 순서를 변경할 수 있습니다.

레이어 잠그기, 숨기기, 삭제하기

준비 파일 기본/Chapter 02/레이어5.xd

레이어에 마우스 포인터를 올리면 내보내기, 잠금, 숨김 아이콘이 나타납니다. 아이콘을 클릭해 레이어 상태를 변경할 수 있습니다.

레이어 잠그기

자물쇠 모양 아이콘인 잠금🔓을 클릭하면 아이콘의 모양이 🔓에서 🔒으로 바뀝니다. 레이어가 잠기면 아트보드에 자물쇠 모양의 아이콘이 나타나며, 레이어를 구성하는 오브젝트를 편집할 수 없습니다. 단축키는 Ctrl + L 입니다.

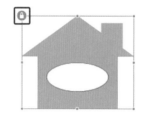

레이어 숨기기

눈 모양 아이콘인 숨김👁을 클릭하면 아이콘의 모양이 👁에서 👁으로 바뀝니다. 레이어가 숨겨지면 아트보드에서 보이지 않습니다. 단축키는 Ctrl + ; 입니다.

레이어 삭제하기

❶ 레이어를 마우스 오른쪽 버튼으로 클릭하고 ❷ [삭제]를 선택하거나 Delete 를 누릅니다. 해당 레이어가 삭제됩니다.

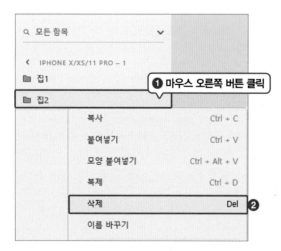

간단 실습 | 레이어 내보내기

준비 파일 기본/Chapter 02/레이어6.xd

레이어를 에셋으로 내보낼 수 있습니다. ❶ 내보내고 싶은 레이어의 내보내기 ⬈ 를 클릭하고 ❷ [파일]-[내 보내기]-[선택됨] Ctrl + E 메뉴를 선택합니다.

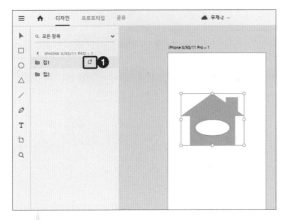

XD CC 최신 버전에서는 위 그림과 달리 ☰ 대신 상단에 메뉴바가 나타납니다. 제일 왼쪽의 [파일] 메뉴를 찾아 선택하면 됩니다.

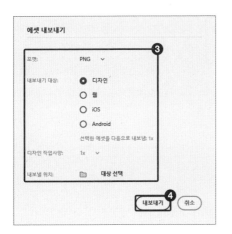

❸ [에셋 내보내기] 대화상자가 나타나면 [포맷], [내보내기 대 상], [디자인 작업사양], [내보낼 위치]를 선택한 후 ❹ [내보내 기]를 클릭해 에셋으로 내보냅니다.

간단 실습 | 포토샵에서 이미지 편집해 XD로 불러오기

준비 파일 기본/Chapter 02/psd 불러오기.psd

XD에서 레이어가 있는 파일을 불러오면 [레이어] 패널에 모든 레이어가 나타납니다. 이때 레이어를 선택하 여 순서, 크기, 각도 등을 편집할 수 있습니다. PSD 파일뿐만 아니라 JPG, PNG, GIF, BMP 이미지를 XD 에서 포토샵으로 불러와 실시간으로 편집하고 업데이트할 수 있습니다.

01 ❶ [파일]−[내 컴퓨터에서 열기] Shift + Ctrl + O 메뉴를 선택해 **psd 불러오기.psd** 파일을 엽니다. ❷
레이어가 있는 PSD 파일은 XD에서도 레이어를 확인할 수 있습니다.

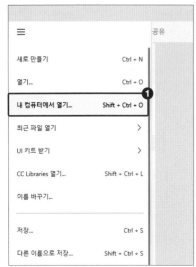

XD CC 최신 버전에서는 위 그림과 달리 ▤ 대신 상단에 메뉴바가 나타납니다. 제일 왼쪽의 [파일] 메뉴를 찾아 선택하면 됩니다.

[파일]−[열기]를 선택하면 [열기] 대화상자가 나타납니다. [최근 항목], [클라
우드 문서], [나와 공유됨], [내 컴퓨터에서] 중 선택할 수 있습니다. 준비 파일
은 컴퓨터에 저장해두고 사용하므로 이번 과정에서는 [내 컴퓨터에서 열기]
를 선택했습니다.

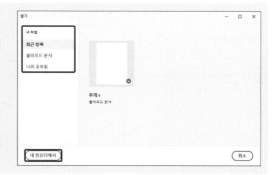

02 ❶ 편집을 원하는 레이어를 마우스 오른쪽 버튼으로 클릭하고 ❷ [Photoshop에서 편집]을 선택합니다.

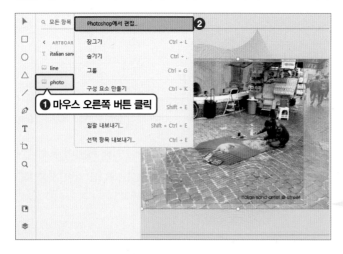

컴퓨터에 포토샵이 설치되어 있다면 선택한 레이어의 이
름과 동일한 이름의 새 파일이 포토샵에서 열립니다. 포
토샵이 설치되어 있지 않다면 해당 메뉴가 비활성화되므
로 설치 후 실습을 진행합니다.

03 ❶ 포토샵이 실행되면 해당 파일을 수정해봅니다. 예제에서는 [Layer Style]-[Gradient Overlay]를 수정했습니다. ❷ `Ctrl` + `S` 를 눌러 파일을 저장합니다.

04 XD로 돌아와 아트보드를 확인합니다. 포토샵에서 수정한 내용이 적용된 것을 확인할 수 있습니다.

포토샵에서 수정한 이미지는 병합된 비트맵 이미지로 XD에 자동 전송되며, 포토샵에서 편집한 그대로 XD에 적용됩니다.

LESSON 03

XD 기본 오브젝트 다루기

도형과 선 그리고 색 적용하기

오브젝트 다루기

도구바의 사각형, 원형, 다각형 도구를 이용해 기본 도형인 벡터 오브젝트를 그려보겠습니다. 도형 오브젝트를 그리고 색을 적용한 후 원하는 대로 배치하면 다양한 벡터 오브젝트를 만들 수 있습니다. 시작 화면에서 원하는 크기의 아트보드를 만든 후 실습을 진행합니다.

간단 실습 | 사각형 그리고 색 적용하기

01 ❶ 도구바에서 사각형 도구▢를 클릭하고 ❷ 아트보드 위를 드래그하면 드래그한 크기대로 사각형을 그릴 수 있습니다.

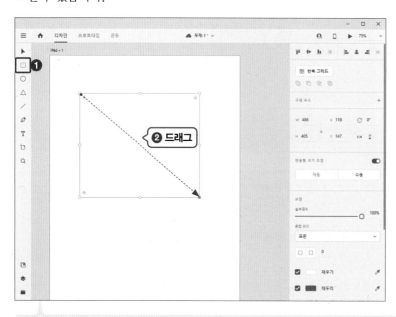

아트보드 위를 드래그하면 원하는 형태의 사각형이 그려집니다. 이때 Shift 를 누른 채 드래그하면 정사각형을 그릴 수 있습니다. Alt 를 누른 채 드래그하면 클릭한 지점을 중심으로 사각형이 그려집니다.

02 속성 관리자를 확인하면 [채우기]와 [테두리]가 기본값으로 설정되어 있습니다. ❶ 사각형에 색을 채우기 위해 [채우기]의 컬러 박스를 클릭하고 ❷ 원하는 색을 선택합니다. ❸ [테두리]도 마찬가지로 컬러 박스를 클릭하여 원하는 색으로 설정합니다. ❹ [크기]에 10을 입력해 ❺ 두꺼운 테두리로 수정합니다.

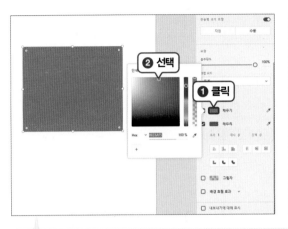 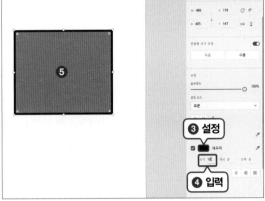

[채우기]의 체크를 해제하면 색이 없는 투명한 도형을 만들 수 있고, [테두리]의 체크를 해제하면 테두리가 없는 도형을 만들 수 있습니다.

불투명도, 그림자, 배경 흐림 효과를 적용하는 방법은 이 책의 114쪽, 오브젝트에 그레이디언트를 적용하는 방법은 121쪽을 참고하세요.

기능 꼼꼼 익히기 ▶ **오브젝트에 색 적용하기**

오브젝트를 그리면 [채우기] 색은 흰색(#FFFFFF), [테두리] 색은 진한 회색(#707070)이 기본 설정으로 적용됩니다. 오브젝트가 선택된 상태로 오른쪽에 있는 속성 관리자에서 [채우기]와 [테두리]의 컬러 박스를 클릭하면 색을 변경할 수 있습니다.

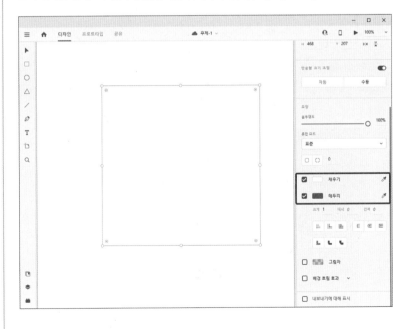

[채우기]와 [테두리]의 컬러 박스를 클릭하면 컬러 패널이 나타납니다. ❶ 색채와 명도를 조절할 수 있는 컬러 스펙트럼, ❷ 색을 선택할 수 있는 색상바, ❸ 투명도를 설정할 수 있는 투명도바가 있습니다. 원하는 영역을 클릭하여 쉽게 선택할 수 있습니다. ❹ 적용할 색은 [단색], [선형 그레이디언트], [방사형 그레이디언트] 중 선택할 수 있고 ❺ 컬러 모드도 [Hex], [RGB], [HSB] 중에서 선택할 수 있습니다.

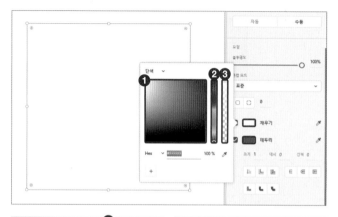

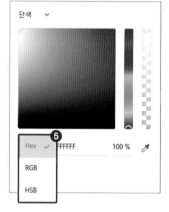

❻ 직접 색상 코드를 입력해 색을 선택하거나 ❼ 수치를 입력해 불투명도를 조절할 수 있습니다. ❽ 자주 사용하는 색은 색상 견본 저장⊞을 클릭해 저장할 수 있습니다. ❾ 색상 선택✎을 클릭하고 ❿ 오브젝트의 색을 직접 클릭하는 방법으로도 색을 선택할 수 있습니다.

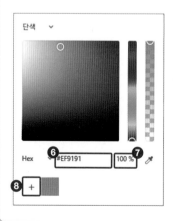

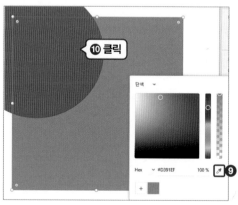

사각형 모서리 수정하기

사각형 도구로 그리는 사각형은 모서리가 뾰족한 모양입니다. 사각형의 모서리를 둥글게 수정할 수 있습니다.

모서리를 한번에 둥글게 수정하기

01 ❶ 도구바에서 사각형 도구□를 클릭하고 ❷ 아트보드 위를 드래그해 사각형을 그립니다. ❸ 속성 관리자에서 [채우기]와 [테두리]를 자유롭게 설정합니다. 여기서는 모서리의 변화를 알아보기 쉽게 [채우기]는 **노란색**, [테두리]는 **검은색**, ❹ 테두리 두께인 [크기]는 **10**으로 설정했습니다.

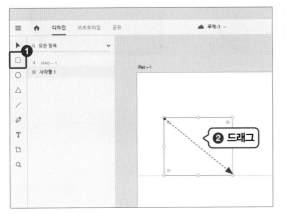
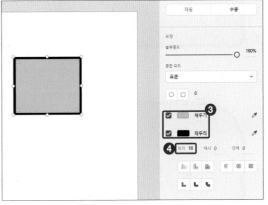

02 ❶ 선택 도구▶로 모서리에 있는 바운딩 박스의 조절점을 클릭합니다. 선택된 조절점은 파란색으로 바뀝니다. ❷ 안쪽으로 드래그하면 네 모서리가 동시에 둥글게 수정됩니다. ❸ 안쪽으로 더 드래그하면 네 개의 모서리가 더 많이 둥글게 수정됩니다.

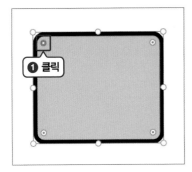

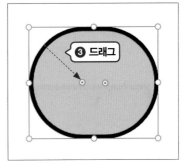

모서리를 따로 선택하여 둥글게 수정하기

네 개의 모서리를 각각 다른 모양으로 바꿀 수도 있습니다. 앞서 실습한 도형을 그대로 사용합니다. ❶ 선택 도구▶로 왼쪽 상단 모서리에 있는 바운딩 박스의 조절점을 **Alt**를 누른 채 드래그합니다. 클릭한 모서리만 둥글게 수정됩니다. ❷ 같은 방식으로 오른쪽 아래에 있는 모서리도 둥글게 수정합니다. ❸ 모서리에 있는 바운딩 박스의 조절점을 도형 밖으로 드래그하면 모서리가 다시 직각이 됩니다. ❹ 두 개의 모서리는 둥글게, 나머지 두 개의 모서리는 뾰족한 직각으로 만듭니다.

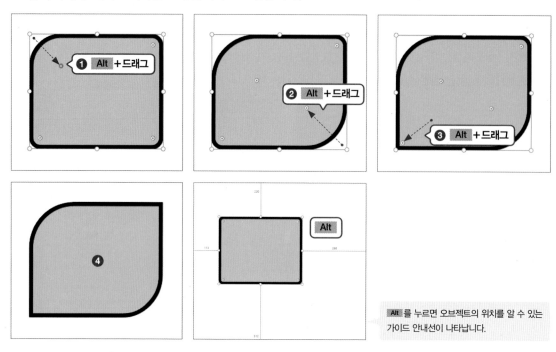

Alt를 누르면 오브젝트의 위치를 알 수 있는 가이드 안내선이 나타납니다.

값을 입력하여 모서리 둥글게 수정하기

❶ 속성 관리자에서 [W]와 [H]에 120을 입력해 ❷ 작은 사각형을 만듭니다. ❸ 각 모퉁이에 대해 다른 반경◎을 클릭하고 ❹ 각 항목에 10, 20, 50, 70을 입력합니다. ❺ 네 모서리가 입력한 값만큼 둥글게 수정됩니다.

모든 모퉁이에 대해 동일한 반경□을 클릭하고 값을 입력하면 네 모서리가 같은 값으로 둥글게 수정됩니다.

간단 실습 | 사각형 테두리 수정하기

사각형 테두리를 점선으로 만들거나 두껍게 수정할 수 있습니다. ❶ 임의의 사각형을 만들고 ❷ 속성 관리자에서 [채우기]와 [테두리] 색을 설정합니다. ❸ [크기], [대시], [간격]의 값을 변경하여 테두리를 수정합니다. 예제에서는 [크기]를 7, [대시]를 6, [간격]을 5로 입력했습니다. ❹ 사각형 테두리가 수정됩니다.

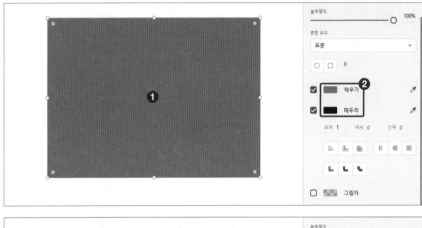

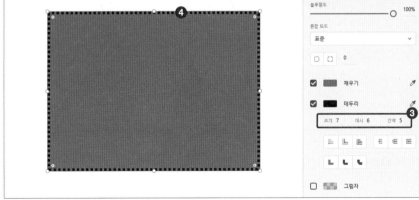

도형의 테두리는 설정값에 따라 다양하게 변경할 수 있습니다. [크기]는 테두리의 두께, [대시]는 선에 해당하는 길이, [간격]은 선과 선 사이의 간격을 의미합니다. [테두리] 항목에 대한 자세한 설명은 이 책의 102쪽을 참고하세요.

원, 다각형 그리기

원 그리기

원을 그리는 방법은 사각형을 그리는 방법과 같습니다. ❶ 도구바에서 원형 도구◯를 클릭하고 ❷ 아트보드 위를 드래그하면 드래그한 크기대로 원을 그릴 수 있습니다. ❸ [채우기], [테두리], [크기]를 변경해 ❹ 색을 적용하고 테두리의 색과 두께를 수정할 수 있습니다.

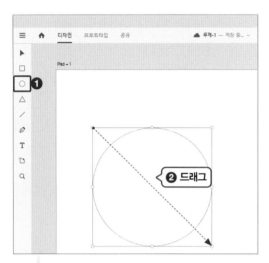

아트보드 위를 드래그하면 원하는 형태의 원이 그려집니다. 이때 Shift 를 누른 채 드래그하면 정원을 그릴 수 있습니다. Alt 를 누른 채 드래그하면 클릭한 지점을 중심으로 원이 그려집니다.

다각형 그리기

01 ❶ 도구바에서 다각형 도구△를 클릭하고 ❷ 아트보드 위를 드래그하면 드래그한 크기대로 다각형(삼각형)을 그릴 수 있습니다. ❸ [채우기], [테두리], [크기]를 변경해 ❹ 색을 적용하고 테두리의 색과 두께를 수정할 수 있습니다.

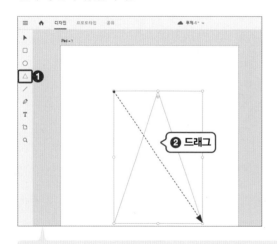
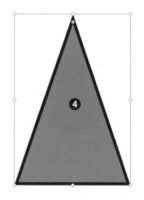

다각형 도구의 기본 설정값은 삼각형입니다. 속성 관리자에서 코너 카운트◯의 값을 변경하여 오각형, 육각형 등을 그릴 수 있습니다.

02 ❶ 선택 도구 ▣로 삼각형 안에 있는 바운딩 박스의 조절점을 안쪽으로 드래그하면 모서리를 둥글게 수정할 수 있습니다. ❷ 바운딩 박스의 바깥쪽 조절점을 드래그하면 삼각형 크기를 조절할 수 있습니다.

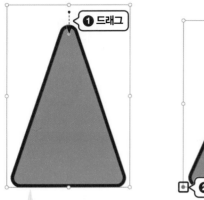

다각형 도구로 그린 도형의 모서리는 모두 동일하게 둥글게 수정됩니다. 사각형처럼 각 모서리를 다르게 조정할 수 없습니다.

03 ❶ 속성 관리자의 코너 카운트 ⬠에 5를 입력하면 삼각형이 오각형으로 바뀝니다. ❷ 모퉁이 반경 ◠에 50을 입력하면 뾰족하던 모서리가 둥글게 수정됩니다.

바운딩 박스의 조절점을 드래그해도 모서리를 둥글게 수정할 수 있습니다.

다각형 도구를 클릭하여 아트보드 위를 드래그하면 드래그한 크기대로 기본 삼각형이 그려집니다. 여러 개의 다각형을 그리려면 다각형 도구로 하나씩 그린 후 코너 카운트 🔘에 원하는 값을 입력해야 합니다. 이때 하나의 다각형을 그린 후 Alt 를 누른 채 다각형을 복제해서 코너 카운트 🔘의 값을 수정하면 여러 개의 다각형을 쉽고 빠르게 그릴 수 있습니다.

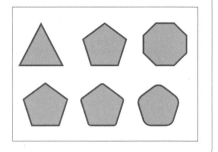

간단 실습 | **선 그리고 수정하기**

선 그리기

01 ❶ 도구바에서 선 도구 ☑를 클릭하고 ❷ 아트보드 위를 드래그해 선을 그립니다.

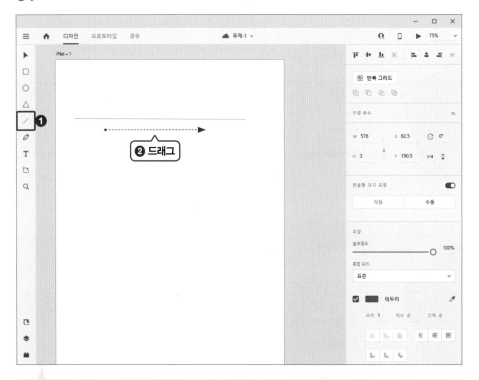

❷ 드래그

Shift 를 누른 채 드래그하면 직선을 그릴 수 있습니다. 선 오브젝트의 기본 설정값은 진한 회색(#707070)에 [크기]는 1입니다.

02 ❶ 도구바에서 선택 도구▶를 클릭하고 ❷ **Alt**를 누른 채 선을 드래그하여 세 개를 복제합니다. ❸ 각각의 선 오브젝트를 클릭해 선택한 후 ❹ 테두리 두께인 [크기]의 값을 수정합니다. 예제에서는 순서대로 1, 5, 8, 13을 입력했습니다.

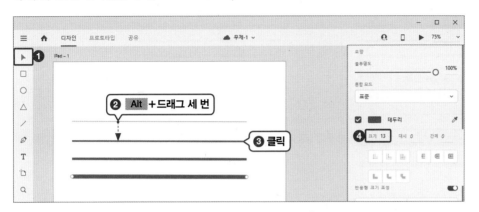

03 ❶ 도구바에서 펜 도구✎를 클릭하고 ❷ 아트보드 위를 드래그해 선을 그립니다. ❸ **V**를 눌러 선택 도구▶로 변환하여 선 그리기를 종료합니다.

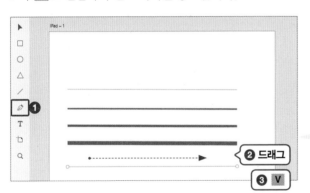

펜 도구로 선을 그리면 기준점(앵커 포인트)이 있는 패스가 만들어 집니다. 선 도구로 그린 선과 달리 [채우기]도 활성화됩니다. 펜 도구로 선을 그린 후에는 꼭 **V**나 **Esc**를 눌러 선택 도구로 전환해야 합니다. 펜 도구를 다루는 방법에 관해서는 이 책의 104쪽에서 좀 더 자세히 설명합니다.

선 대시 수정하기

01 ❶ 임의의 선을 여러 개 그린 후 ❷ 도구바에서 선택 도구▶를 클릭합니다. ❸ 선을 드래그해 모두 선택합니다. 예제에서는 선의 크기를 다양하게 설정했습니다.

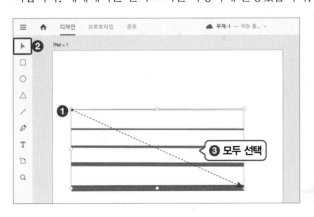

앞서 실습한 파일을 그대로 사용해도 됩니다.

02

① Alt 를 누른 채 선을 아래로 드래그하여 선을 복제합니다. **②** 선택 도구▶로 선을 하나씩 선택한 후 **③** [대시]의 값을 수정합니다. 예제에서는 1, 5, 8, 13, 20으로 수정했습니다.

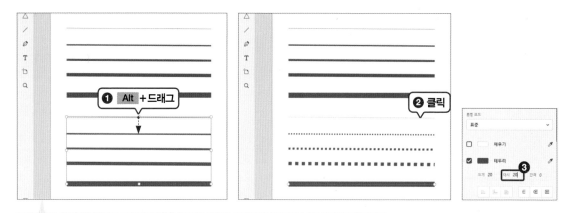

> 대시(Dash)는 실선을 점선으로 만드는 옵션입니다. [대시]를 수정하면 [간격]도 같은 수치로 설정됩니다.

선의 단면 옵션 알아보기

임의의 선을 그린 후 속성 관리자에서 [테두리]의 단면 옵션을 설정합니다. 선 끝부분의 모양을 설정할 수 있습니다.

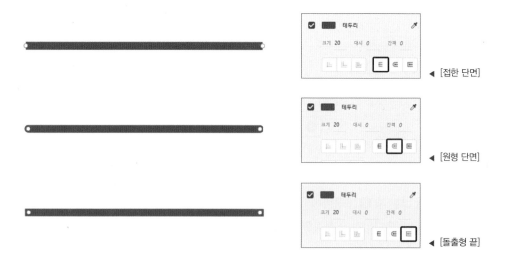

◀ [접한 단면]

◀ [원형 단면]

◀ [돌출형 끝]

오브젝트의 모서리 옵션 알아보기

임의의 사각형을 그린 후 [테두리]의 모서리 옵션을 설정합니다. 오브젝트의 모서리 모양(테두리 선의 위치) 을 설정할 수 있습니다.

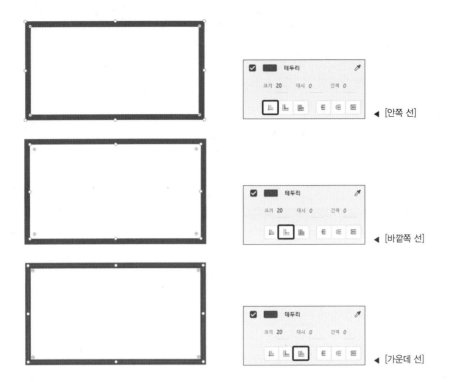

◀ [안쪽 선]

◀ [바깥쪽 선]

◀ [가운데 선]

오브젝트의 꼭짓점 연결 옵션 알아보기

임의의 사각형을 그린 후 [테두리]의 연결 옵션을 설정합니다. 오브젝트의 꼭짓점 연결 옵션을 설정할 수 있습니다.

◀ [마이터 연결]

◀ [원형 연결]

◀ [경사 연결]

펜 도구 다루기

펜 도구는 드로잉하는 데 가장 중요한 도구입니다. 펜 도구로 도형을 그리면 벡터 형식의 패스로 표현되고 도형의 크기와 상관없이 매끄럽고 깨끗한 상태를 유지할 수 있습니다. 또한 직선과 곡선 등 원하는 모양을 자유롭게 그릴 수 있고 어떤 모습으로든 변형할 수 있는 장점이 있습니다.

간단 실습 — 펜 도구로 그리기

직선 그리기

01 ❶ 도구바에서 펜 도구 ✐를 클릭하고 ❷ 아트보드 위를 클릭합니다. 클릭한 지점은 기준점이 됩니다. ❸ 이 상태에서 마우스 포인터를 오른쪽으로 이동합니다. 마우스 포인터가 이동하는 방향으로 패스가 나타나며 ❹ 이때 아트보드를 클릭하면 클릭한 지점에 기준점이 추가되면서 직선이 그려집니다.

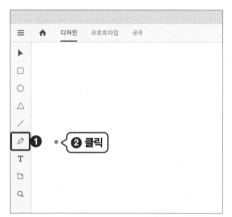
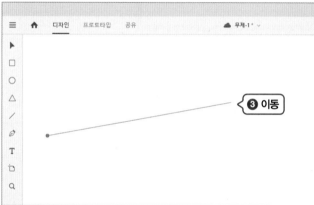

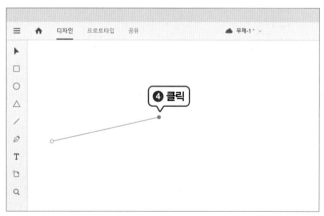

02 ①② 아트보드를 자유롭게 클릭하여 직선 패스를 계속 그립니다. ③ 처음 클릭한 기준점을 다시 클릭하면 닫힌 도형으로 그리기가 마무리됩니다.

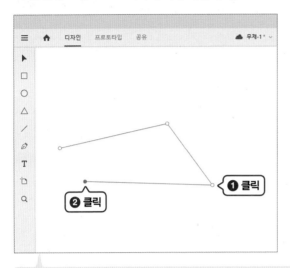 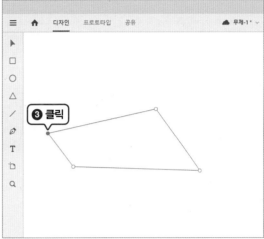

Shift 를 누른 채 아트보드를 클릭하면 45°, 수직, 수평으로 된 선(패스)을 그릴 수 있습니다.

직선으로 이루어진 닫힌 도형을 좀 더 자세히 실습하려면 이 책의 108쪽을 참고합니다.

곡선 그리기

01 ① 도구바에서 펜 도구 를 클릭하고 ② 아트보드 위를 클릭합니다. ③ 다음 지점을 클릭하고 마우스 버튼에서 손을 떼지 않은 채 오른쪽 아래로 드래그합니다. 패스의 방향선 길이에 따라 곡선을 만들 수 있습니다. ④ 이 상태로 마우스 버튼에서 손을 떼면 곡선 패스가 만들어집니다.

 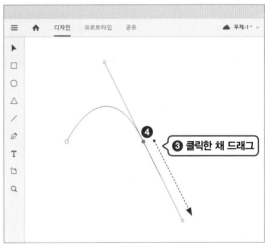

02 ❶ 같은 방법으로 아트보드의 다른 지점을 클릭하여 드래그하며 ❷ 패스의 방향선을 확인합니다. ❸ 마우스 버튼에서 손을 떼면 곡선 패스가 만들어집니다.

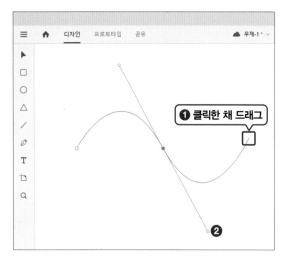
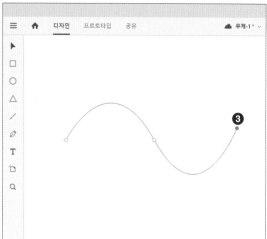

기능 꼼꼼 익히기 ▶ **패스 이해하기**

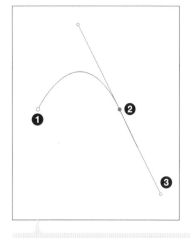

펜 도구를 활용하면 직선과 곡선을 정교한 패스로 만들 수 있습니다. 다른 도구에 비해 익숙해지기까지 오랜 시간이 걸리지만 실무에서 자주 쓰이므로 잘 익혀두는 것이 좋습니다. 포토샵이나 일러스트레이터의 펜 도구와 사용법이 같으므로 익히는 데 어렵지 않을 것입니다.

❶ **기준점(Anchor Point)** | 패스를 고정할 수 있는 기준이 되는 점으로 처음 클릭하는 지점입니다.

❷ **방향점(Direction Point)** | 방향선 끝에서 방향선을 조절할 수 있는 점으로 두 번째 클릭하는 지점입니다.

❸ **방향선(Direction Line)** | 패스의 기울기와 곡선의 형태를 조절하는 선으로 핸들이라고도 합니다.

핸들(방향선)은 방향점의 양쪽으로 생기며 진행 방향의 끝에 있는 점을 클릭하면 핸들의 방향과 길이를 조절할 수 있습니다. 핸들을 반대 방향으로 움직이면 곡선이 핸들 방향에 따라 위치가 변경되고, 길이를 수정하면 곡선의 곡률이 수정됩니다.

준비 파일 기본/Chapter 02/직선 그리기.xd
핵심 기능 펜 도구, 직선 패스, 열린 도형

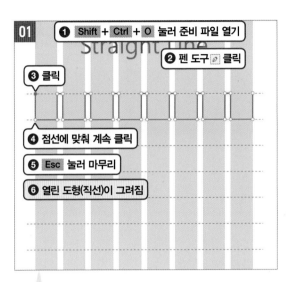

01
① Shift + Ctrl + O 눌러 준비 파일 열기
② 펜 도구 클릭
③ 클릭
④ 점선에 맞춰 계속 클릭
⑤ Esc 눌러 마무리
⑥ 열린 도형(직선)이 그려짐

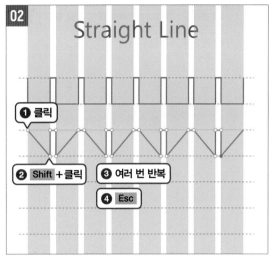

02
① 클릭
② Shift +클릭
③ 여러 번 반복
④ Esc

Shift + Ctrl + O 는 [파일]–[내 컴퓨터에서 열기] 메뉴의 단축키로, 내 컴퓨터에 저장된 준비 파일을 불러올 수 있습니다. 이 단축키는 외워두는 것이 좋습니다.

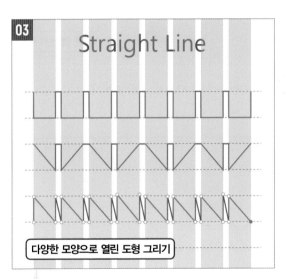

03
다양한 모양으로 열린 도형 그리기

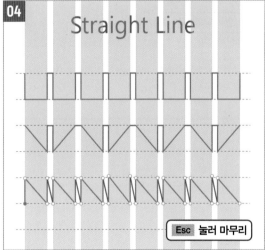

04
Esc 눌러 마무리

펜 도구로 열린 도형(직선)을 그리는 연습입니다. 한 줄을 꽉 채워서 그린 다음 Esc 를 눌러 완성합니다. 이때 Esc 를 누르지 않으면 다음 줄에 그리는 도형이 이어진 선으로 만들어집니다.

한눈에 실습 ◆ 펜 도구로 닫힌 도형(직선) 그리기

준비 파일 기본/Chapter 02/직선 그리기.xd
핵심 기능 펜 도구, 직선 패스, 닫힌 도형

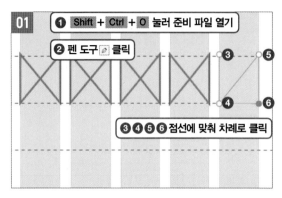

01
① Shift + Ctrl + O 눌러 준비 파일 열기
② 펜 도구 클릭
③④⑤⑥ 점선에 맞춰 차례로 클릭

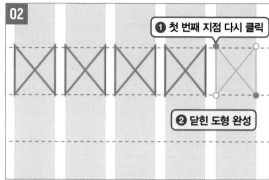

02
① 첫 번째 지점 다시 클릭
② 닫힌 도형 완성

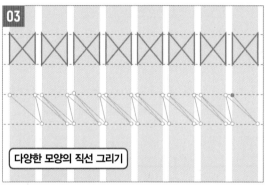

03
다양한 모양의 직선 그리기

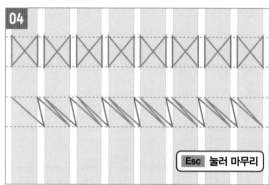

04
Esc 눌러 마무리

펜 도구로 닫힌 도형(직선)을 그리는 연습입니다. 첫 번째 시작점을 다시 클릭하면 닫힌 도형이 만들어집니다. 열린 도형을 그리려면 시작점을 클릭하지 않고 Esc 를 누릅니다.

간단 실습 | 펜 도구로 열린 도형(곡선) 그리기

준비 파일 기본/Chapter 02/곡선 그리기.xd

펜 도구를 이용해 열린 도형(곡선)을 그려보겠습니다. 앞서 활용한 안내선이 있는 준비 파일을 불러와 실습을 진행합니다.

01 ① **Shift** + **Ctrl** + **O** 를 눌러 준비 파일을 불러옵니다. ② 펜 도구 ✐ 를 클릭하고 ③ 아래에 있는 안내선을 클릭합니다. ④ 두 번째 지점을 클릭한 채 드래그하여 진행 방향에 맞는 곡선인지 확인합니다. ⑤ 이때 마우스 포인터를 움직여보며 방향선이 어느 방향으로 가는지 확인합니다.

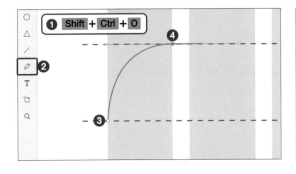
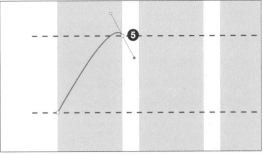

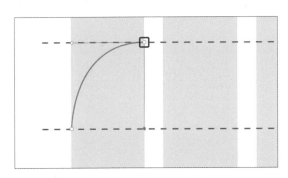

02 두 번째 기준점을 클릭해 곡선의 방향과 곡률의 변화를 확인하며 연습해봅니다.

03 ① 세 번째 기준점을 만들기 위해 핸들 방향의 끝점을 클릭하고 ② 아래에 있는 안내선 지점을 클릭하면 직선이 만들어집니다. ③ 네 번째 기준점을 만들기 위해 다시 첫 번째 줄 점선 위를 클릭한 채 드래그하여 짧고 긴 곡선을 만듭니다. ④ 핸들 방향의 끝점을 클릭하고 ⑤ 아래에 있는 안내선 지점을 클릭해 직선을 만듭니다.

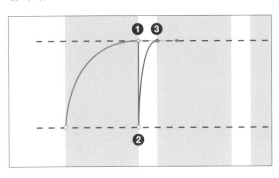
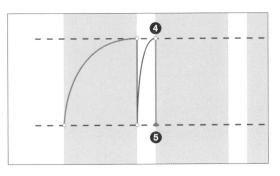

04 ❶ 02–03 과정을 반복합니다. 패스를 완성할 때 ❷ `Esc` 를 누르면 열린 도형(곡선)이 완성됩니다.

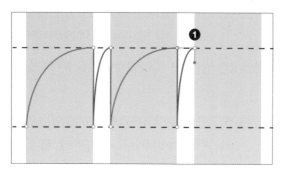 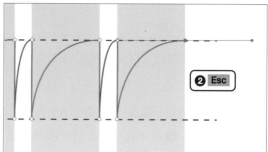

기능 꼼꼼 익히기 ▶ **여러 형태의 열린 도형(곡선) 그리기**

펜 도구를 제대로 활용하려면 여러 번의 실습을 거쳐야만 합니다. 앞서 제공한 준비 파일(기본/Chapter 02/곡선 그리기.xd)을 활용해 여러 형태의 곡선을 그려보세요. 패스를 완성할 때에는 `Esc` 를 눌러 열린 도형(곡선)으로 마무리합니다. 준비 파일에는 안내선이 포함되어 있으므로 다양한 형태의 곡선을 그려봅니다.

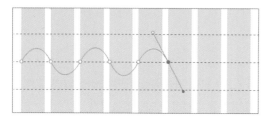 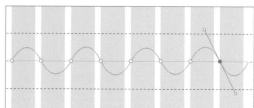

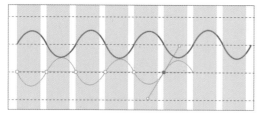 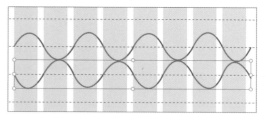

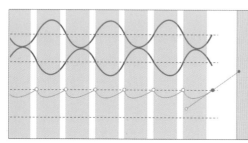 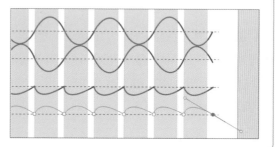

펜 도구로 닫힌 도형(곡선) 그리기

준비 파일 기본/Chapter 02/곡선 그리기.xd

펜 도구를 이용해 닫힌 도형(곡선)을 그려보겠습니다. 그리기를 마무리할 때 시작점을 클릭하면 닫힌 도형(곡선)을 그릴 수 있습니다.

01 앞서 실습한 준비 파일을 그대로 사용합니다. ❶ 펜 도구 ✐ 를 클릭하고 ❷ 시작점을 클릭합니다. ❸ 마우스 포인터를 이동해 곡선을 그립니다.

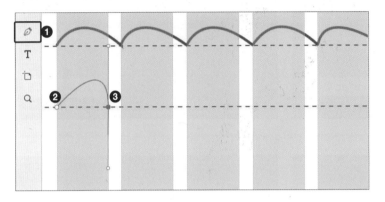

02 ❶ 시작점을 다시 클릭하면 닫힌 도형(곡선)이 완성됩니다. ❷ 안내선을 참고하여 계속해서 닫힌 도형(곡선)을 그려봅니다.

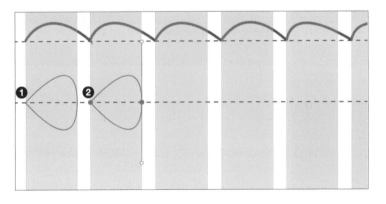

준비 파일 없음
핵심 기능 펜 도구, 베지어 곡선

https://bezier.method.ac에 접속

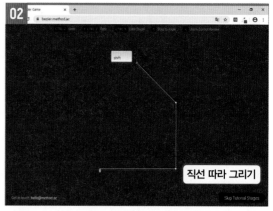

직선 따라 그리기

원 따라 그리기

직선, 곡선으로 하트 따라 그리기

오브젝트 따라 그리기

베지어 게임 사이트(https://bezier.method.ac)를 이용하면 펜 도구를 활용해 패스 그리기를 마스터할 수 있습니다. 직선, 곡선, Shift , Alt 등을 활용해 패스를 그릴 수 있으며, [Undo], [Redo], [Clear Stage] 등의 기능도 안내되어 있습니다. 직선이나 사각형, 하트, 자동차, 비행기, 집 등 다양한 형태의 도형을 따라 그리다 보면 직선과 곡률을 제어할 수 있는 연습을 할 수 있습니다. 클릭 횟수가 제한되어 있어서 너무 많이 클릭하면 다시 그려야 하므로 최소한의 클릭으로 자연스러운 곡률을 만드는 연습을 해보길 바랍니다. 간단한 게임이지만 펜 도구에 익숙해지는 데 많은 도움이 됩니다.

간단 실습 도형 오브젝트 이동하고 복제하기

도형 오브젝트를 원하는 곳으로 옮길 수 있고 여러 개로 복제할 수도 있습니다.

오브젝트 이동하기

❶ 도구바에서 사각형 도구□를 클릭하고 ❷ 아트보드 위를 드래그해 사각형 오브젝트를 그립니다. [채우기], [테두리] 색과 테두리 두께는 원하는 대로 설정합니다. ❸ 선택 도구▶를 클릭하고 ❹ 사각형을 드래그하여 위치를 옮깁니다. ❺ 속성 관리자에서 [X], [Y]를 수정해 위치를 옮길 수도 있습니다.

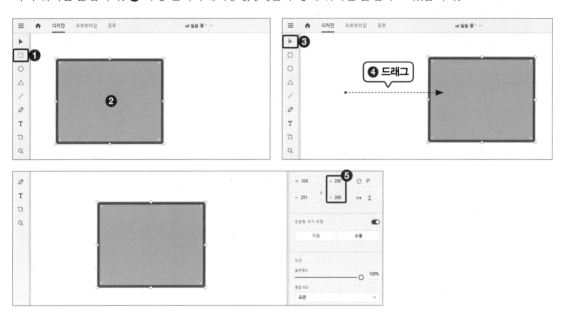

오브젝트 복제하기

❶ 선택 도구▶로 오브젝트를 클릭하고 Alt 를 누른 채 드래그하면 사각형이 복제됩니다. ❷ 이때 Alt + Shift 를 누른 채 드래그하면 수평/수직 이동 복제됩니다.

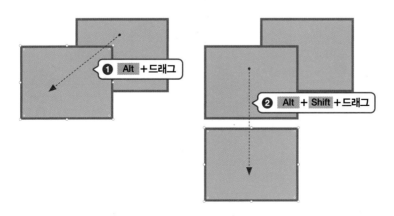

오브젝트에 불투명도, 그림자, 배경 흐림 효과 적용하기

불투명도 적용하기

❶ 선택 도구▶로 오브젝트를 클릭하고 ❷ 속성 관리자에서 [모양]-[불투명도]의 값을 변경합니다. 기본값은 100%입니다. ❸ 0%로 설정하면 오브젝트의 [채우기] 색과 [테두리] 색이 사라져 완전히 투명하게 표현되고 ❹ 50%로 설정하면 약간 투명하게 표현됩니다.

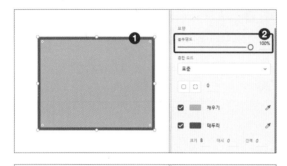

앞서 실습한 파일을 그대로 사용하거나, 임의의 도형을 만들어 실습해도 좋습니다.

그림자 적용하기

❶ 선택 도구▶로 오브젝트를 클릭하고 ❷ 속성 관리자에서 [그림자]에 체크합니다. ❸ [X]는 20, [Y]는 20, [B]는 5를 입력하면 ❹ 오브젝트에 그림자가 적용됩니다.

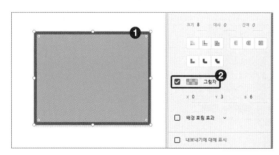

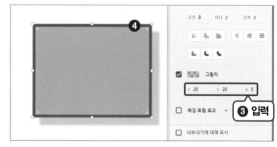

배경 흐림 효과 적용하기

❶ 속성 관리자에서 [배경 흐림 효과]에 체크하면 ❷ 면 색이 투명하게 적용된 상태로 보입니다. ❸ [정도], [밝기]. [불투명도]를 수정합니다. [정도]는 30, [밝기]는 15, [불투명도]는 30%로 입력했습니다. ❹ 오브젝트 아래에 있는 그림자가 보입니다.

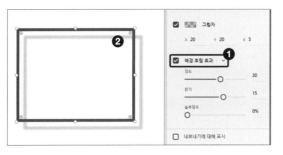 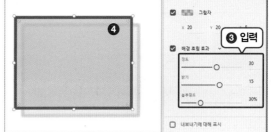

오브젝트 정렬 알아보기

사각형 도구, 원형 도구, 다각형 도구를 이용해 도형 오브젝트를 그리고 나면 일정한 간격으로 정렬해야 할 때가 있습니다. 이때 정렬과 배치 기능을 이용하면 동일한 간격으로 오브젝트를 정렬할 수 있습니다.

간단 실습 ┃ 오브젝트 상단, 하단 정렬하기

준비 파일 기본/Chapter 02/정렬1.xd

01 ❶ [파일]-[내 컴퓨터에서 열기]] Shift + Ctrl + O 메뉴를 선택해 **정렬.xd** 파일을 불러옵니다. ❷ 도구 바에서 선택 도구▶를 클릭하고 ❸ Alt 를 누른 채 오른쪽으로 드래그하여 오브젝트를 복제합니다. 오브 젝트가 총 네 개가 되도록 동일한 방법으로 복제합니다.

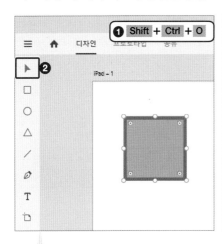 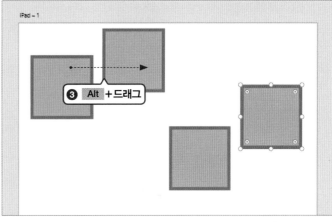

Shift + Ctrl + O 는 [파일]-[내 컴퓨터에서 열기] 메뉴의 단축키로, 내 컴퓨터에 저장된 준비 파일을 불러올 수 있습니다. 이 단축키는 외워두는 것이 좋습니다.

02 오브젝트를 상단 정렬해보겠습니다. ❶ 선택 도구▶로 네 개의 오브젝트를 모두 선택합니다. ❷ 속성 관리자에서 상단 정렬▥을 클릭합니다. ❸ 가장 위쪽에 있는 오브젝트의 윗면을 기준으로 나머지 오브젝트가 정렬됩니다.

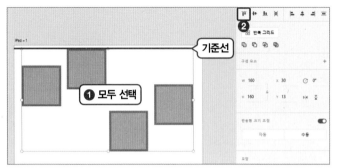
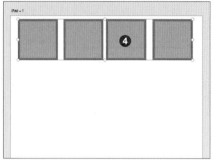

03 오브젝트를 가운데 정렬해보겠습니다. ❶ 앞서 실행한 상단 정렬을 되돌리기 위해 Ctrl + Z 를 누릅니다. 오브젝트가 정렬하기 전으로 돌아옵니다. ❷ 오브젝트를 모두 선택하고 ❸ 속성 관리자에서 가운데 정렬(세로)▥을 클릭합니다. ❹ 선택한 오브젝트들의 중간을 기준으로 오브젝트들이 정렬됩니다.

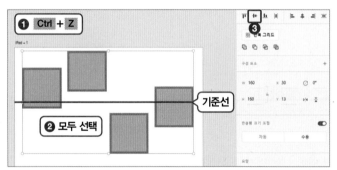
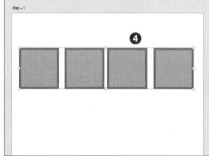

04 오브젝트를 하단 정렬해보겠습니다. ❶ 앞서 실행한 가운데 정렬을 되돌리기 위해 Ctrl + Z 를 누릅니다. ❷ 오브젝트를 모두 선택하고 ❸ 속성 관리자에서 하단 정렬▥을 클릭합니다. ❹ 가장 아래쪽에 있는 오브젝트의 아랫면을 기준으로 나머지 오브젝트가 정렬됩니다.

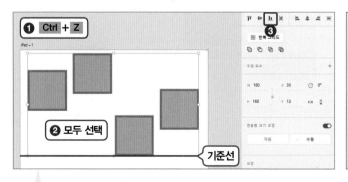
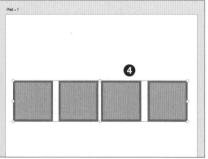

상단 정렬▥의 단축키는 Shift + Ctrl + ↑ , 가운데 정렬(세로)▥ 단축키는 Shift + M , 하단 정렬▥의 단축키는 Shift + Ctrl + ↓ 입니다. 실무에서는 단축키를 자주 사용하니 익혀두는 게 좋습니다.

간단 실습

오브젝트 왼쪽, 오른쪽 정렬하기

준비 파일 기본/Chapter 02/정렬2.xd

01 ① Shift + Ctrl + O 를 눌러 **정렬2.xd** 파일을 불러옵니다. ② 도구바에서 선택 도구 ▶를 클릭하고 ③ 오브젝트를 모두 선택합니다.

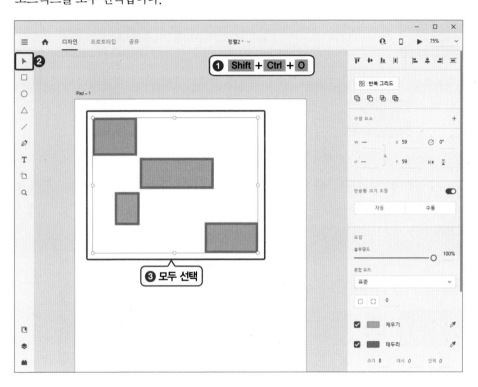

02 오브젝트를 왼쪽 정렬해보겠습니다. ① 속성 관리자에서 왼쪽 정렬 ▤ 을 클릭합니다. ② 가장 왼쪽에 있는 오브젝트의 왼쪽 면을 기준으로 나머지 오브젝트가 정렬됩니다.

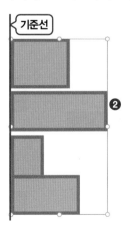

03 오브젝트를 가운데 정렬해보겠습니다. ❶ 앞서 실행한 왼쪽 정렬을 되돌리기 위해 Ctrl + Z 를 누릅니다. 오브젝트가 정렬하기 전으로 돌아옵니다. ❷ 오브젝트를 모두 선택하고 ❸ 속성 관리자에서 가운데 정렬(가로)◫을 클릭합니다. ❹ 선택한 오브젝트들의 중간을 기준으로 오브젝트가 정렬됩니다.

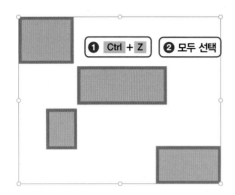

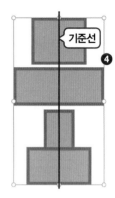

04 오브젝트를 오른쪽 정렬해보겠습니다. ❶ 앞서 실행한 가운데 정렬을 되돌리기 위해 Ctrl + Z 를 누릅니다. ❷ 오브젝트를 모두 선택하고 ❸ 속성 관리자에서 오른쪽 정렬◫을 클릭합니다. ❹ 가장 오른쪽에 있는 오브젝트의 오른쪽 면을 기준으로 나머지 오브젝트가 정렬됩니다.

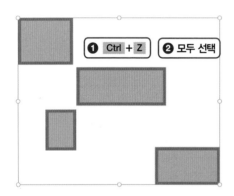

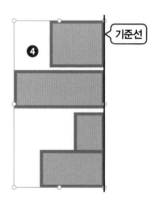

기능 꼼꼼 익히기 ▶ 오브젝트를 동일한 간격으로 배치하기

속성 관리자에는 일정한 간격으로 오브젝트를 배치하는 기능도 있습니다. 바로 가로 배치◫와 세로 배치◫입니다. 가로 배치와 세로 배치는 아트보드에 있는 오브젝트가 두 개 이상일 때만 활성화되며, 동일한 간격으로 가로 또는 세로로 배치할 수 있습니다.

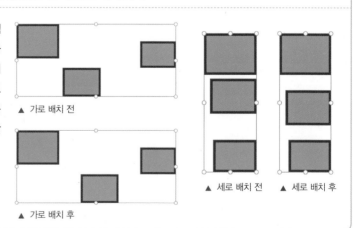

▲ 가로 배치 전

▲ 가로 배치 후

▲ 세로 배치 전 ▲ 세로 배치 후

오브젝트 순서 알아보기

앞서 레이어 순서 바꾸기 실습을 통해 오브젝트의 순서를 바꿔보았습니다. 이번에는 오브젝트를 직접 움직여 순서를 바꾸고 배치해보겠습니다.

간단실습 | 오브젝트 순서 바꾸기

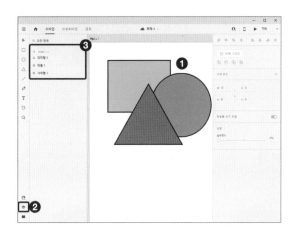

01 ❶ 임의의 도형을 여러 개 그립니다. 이때 도형은 도형끼리 겹치게 그립니다. ❷ 도구바에서 레이어 ◈를 클릭해 [레이어] 패널을 확인합니다. ❸ 처음 그린 오브젝트의 레이어가 맨 아래에, 나중에 그린 오브젝트의 레이어가 맨 위에 배치되어 있습니다.

02 ❶ 도구바에서 선택 도구 ▶를 클릭한 후 ❷ 맨 아래에 있는 오브젝트를 마우스 오른쪽 버튼으로 클릭합니다. 예제에서는 사각형 오브젝트를 선택했습니다. ❸ [맨 앞으로 가져오기]를 선택합니다. ❹ 오브젝트가 맨 앞에 배치되고 ❺ [레이어] 패널에서도 [사각형 1] 레이어가 맨 위로 이동합니다.

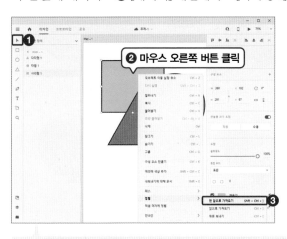

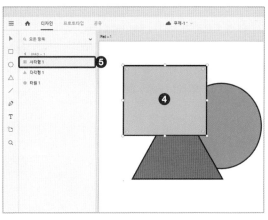

XD CC 최신 버전에서는 [정렬]로 묶여 있지 않고 [맨 앞으로 가져오기]가 바로 나타납니다. XD CC는 업데이트가 잦아 이와 같은 사소한 변경 사항이 계속 생기므로 유연하게 대처합니다.

03 ❶ 선택 도구 ▶로 ❷ 맨 아래에 있는 오브젝트를 클릭합니다. 예제에서는 타원 오브젝트를 선택했습니다. ❸ 단축키 Ctrl +] 를 누릅니다. ❹ 오브젝트가 한 단계 위에 배치되고 ❺ [레이어] 패널에서도 [타원 1] 레이어가 한 단계 위로 이동합니다.

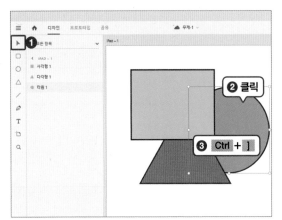
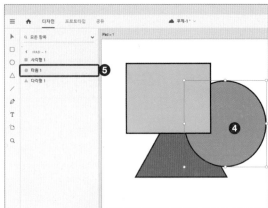

기능 꼼꼼 익히기 ▶ **오브젝트 정렬 단축키 알아보기**

선택 도구로 오브젝트를 클릭하고 마우스 오른쪽 버튼을 클릭하면 [맨 앞으로 가져오기], [앞으로 가져오기], [뒤로 보내기], [맨 뒤로 보내기] 메뉴가 나타납니다. 실무에서는 메뉴를 선택하는 것보다 단축키를 눌러 빠르게 작업하는 것이 효율적입니다. 오브젝트 순서 바꾸기는 자주 사용하므로 단축키를 외워두는 것이 좋습니다.

❶ 맨 앞으로 가져오기 | Shift + Ctrl +]
❷ 앞으로 가져오기 | Ctrl +]
❸ 뒤로 보내기 | Ctrl + [
❹ 맨 뒤로 보내기 | Shift + Ctrl + [

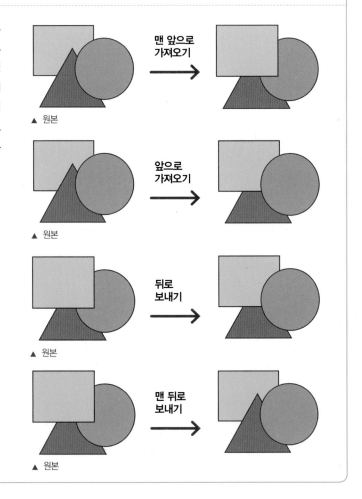

그레이디언트 알아보기

그레이디언트는 두 가지 이상의 색이나 여러 농도의 색을 여러 단계로 나눠 혼합한 것으로, 오브젝트에 적용하면 오브젝트의 완성도가 높아지는 효과를 기대할 수 있습니다.

간단실습 | 오브젝트에 그레이디언트 적용하기

준비 파일 기본/Chapter 02/그레이디언트 채우기.xd

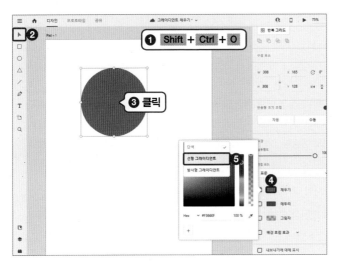

01 ❶ Shift + Ctrl + O 를 눌러 **그레이디언트 채우기.xd** 파일을 엽니다. ❷ 도구바에서 선택 도구 ▶를 클릭하고 ❸ 도형을 클릭해 선택합니다. ❹ 속성 관리자에서 [채우기]의 컬러 박스를 클릭해 컬러 패널을 나타나게 합니다. ❺ [선형 그레이디언트]를 선택합니다.

02 오브젝트에 선으로 된 그레이디언트 조절바가 나타납니다. ❶ 컬러 패널에서 원하는 색을 클릭하면 ❷ 그레이디언트바에서 왼쪽 컬러 스톱의 색이 변경됩니다. ❸ 오른쪽 컬러 스톱을 클릭하고 컬러 패널에서 원하는 색을 클릭하면 동일하게 그레이디언트의 색을 변경할 수 있습니다. ❹ 오브젝트에 변경한 그레이디언트의 색이 바로 적용됩니다.

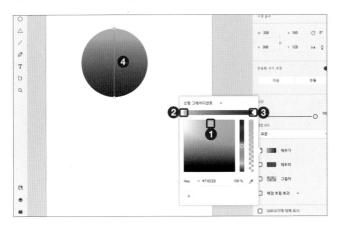

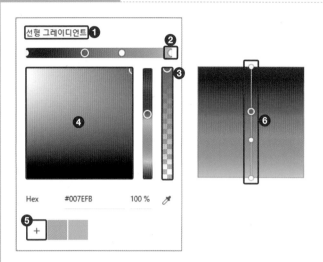

그레이디언트(Gradient)는 두 가지 이상의 색이나 여러 농도의 색을 여러 단계로 나누어 혼합한 것으로, 오브젝트의 완성도를 높일 수 있는 기능입니다. 컬러 패널을 통해 그레이디언트의 색을 추가하거나 그레이디언트의 투명도를 조절할 수 있습니다. 선형 그레이디언트는 시작점에서 끝점까지 직선의 음영을, 방사형 그레이디언트는 시작점에서 끝점까지 원형으로 음영을 나타냅니다.

❶ 그레이디언트 설정 | 단색, 선형 그레이디언트, 방사형 그레이디언트를 선택할 수 있습니다.

❷ 컬러 스톱(색상 변환점) | 그레이디언트를 적용할 변환점을 선택합니다. 클릭하면 변환점이 추가되고, 드래그하여 그레이디언트바 바깥쪽으로 밀어내면 삭제됩니다.

❸ 투명도바 | 투명도를 설정할 수 있습니다.

❹ 컬러 스펙트럼 | 색채와 명도에 따른 색을 선택할 수 있습니다.

❺ 색상 견본 저장 | 클릭하면 현재 선택된 색이 견본으로 저장됩니다.

❻ 오브젝트의 그레이디언트 조절바 | 오브젝트 위에 그레이디언트 조절바와 컬러 스톱이 나타납니다.

간단 실습   그레이디언트 수정하기

그레이디언트 형태 수정하기

01 앞선 실습을 이어 진행합니다. ❶ 도구바에서 선택 도구▶를 클릭하고 ❷ Alt 를 누른 채 드래그하여 오브젝트를 복제합니다. 오브젝트를 클릭하고 ❸ 속성 관리자에서 [채우기]의 컬러 박스를 클릭하면 오브젝트 안에 그레이디언트 조절바가 나타납니다. ❹ 위쪽 조절점을 오른쪽 아래로 드래그해 옮기고 ❺ 아래쪽 조절점을 왼쪽 위로 드래그하여 옮기는 식으로 그레이디언트를 조절합니다.

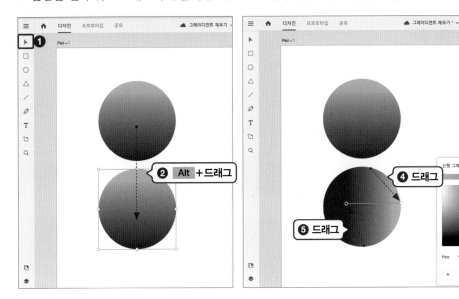

02 그레이디언트 조절바의 조절점을 자유롭게 드래그하며 그레이디언트가 어떻게 적용되는지 확인합니다. 조절바는 오브젝트 바깥쪽까지 영역을 넓힐 수 있습니다.

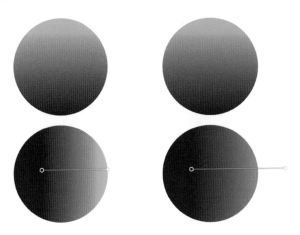

03 ❶ 컬러 패널에서 [방사형 그레이디언트]를 선택합니다. ❷ 안쪽에서부터 바깥쪽으로 퍼지는 방사형 그레이디언트가 적용됩니다. 선형 그레이디언트와 마찬가지로 ❸ 컬러 패널에서 그레이디언트바의 컬러 스톱을 조절해 그레이디언트를 적용합니다.

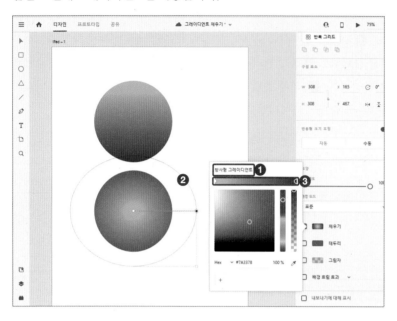

04 오브젝트의 그레이디언트 조절바도 드래그해보며 그레이디언트의 크기와 형태를 조절합니다. 그레이디언트의 크기나 폭, 가로세로의 길이를 조절하며 원하는 그레이디언트를 표현합니다.

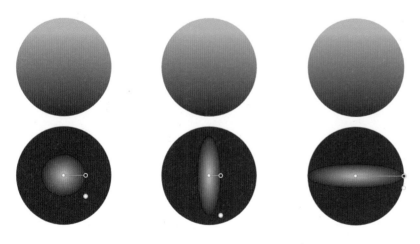

그레이디언트 추가하고 삭제하기

준비 파일 기본/Chapter 02/그레이디언트 추가 삭제하기.xd

그레이디언트 추가하기

01 ❶ Shift + Ctrl + O 를 눌러 **그레이디언트 추가 삭제하기.xd** 파일을 엽니다. ❷ 도구바에서 선택 도구 ▶ 를 클릭하고 ❸ 도형을 클릭해 선택합니다. ❹ 속성 관리자에서 [채우기]의 컬러 박스를 클릭해 컬러 패널과 그레이디언트 조절바가 나타나게 합니다.

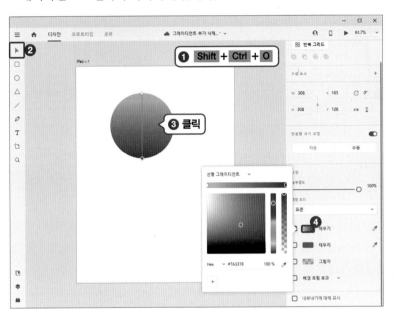

02 ❶ 그레이디언트 조절바에 마우스 포인터를 올리면 마우스 포인터의 모양이 ▶ 으로 바뀝니다. 이때 클릭하면 그레이디언트 조절바와 ❷ 컬러 패널의 그레이디언트바에 컬러 스톱이 추가됩니다. ❸ 컬러 패널 에서 그레이디언트바의 컬러 스톱을 조절하며 색을 적용합니다.

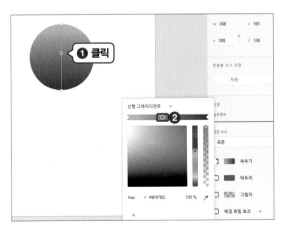
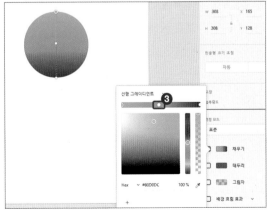

그레이디언트 삭제하기

그레이디언트를 삭제해보겠습니다. ❶컬러 패널에서 그레이디언트바의 컬러 스톱을 클릭하여 선택하고 ❷
컬러 패널 바깥쪽으로 드래그해 삭제합니다. ❸그레이디언트바의 컬러 스톱이 삭제되고 그레이디언트도
삭제됩니다.

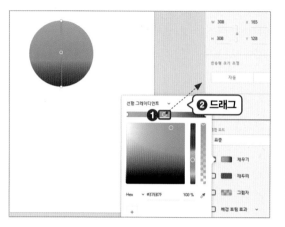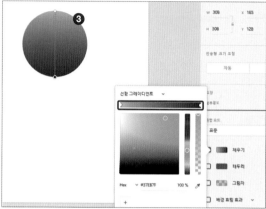

오브젝트 병합 알아보기

XD에서는 부울 작업(부울 연산)으로 도형을 병합해 다양한 형태의 오브젝트를 표현할 수 있습니다. 속성
관리자의 추가, 빼기, 교차, 오버랩 제외 기능을 활용해 도형을 병합해보겠습니다. 단순한 모양의 도형을 합
치거나 삭제해 기본 도형 이외의 다양한 형태로 오브젝트를 만들어봅니다.

간단 실습 | 오브젝트 병합하기

01 ❶도구바에서 원형 도구◯를 클릭하고 ❷ Shift 를 누른 채 아트보드 위를 드래그하여 정원을 그립니
다. ❸속성 관리자에서 [W]는 250, [H]는 250으로 설정해 크기를 수정합니다. ❹[채우기]는 #68E8C9,
❺[테두리]는 체크를 해제합니다.

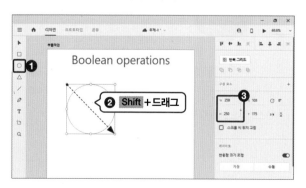

02 오브젝트를 합치거나 삭제하는 작업은 두 개의 오브젝트가 필요하므로 도형을 하나 더 그려보겠습니다. **①** 도구바에서 다각형 도구△를 클릭하고 **②** 정원 위를 드래그해 삼각형을 그립니다. **③** [W]는 310, [H]는 260으로 설정해 크기를 수정하고 **④** 코너 카운트⬡는 5, 별 비율⭐은 68%로 설정해 삼각형을 별형으로 바꿉니다. **⑤** [채우기]는 #FFC654, **⑥** [테두리]는 체크를 해제합니다.

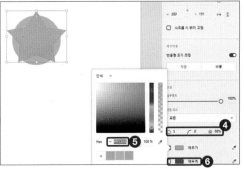

별 비율⭐이 보이지 않으면 XD를 최신 버전으로 업데이트합니다. XD 최신 버전에 따른 신기능은 어도비 홈페이지의 XD 지원 페이지(https://www.adobe.com/kr/products/xd/features.html)를 확인하세요.

03 **①** 선택 도구▶를 클릭하고 **②** Shift 를 누른 채 오브젝트를 클릭하여 모두 선택합니다. **③** Alt 를 누른 채 드래그해 오브젝트를 복제합니다. 오브젝트가 총 네 개가 되도록 반복해서 복제합니다.

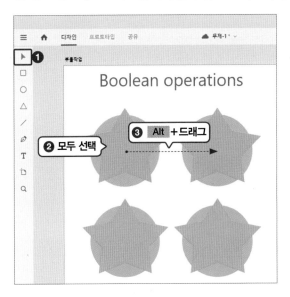

04 ❶ Shift 를 누른 채 첫 번째 오브젝트 두 개를 각각 클릭하여 모두 선택합니다. ❷ 속성 관리자의 추가 ⬜를 클릭합니다. ❸ 두 오브젝트가 합쳐지고 아래에 있는 오브젝트의 색만 남습니다.

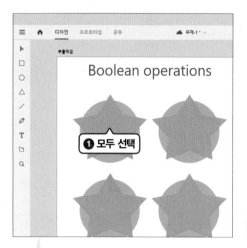
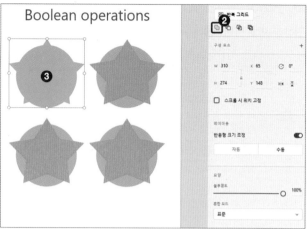

추가 기능의 단축키는 Ctrl + Alt + U 입니다.

05 ❶ Shift 를 누른 채 두 번째 오브젝트 두 개를 각각 클릭하여 모두 선택합니다. ❷ 속성 관리자의 빼기 ⬜를 클릭합니다. ❸ 위쪽에 배치되어 있는 오브젝트의 부분만 지워집니다. 이때 아래에 있는 오브젝트의 색만 남습니다.

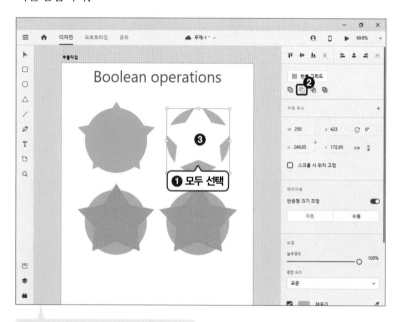

빼기 기능의 단축키는 Ctrl + Alt + S 입니다.

06 ❶ Shift 를 누른 채 세 번째 오브젝트 두 개를 각각 클릭하여 모두 선택합니다. ❷ 속성 관리자의 교차 🔲 를 클릭합니다. ❸ 오브젝트 겹쳐진 부분만 남고 나머지는 지워집니다. 이때 아래에 있는 오브젝트의 색만 남습니다.

교차 기능의 단축키는 Ctrl + Alt + I 입니다.

07 ❶ Shift 를 누른 채 네 번째 오브젝트 두 개를 각각 클릭하여 모두 선택합니다. ❷ 속성 관리자에서 오버랩 제외 🔲 를 클릭합니다. ❸ 오브젝트 겹쳐진 부분만 지워지고 나머지만 남습니다. 이때 아래에 있는 오브젝트의 색만 남습니다.

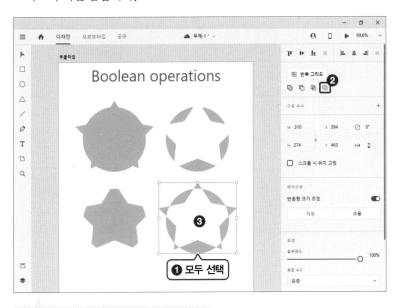

오버랩 제외 기능의 단축키는 Ctrl + Alt + X 입니다.

준비 파일 기본/Chapter 02/오브젝트 병합.xd
핵심 기능 오브젝트 병합, 부울 작업

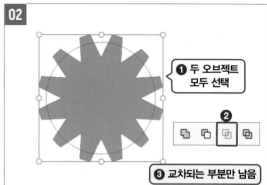

십이각형의 별 비율◉은 40% 정도로 설정해 뾰족하게 표현합니다.

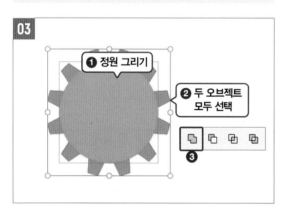

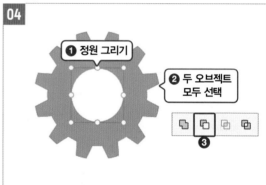

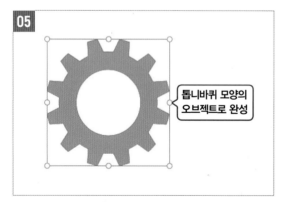

3D 변형 기능 알아보기

3D 변형 기능은 XD CC 2020부터 새로 추가된 기능입니다. 이전에는 오브젝트를 X, Y축 기준으로만 이동하거나 회전 및 변형할 수 있었는데, 이제는 Z축까지 활용해 훨씬 더 역동적인 움직임을 만들 수 있게 되었습니다. 3D 변형 기능을 활용하면 오브젝트에 입체감 또는 원근감을 손쉽게 표현할 수 있습니다. 또한 밋밋한 디자인에 3D 효과를 적용하면 좀 더 매력적으로 표현할 수 있고 미래지향적인 워크플로우를 설계할 수도 있습니다.

▲ XD의 3D 변형 기능 소개

3D 변형 기능 사용하기

3D 변형 기능을 사용하려면 구성 요소(오브젝트)를 선택하고 3D 변형 🔯 을 클릭해 활성화한 후 X, Y, Z축을 기준으로 회전하거나 원근감을 줍니다.

개별 구성 요소, 레이어, 그룹에 3D 변형 기능을 적용할 수 있습니다. ❶ 먼저 3D 변형을 적용할 구성 요소를 클릭해 선택합니다. ❷ 속성 관리자에서 [변형] 항목의 3D 변형 🔯 을 클릭합니다. ❸ 3D 툴셋이 활성화되면 오브젝트에 캔버스 컨트롤이 표시됩니다. ❹ 캔버스 컨트롤을 사용하거나 속성 관리자에서 [변형] 항목의 옵션값을 수정해서 오브젝트에 입체감 또는 원근감을 더합니다.

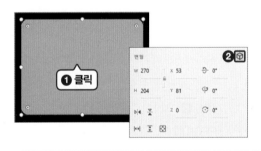
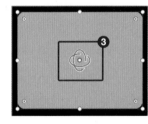
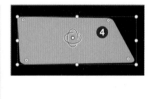

XD CC 신기능 💿 　3D 변형 기능은 CC 2020부터 적용된 신기능입니다. 원래 XD에서는 오브젝트의 크기 조절, 반전, 회전 등 2차원 개체 변형만 가능했습니다. 3D 변형 기능을 활용하면 3차원 개체 변형이 가능한데, 개체를 기울이거나 회전해 깊이감을 줄 수 있고 개별 요소뿐만 아니라 개체 그룹에도 변형을 적용할 수 있습니다.

3D 캔버스 컨트롤 살펴보기

오브젝트 중앙에 나타나는 캔버스 컨트롤을 확인합니다. X축을 중심으로 회전할 수 있는 화살표 컨트롤, Y
축을 중심으로 회전할 수 있는 화살표 컨트롤, Z축을 중심으로 원근감을 줄 수 있는 컨트롤을 확인할 수 있습
니다.

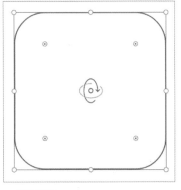

▲ X축 컨트롤

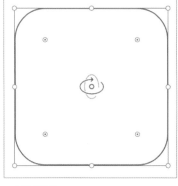

▲ Y축 컨트롤

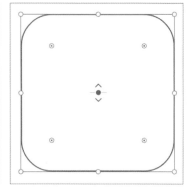

▲ Z축 컨트롤

간단 실습 | 캔버스 컨트롤로 오브젝트 3D 변형하기

임의의 오브젝트를 만들어 3D 변형 기능을 적용해봅니다. 오브젝트를 직접 수정해보며 3D 변형 기능을 간
단히 익혀보겠습니다.

01 ❶ 사각형 도구□로 [W]와 [H]가 **150**인 사각형을 그립니다. ❷ 속성 관리자에서 모든 모퉁이에 대해
동일한 반경□이 선택되어 있는 것을 확인하고 **30**을 입력해 모서리를 둥글게 수정합니다. ❸ [채우기]를
클릭해 컬러 패널이 나타나면 ❹ [방사형 그레이디언트]를 선택합니다. ❺ 그레이디언트바의 왼쪽 컬러 스
톱을 클릭해 **#FFFFFF**로 설정하고 ❻ 오른쪽 컬러 스톱을 클릭해 **#FF0077**로 설정합니다.

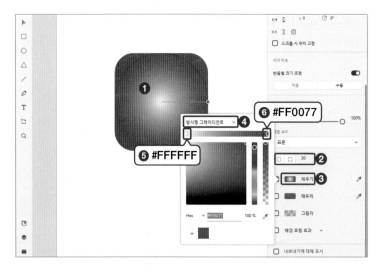

02 ❶ 선택 도구▣로 오브젝트를 클릭하고 ❷ 속성 관리자에서 [변형] 항목의 3D 변형▣을 클릭합니다. ❸ X, Y, Z축을 중심으로 오브젝트의 회전을 제어할 수 있는 캔버스 컨트롤이 나타납니다.

03 ❶ X축 컨트롤을 클릭한 채 아래로 드래그합니다. ❷ 이번에는 X축 컨트롤을 클릭한 채 위로 드래그합니다. 오브젝트가 X축을 중심으로 회전하며 다음과 같이 입체감이 표현됩니다.

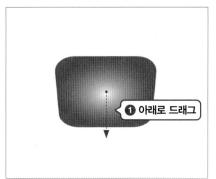

X축 컨트롤을 제대로 클릭한 후 드래그합니다.

04 ❶ Ctrl + Z 를 누릅니다. 실행이 취소되어 오브젝트 모양이 수정하기 전으로 되돌아갑니다. ❷ Y축 컨트롤을 클릭한 채 오른쪽으로 드래그합니다. ❸ 이번에는 Y축 컨트롤을 클릭한 채 왼쪽으로 드래그합니다. 오브젝트가 Y축을 중심으로 회전하며 다음과 같이 입체감이 표현됩니다.

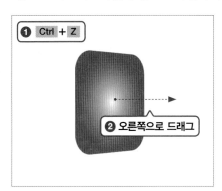

Y축 컨트롤을 제대로 클릭한 후 드래그합니다.

05 ❶ Ctrl + Z 를 누릅니다. 실행이 취소되어 오브젝트 모양이 수정하기 전으로 되돌아갑니다. Z축 컨트롤을 클릭한 채 위아래로 드래그해보겠습니다. ❷ 위로 드래그하면 멀어지고 ❸ 아래로 드래그하면 가까워지는 원근감이 표현됩니다.

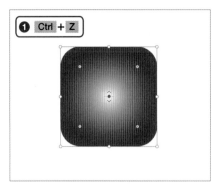

Z축 컨트롤(Z-Depth)은 오브젝트 안에 있는 파란색 원형으로, 오브젝트를 당기거나 밀어서 원근감을 표현합니다. 겹겹이 쌓인 층, 즉 레이어 계층이나 CSS로 보면 Z-Index와 같이 오브젝트가 배치되어 있는 위치를 말합니다. 오브젝트가 겹쳐 있을 때는 Z값이 높을수록 위에 배치됩니다.

06 ❶ Ctrl + Z 를 누릅니다. 실행이 취소되어 오브젝트 모양이 수정하기 전으로 되돌아갑니다. ❷ 오브젝트를 클릭하고 바운딩 박스 모서리에 마우스 포인터를 가져갑니다. 마우스 포인터의 모양이 양방향 화살표 ↰로 바뀌면 드래그하여 오브젝트를 회전합니다.

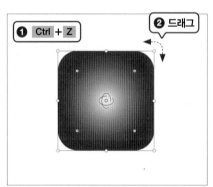

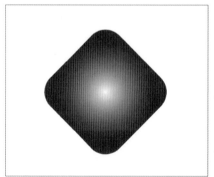

회전 수치를 입력해 오브젝트 3D 변형하기

이번에는 회전 수치를 입력해 오브젝트에 3D 변형 기능을 적용해보겠습니다. 오브젝트를 선택하면 속성 관리자의 [변형] 항목에 폭과 높이인 [W], [H]와 위치인 [X], [Y]가 표시됩니다. 3D 변형 ⬢ 을 클릭하면 위치인 [Z]와 회전 수치를 입력할 수 있는 X 회전 ⟳, Y 회전 ⟳, Z 회전 ↻ 이 추가로 표시됩니다. 각 옵션에 수치를 입력하여 오브젝트를 3D 변형할 수 있습니다.

01 ❶ 사각형 도구 ☐ 로 [W]와 [H]가 150인 사각형을 그리고 [채우기] 색을 **빨간색**으로 적용합니다. ❷ 속성 관리자의 [반복 그리드]를 클릭하고 ❸ 그리드 위젯을 오른쪽으로 드래그해 오브젝트를 세 개로 만듭니다. ❹ [그리드 그룹 해제]를 클릭합니다.

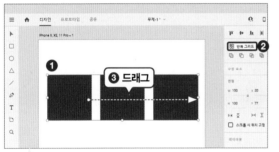 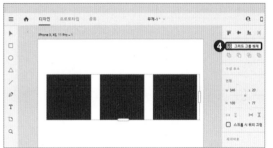

[반복 그리드]를 활용하면 쉽고 빠르게 오브젝트를 반복 배치할 수 있습니다. [반복 그리드]에 대한 자세한 설명은 이 책의 155쪽을 참고하세요.

02 ❶ 선택 도구 ▶ 로 오브젝트 세 개를 모두 선택합니다. ❷ 속성 관리자에서 [변형] 항목의 3D 변형 ⬢ 을 클릭하면 캔버스 컨트롤이 나타납니다. ❸ Y 회전 ⟳ 에 60을 입력하면 세 개의 오브젝트가 모두 Y축을 기준으로 60°씩 회전합니다.

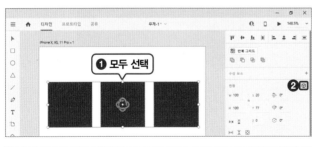

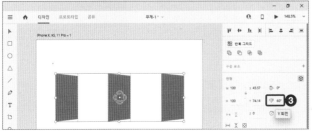

오브젝트를 하나만 선택하고 3D 변형 ⬢ 을 클릭하면 오브젝트 하나에만 3D 변형 기능이 적용됩니다.

03 이번에는 오브젝트를 그룹으로 묶어 3D 변형 기능을 적용해보겠습니다. ❶ Ctrl + Z 를 눌러 실행을 취소합니다. ❷ 오브젝트 세 개를 모두 선택하고 ❸ 마우스 오른쪽 버튼으로 클릭해 ❹ [그룹]을 선택합니다. ❺ 속성 관리자에서 [변형] 항목의 3D 변형 🔲을 클릭하고 ❻ Y 회전🔲에 60을 입력합니다. 세 개의 오브젝트가 그룹으로 묶여 있으므로 한 개의 오브젝트처럼 Y축을 기준으로 60°만큼 회전합니다.

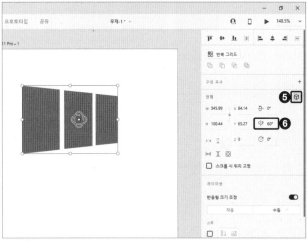

Y 회전🔲에 같은 값을 입력해도 02 과정과 다른 결과가 나타납니다. 오브젝트가 그룹으로 묶여 있으면 하나의 오브젝트로 인식하기 때문입니다.

준비 파일 기본/Chapter 02/transform_xyz_준비.xd
핵심 기능 3D 변형, X 회전

각 축을 기준으로 수치를 입력해 회전을 적용해보겠습니다. 먼저 X축 회전을 적용해봅니다. 개별 오브젝트에 수치를 입력해 변형해보고, 그룹 오브젝트에도 수치를 입력해 변형해봅니다. 변형 결과가 다르게 적용되는 것을 확인할 수 있습니다.

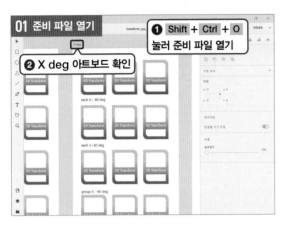

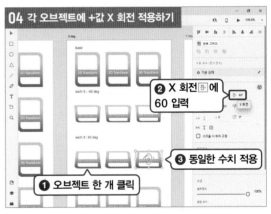

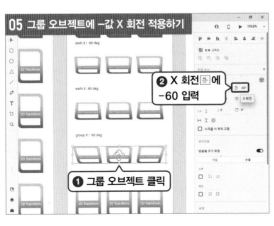

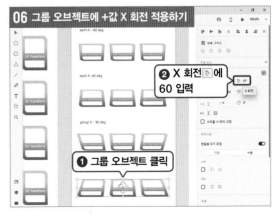

준비 파일 기본/Chapter 02/transform_xyz_준비.xd
핵심 기능 3D 변형, Y 회전

이번에는 Y축 회전을 적용해보겠습니다. 개별 오브젝트에 수치를 입력해 변형해보고, 그룹 오브젝트에도 수치를 입력해 변형해봅니다. 변형 결과가 다르게 적용되는 것을 확인할 수 있습니다.

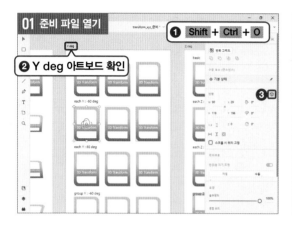
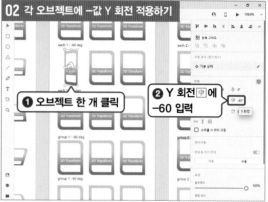

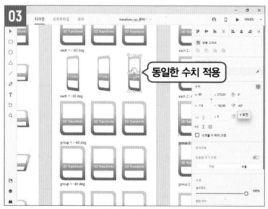

준비 파일 기본/Chapter 02/transform_xyz_준비.xd
핵심 기능 3D 변형, Z 회전

이번에는 Z축 회전을 적용해보겠습니다. 개별 오브젝트에 수치를 입력해 변형해보고, 그룹 오브젝트에도 수치를 입력해 변형해봅니다. 변형 결과가 다르게 적용되는 것을 확인할 수 있습니다.

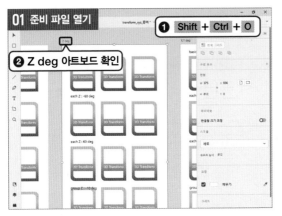

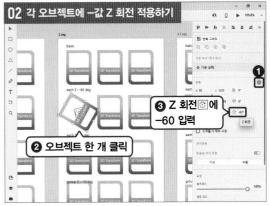

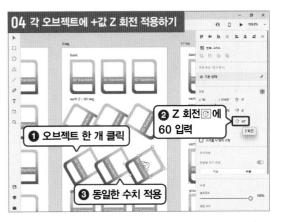

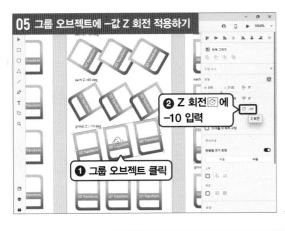

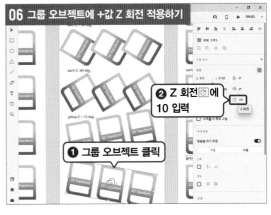

준비 파일 기본/Chapter 02/transform_xyz_준비.xd
핵심 기능 3D 변형, X 회전, Y 회전

이번에는 X축과 Y축 회전을 함께 적용해보겠습니다. 실무에서는 두 개의 축을 함께 회전하는 경우가 많으므로 수치에 따라 어떻게 변형되는지 확인해봅니다.

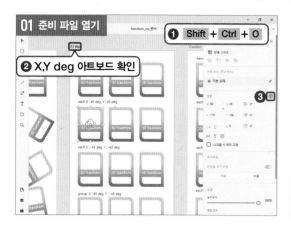

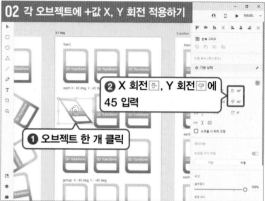

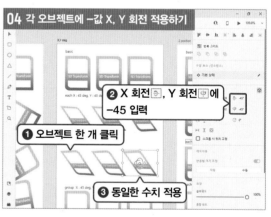

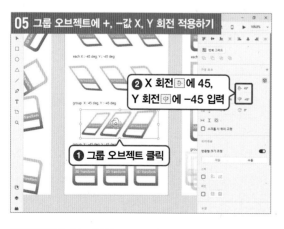

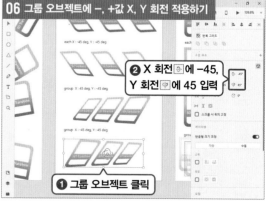

3D 변형 기능으로 오브젝트에 원근감 표현하기

준비 파일 기본/Chapter 02/transform_xyz_준비.xd

이번에는 [Z 위치]를 변형해 오브젝트에 원근감을 표현해보겠습니다. [Z 위치]를 변경하고 오브젝트에 불투명도(Opacity)를 적용하면 자연스러운 원근감을 나타낼 수 있습니다.

오브젝트에 원근감 표현하기

01 ❶ Shift + Ctrl + O 를 눌러 준비 파일을 열고 ❷ Z position 아트보드를 확인합니다. ❸ 속성 관리자에서 [변형] 항목의 3D 변형 ⊡ 을 클릭하면 캔버스 컨트롤이 나타납니다. ❹ 오브젝트를 클릭해 선택하고 ❺ [Z]에 0을 입력합니다. Z축을 기준으로 한 기본 위치로 적용됩니다. [Z]에 아무런 값을 입력하지 않은 상태와 같습니다.

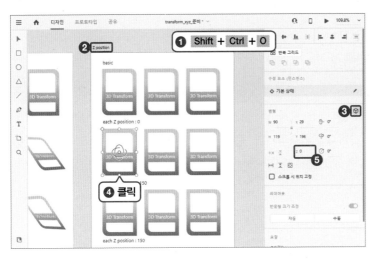

02 − 값을 적용해보겠습니다. ❶ 오브젝트를 클릭해 선택하고 ❷ [Z]에 -150을 입력합니다. Z축을 기준으로 뒤로 150px만큼 이동한 위치로 적용됩니다. ❸ 나머지 두 개의 오브젝트도 동일한 수치를 입력합니다. 모두 원근감이 적용되어 작아 보입니다.

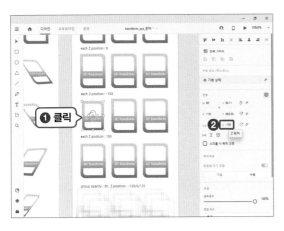
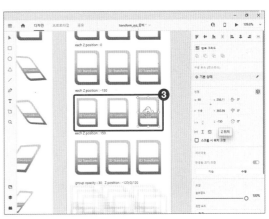

03 +값을 적용해보겠습니다. ❶ 오브젝트를 클릭해 선택하고 ❷ [Z]에 150을 입력합니다. Z축을 기준으로 앞으로 150px만큼 이동한 위치로 적용됩니다. ❸ 나머지 두 개의 오브젝트도 동일한 수치를 입력합니다. 모두 원근감이 적용되어 커 보입니다.

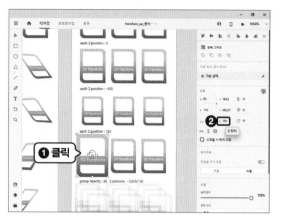
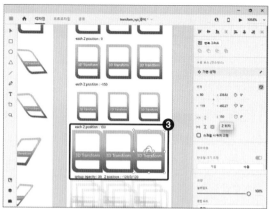

오브젝트에 자연스러운 원근감 표현하기

01 앞서 실습한 준비 파일의 Z position 아트보드에서 실습합니다. ❶ 맨 아래에 있는 그룹 오브젝트 중 맨 뒤에 있는 그룹 오브젝트를 클릭하고 ❷ [변형] 항목에서 [Z]에 –120을 입력합니다. ❸ 중간에 있는 그룹 오브젝트를 클릭하고 ❹ 마찬가지로 [Z]에 0을 입력합니다. ❺ 맨 위에 있는 그룹 오브젝트도 클릭하고 ❻ [Z]에 120을 입력합니다. ❼ 세 개의 그룹 오브젝트를 모두 선택하고 ❽ [모양] 항목의 [불투명도]를 30으로 설정합니다.

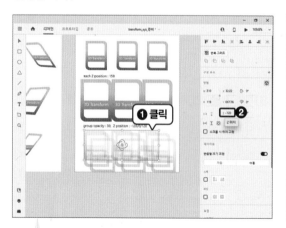
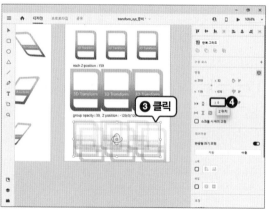

아트보드 맨 아래에 있는 그룹 오브젝트는 세 개의 오브젝트로 이루어져 있습니다. 각 오브젝트를 잘 선택하여 수치를 입력합니다.

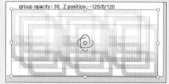

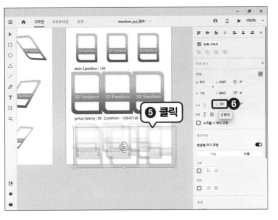

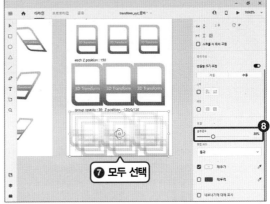

02 ① 그룹 오브젝트 세 개를 모두 선택하고 ② 속성 관리자에서 가운데 정렬(가로) ⯑ 과 ③ 가운데 정렬(세로) ⯑ 을 클릭해 오브젝트를 정렬합니다. ④ 원근감이 느껴지는 오브젝트로 변형됩니다.

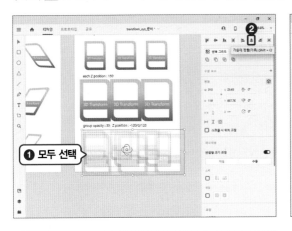

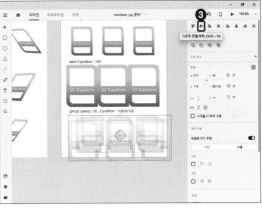

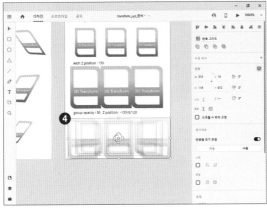

LESSON 04

XD 기본 도구 활용하기

문자 입력하고 그리드 활용하기

지금까지 다양한 도형을 그리고 색을 적용해보았습니다. 이번에는 문자를 입력하고 그리드를 적용하는 방법을 알아보겠습니다. 웹디자인에서는 사진이나 일러스트레이션과 같은 이미지를 활용하기보다 많은 양의 문자를 활용해 일정한 영역으로 나누고 화면을 디자인합니다. 따라서 문자 도구를 활용하는 방법을 제대로 알아두는 것이 좋습니다.

문자 도구 다루기

문자를 입력하고 수정하는 문자 도구 T 는 도구바에 있습니다. 문자 도구 T 를 클릭하고 아트보드를 클릭하면 문자 입력 모드로 전환됩니다. 원하는 문자를 입력하고 Esc 를 누르거나 도구바의 다른 도구를 클릭하면 문자 입력 모드가 종료됩니다. 문자 영역은 파란색 테두리로 표시되며 아래에 있는 핸들 ○ 을 이용해 크기를 조정할 수 있습니다.

지금 하는 일을 즐거워하는 사람　　　문자 속성은 속성 관리자의 [텍스트] 항목에서 설정합니다.

기능 꼼꼼 익히기 ▶ 웹디자인과 타이포그래피

수많은 정보를 시각적으로 받아들이며 살아가는 요즘 시대에 문자는 정보 전달 역할에만 한정되지 않고, 더 큰 의미를 지닙니다. 문자는 언어인 동시에 시각적 기호이고 인간에게 감성을 전달하는 매개체라고 할 수 있습니다. 그렇기 때문에 타이포그래피는 시각적인 디자인 결과물을 도출하는 데 아주 중요한 요소입니다.

타이포그래피의 어원은 라틴어 Typographia로, Typo(형태, 상징, 도형)와 Graphia(쓰기, 그리기)의 합성어입니다. 여러 의미를 거쳐 최종적으로는 인쇄술에서 사용하면서 널리 알려지게 됐고, 매체의 범위가 확장되면서 인쇄뿐만 아니라 인터넷, 게임, 영화 등 다양한 분야에서 타이포그래피의 시각적 표현이 활용되었습니다. 현재 타이포그래피는 시대의 문화, 트렌드, 기술을 반영하여 창의적인 스타일로 표현되는 중입니다.

웹디자인에서 타이포그래피를 적용할 때는 문자가 들어갈 웹사이트의 공간에 따라 가독성을 고려해야 합니다. 글꼴, 크기, 자간, 행간 등에 따라 다양하게 적용할 수 있으며 단순히 글을 읽게 하는 역할에서 벗어나 사용자에게 좋은 경험을 주는 것이 먼저입니다. 또한 타이포그래피는 디자이너의 의도가 사용자에게 쉽게 전달될 수 있는 도구이므로 웹디자인에서 타이포그래피의 중요성을 꼭 인식하고 있어야 합니다.

속성 관리자의 [텍스트] 항목

문자 도구 T 로 아트보드를 클릭하면 오른쪽 속성 관리자에 [텍스트] 항목이 나타납니다. [텍스트] 항목의 각 속성은 입력한 문자를 수정할 수 있습니다.

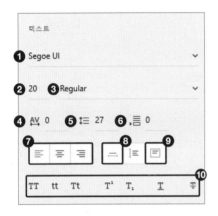

① **글꼴** | 입력한 문자의 글꼴을 설정합니다.

② **글꼴 크기** | 문자의 크기를 설정합니다.

③ **글꼴 두께** | 문자의 두께 및 기울기를 설정합니다. 글꼴에 따라 [Light]부터 [Black Italic]까지 선택할 수 있습니다.

④ **문자 간격** | 문자의 간격을 조절합니다.

⑤ **줄 간격** | 입력한 문자가 여러 줄일 때 행간을 조절합니다.

⑥ **단락 간격** | 입력한 문자가 여러 단락일 때 단락 간의 간격을 조절합니다.

⑦ **정렬** | 문자의 [왼쪽 정렬], [중앙], [오른쪽 정렬] 중 선택합니다.

⑧ **자동 폭** | 문자 도구를 선택한 후 아트보드를 클릭하면 문자 입력 모드를 표시합니다.

⑨ **고정 크기** | 문자 도구를 선택한 후 아트보드 위에 문자가 입력될 영역을 드래그하여 영역을 지정하면 문자 입력 모드를 표시합니다.

⑩ **텍스트 변환 기능** | 선택한 문자를 변환합니다. 대문자, 소문자, 단어의 첫 글자를 대문자로, 위 첨자, 아래 첨자, 밑줄, 취소선 아이콘을 선택하여 문자를 수정합니다.

문자 입력하기

준비 파일 기본/Chapter 02/text.xd

문자 도구를 이용해 문자를 입력해보겠습니다. 아트보드를 클릭해 문자를 입력할 수 있고, 드래그해 영역을 만든 후 입력할 수도 있습니다.

01 ❶ 도구바에서 문자 도구 T 를 클릭하고 ❷ 아트보드 위를 클릭합니다. 커서가 깜빡이며 문자 입력 모드로 전환됩니다. ❸ **지금 하는 일을 즐거워하는 사람**을 입력합니다. ❹ Esc 를 눌러 문자 입력 모드에서 빠져나옵니다.

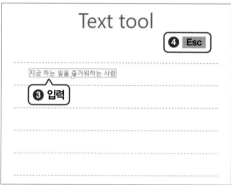

> 준비 파일은 반복 그리드가 적용되어 있습니다. 그리드에 맞춰 문자를 입력해봅니다. 준비 파일을 활용하지 않고 임의의 아트보드를 열고 실습해도 됩니다.

02 오른쪽 속성 관리자의 [텍스트] 항목에서 ❶ [글꼴]은 [Segoe UI]를 선택하고 ❷ [글꼴 크기]는 45로 설정합니다. ❸ [글꼴 두께]는 [Regular], ❹ [정렬]은 왼쪽 정렬 ≡ 을 클릭합니다.

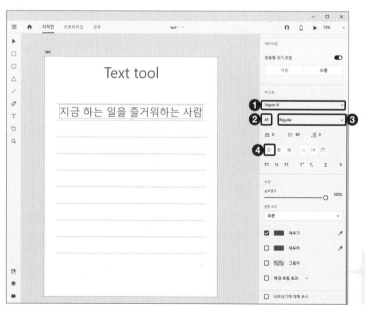

> 01 과정에서 클릭한 지점부터 문자가 입력됩니다. 그리드에 맞추려면 도구바의 선택 도구를 클릭하고 문자 영역을 드래그해 위치를 조정합니다.

간단 실습 | 문자에 다양한 속성 적용하기

준비 파일 기본/Chapter 02/text1.xd

문자 도구로 문자를 입력한 후 다양한 속성을 적용해보겠습니다. 문자 속성은 오른쪽 속성 관리자의 [텍스트] 항목에서 수정합니다.

글꼴 변경하기

❶ 도구바에서 선택 도구▶를 클릭하고 ❷ 두 번째 문장을 클릭합니다. ❸ 속성 관리자의 [텍스트] 항목에서 [글꼴]을 [휴먼모음T]로 선택합니다. 글꼴이 변경되었습니다.

 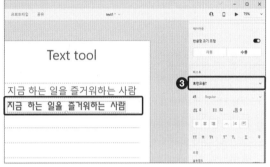

> 앞서 학습한 '[간단 실습] 문자 입력하기'의 실습 파일을 그대로 사용해도 됩니다. 두 번째 줄에 문자를 새로 입력하거나, 선택 도구를 클릭하고 Alt 를 누른 채 문자 영역을 아래로 드래그해 복제합니다.

영문 대/소문자 변환하기

01 ❶ 도구바에서 문자 도구 T 를 클릭하고 ❷ 세 번째 줄을 클릭해 slow and steady wins the race를 입력합니다. ❸ Esc 를 눌러 문자 입력 모드에서 빠져나옵니다.

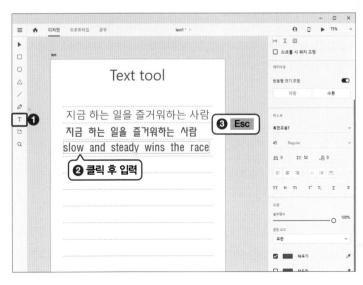

> 앞서 [글꼴]을 [휴먼모음T]로 적용했으므로 새로 입력하는 문자도 같은 글꼴인 [휴먼모음T]로 적용됩니다.

02 ❶ 도구바에서 선택 도구▶를 클릭하고 ❷ Alt 를 누른 채 세 번째 줄에 있는 영문을 아래로 드래그하여 복제합니다. ❸ 속성 관리자의 [텍스트] 항목에서 대문자 TT 를 클릭합니다. 소문자였던 영문이 모두 대문자로 변환됩니다.

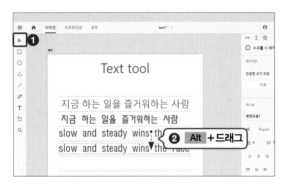
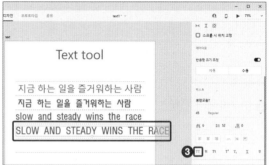

기능 꼼꼼 익히기 ▶ 문자 영역 핸들을 이용해 문자의 크기 조정하기

속성 관리자의 [텍스트] 항목에서 [글꼴 크기]를 통해 문자의 크기를 조정할 수 있습니다. 그러나 일일이 숫자를 입력해 조정하는 것은 번거로우므로 실무에서는 좀 더 빠른 방법으로 글꼴 크기를 조정합니다. 바로 문자 영역의 핸들◻을 이용하는 것입니다. 문자 영역의 핸들◻을 이용하면 아트보드를 벗어나는 문자를 쉽게 조정할 수 있습니다. 핸들을 드래그하는 방향에 따라 문자가 커지거나 작아집니다. 핸들◻을 위로 드래그하면 문자가 작아지고, 아래로 드래그하면 문자가 커집니다.

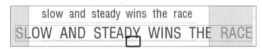

▲ 핸들을 위 또는 아래로 드래그해 문자의 크기 조절하기

---

03 ❶ 02 과정처럼 Alt 를 누른 채 세 번째 줄에 있는 영문을 드래그해 복제합니다. ❷ 속성 관리자의 [텍스트] 항목에서 단어의 첫 글자를 대문자로 Tt 를 클릭합니다. 소문자였던 영문 중 첫 글자만 대문자로 변환됩니다.

위 첨자, 아래 첨자 적용하기

01 ❶ Alt 를 누른 채 다섯 번째 줄에 있는 영문을 드래그해 복제합니다. ❷ 위 첨자를 적용할 단어만 드래그해 선택하고 ❸ 속성 관리자의 [텍스트] 항목에서 위 첨자 T¹ 를 클릭합니다. 선택된 단어만 위 첨자로 변환됩니다.

02 ❶ 아래 첨자를 적용할 단어만 드래그해 선택하고 ❷ 속성 관리자의 [텍스트] 항목에서 아래 첨자 T₁ 를 클릭합니다. 선택된 단어만 아래 첨자로 변환됩니다.

밑줄, 취소선 적용하기

01 ❶ Alt 를 누른 채 다섯 번째 줄에 있는 영문을 드래그해 복제합니다. ❷ 속성 관리자의 [텍스트] 항목에서 밑줄 T 을 클릭합니다. 문자에 밑줄이 적용됩니다.

02 같은 방법으로 문자에 취소선 도 적용해봅니다.

간단 실습 **플러그인 설치해 더미 텍스트 입력하기**

이번에는 플러그인을 설치해 더미 텍스트를 입력해보겠습니다. 웹디자인을 하다 보면 임의의 문자들, 즉 더미 텍스트를 입력해야 할 때가 있습니다. 이때 플러그인을 설치해 활용하면 간편합니다.

01 ❶ 도구바 아래에 있는 ▣을 클릭하면 [플러그인] 패널이 나타납니다. ❷ [플러그인] 패널에서 오른쪽 상단의 플러그인 탐색 ➕을 클릭하면 ❸ [XD 플러그인] 창이 나타납니다.

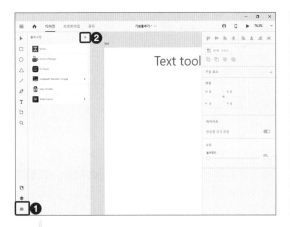

설치한 플러그인이 하나도 없다면 [플러그인] 패널에 플러그인 탐색 ➕ 대신 [플러그인 탐색] 버튼이 바로 나타납니다.

02 ❶[플러그인 검색]에 **Lorem Ipsum**을 입력하고 Enter 를 눌러 플러그인을 검색합니다. ❷ 검색 결과에서 [Lorem Ipsum] 플러그인을 찾아 [설치]를 클릭합니다. 내 컴퓨터에 플러그인이 설치되며 설치된 플러그인은 체크 표시된 항목으로 나타납니다.

03 ❶ 문자 도구 T 로 문자 영역을 만들고 ❷ [플러그인] 패널에서 설치된 [Lorem Ipsum]을 클릭합니다. ❸ 문자 영역 안에 더미 텍스트가 자동으로 채워집니다.

플러그인에 관한 더 자세한 설명은 이 책의 200쪽과 251쪽을 참고하세요.

기능 꼼꼼 익히기 ▶ 웹디자인에 필요한 텍스트 제너레이터

웹디자인을 하다 보면 임의의 텍스트가 종종 필요합니다. 이때 활용하면 좋은 웹사이트를 소개합니다.

로렘 입숨(https://rwww.lipsum.com)

로렘 입숨(Lorem Ipsum)은 텍스트나 문단을 생성해주는 텍스트 제너레이터(Text Generator) 사이트입니다. 어도비 프로그램을 사용하다 보면 텍스트를 입력할 때 더미 텍스트가 입력되곤 하는데, 이때 입력되는 텍스트가 Lorem Ipsum입니다. 로렘 입숨은 영문 더미 텍스트를 입력할 때 유용합니다. 한글과 일본어를 지원하지는 않지만, 영미권 및 유럽 언어를 지원하므로 상황에 맞춰 활용하는 것이 좋습니다.

랜덤 워드(https://randomwordgenerator.com/paragraph.php)

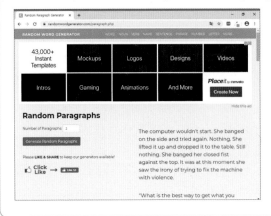

임의의 문단을 입력하기에 좋은 더미 텍스트 생성 사이트입니다. 사이트에서 제공하는 템플릿을 활용할 수도 있고, 임의의 문단 생성기, 이상한 단어 생성기, 랜덤 레터 생성기, 난수 발생기 등 다양한 텍스트 생성기를 활용할 수 있습니다.

그리드 다루기

웹디자인에서 '레이아웃을 디자인하는 것'은 페이지 내의 구성 요소들을 설계하고 배치하는 것을 말합니다. 이때 가장 중요한 것은 주목성, 가독성, 조형성, 창의성이며, 사용자 입장에서 접근해야 하고 사용자가 잘 이해할 수 있도록 웹사이트의 의도를 정확히 전달해야 합니다. 웹사이트(페이지)의 레이아웃을 디자인할 때는 먼저 기본 형식을 고려해야 합니다. 또한 새로운 트렌드나 기술을 민감하게 파악하고 도입해 사용자에게 새로운 경험을 부여하는 것도 필요합니다. 이에 뒤처져 웹사이트가 발전하지 않는다면 사용자는 점차 웹사이트를 진부하게 느낄 수 있기 때문입니다.

웹디자이너에게 그리드(Grid)는 레이아웃을 효율적으로 디자인하기 위한 안내선이라 할 수 있습니다. 여러 도형과 이미지, 텍스트 등과 같은 요소를 그리드에 맞춰 배치하면 사용자에게 시각적인 안정감을 줍니다. 칼럼(Column, 단, 열)을 그리드와 비슷한 개념으로 생각할 수도 있습니다. 1단 칼럼, 3단 칼럼, 12단 칼럼 등으로 나눌 수 있는데, 이미지와 문단 등의 배율을 잘 조절하여 배치하면 역동성과 율동감을 전달할 수 있습니다.

그리드를 활용하면 웹사이트를 균형감 있게 보여줄 수 있고, 그리드를 몇 단(열)으로 분할할지에 따라 웹사이트는 다양한 형태가 될 수 있습니다. 이때 웹사이트의 가독성이을 최우선으로 고려해야 합니다. 너무 촘촘하게 구성하거나 너무 넓게 구성하면 사용자가 보기에 불편할 수 있으니 이에 유의하며 웹사이트의 레이아웃을 구성합니다.

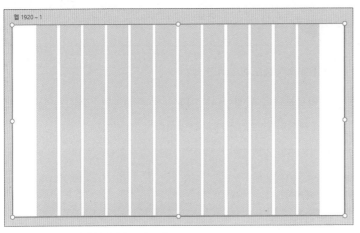

▲ 너비가 1920px인 웹페이지의 12단 그리드

상황에 따라 하나의 웹사이트(페이지)에서 여러 비율의 레이아웃 그리드를 사용하기도 합니다. 사용자에게 보여줘야 하는 콘텐츠의 개수에 맞춰 레이아웃의 열을 조절합니다. 레이아웃 그리드를 지정할 때 정해진 법칙이 있는 것은 아니지만, 다음과 같은 그리드를 적용해 디자인하면 사용자에게 익숙하고 안정적인 레이아웃을 만들 수 있습니다.

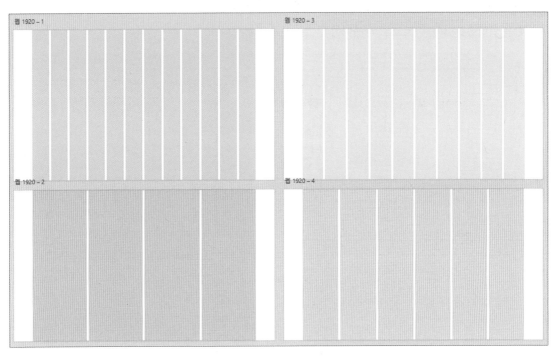

레이아웃 그리드 만들기

디자인의 기초가 되는 레이아웃 그리드를 만들어 적용해보겠습니다.

01 ❶ 시작 화면에서 [웹 1920]을 클릭해 아트보드를 생성합니다. ❷ 속성 관리자의 [그리드] 항목에서 [레이아웃]에 체크합니다. 기본 설정인 12열의 레이아웃 그리드가 나타납니다.

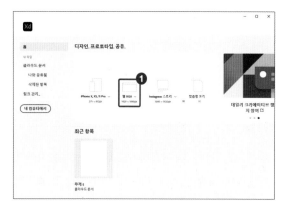 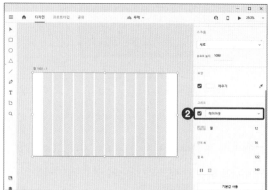

02 ❶ [열]의 컬러 박스를 클릭하고 ❷ 원하는 색으로 수정한 후 ❸ [열]에 원하는 값을 입력합니다. 여기서는 6을 입력했습니다. 아트보드의 레이아웃 그리드가 수정됩니다.

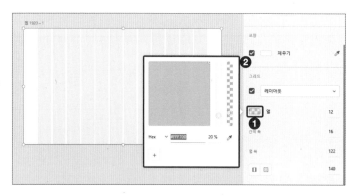

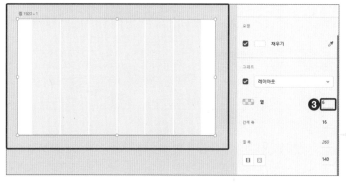

레이아웃 그리드(Layout Grid)는 가로줄에 해당하는 행(Row)과 세로줄에 해당하는 열(Column)을 아트보드 위에 표시하는 기능입니다. XD에서는 레이아웃 그리드를 쉽게 적용할 수 있어 유용하게 활용할 수 있습니다.

간단 실습 · 반복 그리드(행) 활용하기

디자인을 하다 보면 오브젝트를 반복해서 배치해야 할 때가 있습니다. XD는 오브젝트의 이동에 따라 가이드 안내선이나 위치 정보를 표시해주지만, 아트보드에 기준이 되는 그리드를 만들어두면 작업이 훨씬 더 편합니다.

반복 그리드(행) 만들기

01 ❶ 도구바에서 선 도구 ✏를 클릭하고 ❷ 드래그해 가로선을 그립니다. ❸ 속성 관리자의 [반복 그리드]를 클릭합니다. 가로선이 반복 그리드로 변경되고 선 가운데에 초록색 그리드 위젯이 생깁니다.

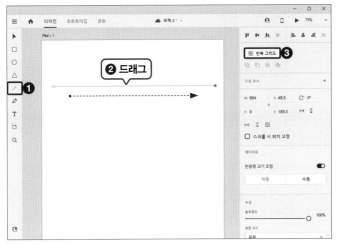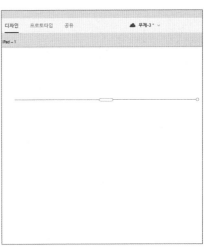

02 반복 그리드의 그리드 위젯을 아래로 드래그합니다. 같은 모양의 가로선이 반복되어 채워집니다.

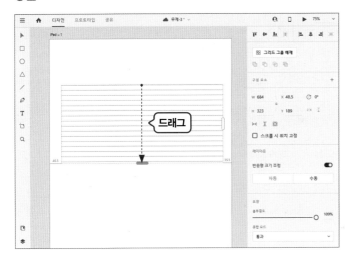

가로선이 하나일 때는 그리드 위젯이 하나였는데, 오른쪽에도 그리드 위젯이 생긴 것을 확인할 수 있습니다.

03 ❶ 선택 도구 ▶로 ❷ 모든 가로선 그리드를 드래그해 선택하고 ❸ 속성 관리자의 [모양] 항목에서 속성을 변경합니다. 여기서는 [테두리] 색을 **#FF0000**으로, [크기], [대시], [간격]을 **1, 5, 5**로 설정했습니다.

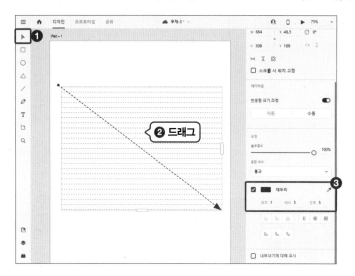

04 가로선 그리드 하나를 클릭해 선택하고 아래로 드래그해 그리드의 간격을 넓힙니다. 한 영역의 간격을 조절하면 반복 그리드 전체의 간격이 동일하게 조절됩니다.

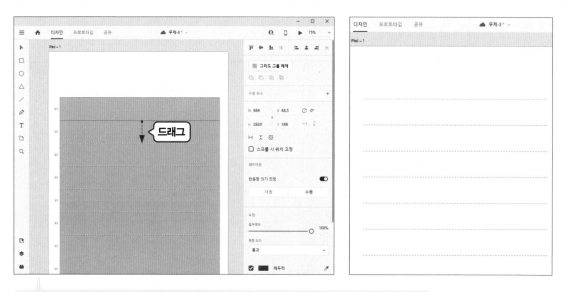

가로선 오브젝트 사이에 마우스 포인터를 올리면 분홍색으로 표시됩니다. 이때 드래그해도 간격을 조절할 수 있습니다.

그리드 잠그기

반복 그리드가 아트보드에서 움직이지 않게 고정해보겠습니다.

❶ 가로선 그리드를 마우스 오른쪽 버튼으로 클릭하고 ❷ [잠그기]를 선택합니다. ❸ 그리드 왼쪽 상단에 자물쇠 모양 아이콘이 나타나고 그리드가 잠겨 움직이지 않습니다.

간단 실습

반복 그리드(오브젝트) 활용하기

준비 파일 기본/Chapter 02/grid.jpg

도형으로 오브젝트 영역을 만들어 반복 그리드를 적용하고 해당 영역에 이미지를 삽입해 채워보겠습니다.

01 ❶ 도구바에서 사각형 도구□를 클릭하고 ❷ 사각형을 그립니다. ❸ 속성 관리자의 [반복 그리드]를 클릭하고 ❹ 그리드 위젯을 드래그해 3×3 형태의 그리드를 만듭니다.

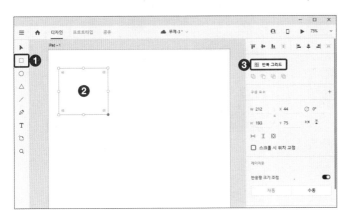
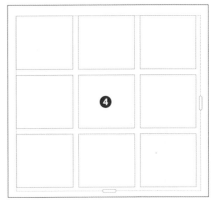

02 ❶ 윈도우 탐색기 폴더에서 **grid.jpg** 파일을 선택하고 첫 번째 오브젝트 안으로 드래그합니다. ❷ 모든 오브젝트에 같은 이미지가 삽입됩니다.

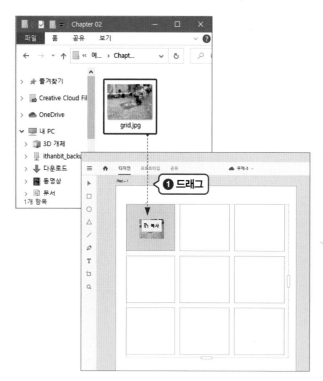

비어 있는 반복 그리드에 이미지를 처음 삽입할 때는 어떤 오브젝트에 삽입해도 모두 같은 이미지로 채워집니다.

아트보드에 이미지를 삽입하는 다양한 방법은 159쪽을 참고하세요.

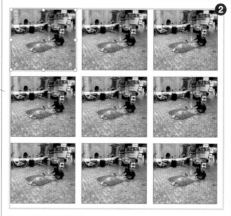

기능 꼼꼼 익히기 ▶ ### 반복 그리드에 삽입한 이미지 편집하기

반복 그리드에 이미지를 삽입하면 순서에 따라 첫 번째 이미지와 삽입한 이미지가 하나씩 반복되면서 배치됩니다. 그리드 오브젝트를 클릭하면 원본 이미지 영역을 확인할 수 있고, 이미지의 보이는 영역을 조절할 수도 있습니다. 새로운 이미지를 드래그해 넣으면 반복 그리드의 이미지를 수정할 수 있지만 세부 편집은 불가능합니다.

▲ 그리드 오브젝트를 클릭해 원본 이미지 영역 확인

▲ 새로운 이미지를 삽입해 반복 그리드 수정

LESSON 05

XD 이미지 편집하기

이미지 삽입하고 마스크 적용하기

XD에서는 다양한 형식의 파일을 불러올 수 있습니다. 특히 이미지 파일을 자주 불러오는데 JPEG, PNG, SVG, GIF, TIFF, PSD, AI, Sketch 등 다양한 형식의 이미지 파일을 가져올 수 있습니다. [파일]-[가져오기] 메뉴를 선택하거나 윈도우 탐색기 폴더에서 XD 작업 화면으로 바로 드래그해 가져오는 방식을 활용합니다.

간단 실습 | 이미지 삽입하기

준비 파일 기본/Chapter 02/이미지 편집 폴더.jpg

[가져오기] 메뉴로 가져오기

01 ❶ [파일]-[가져오기] `Shift` + `Ctrl` + `I` 메뉴를 선택합니다. ❷ [열기] 대화상자가 나타나면 삽입하고 싶은 이미지 파일이 포함되어 있는 준비 파일 폴더를 선택합니다. ❸ [파일 형식]을 클릭하면 가져올 수 있는 이미지 파일의 형식을 확인할 수 있습니다.

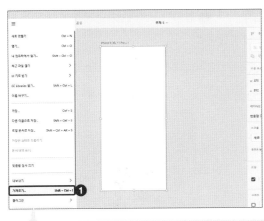
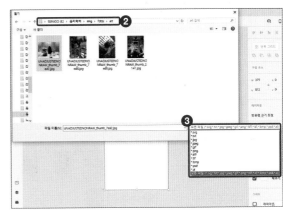

XD CC 최신 버전에서는 ☰ 대신 상단에 메뉴바가 나타납니다. 제일 왼쪽의 [파일] 메뉴를 찾아 선택하면 됩니다. XD CC는 업데이트가 잦아 이와 같은 사소한 변경 사항이 계속 생길 수 있습니다. 업데이트마다 유연하게 대처해야 합니다.

02 ❶ 준비 파일(JPG 이미지)을 선택하고 ❷ [가져오기]를 클릭합니다. ❸ 아트보드 한가운데에 이미지 가 삽입됩니다.

03 ❶ 아트보드 바깥쪽의 페이스 트보드 부분을 클릭하면 ❷ 아트보드 영역 안쪽에 배치된 이미지만 보입니 다. 이미지의 크기가 아트보드보다 크면 아트보드 바깥쪽에 배치된 부분 은 보이지 않습니다.

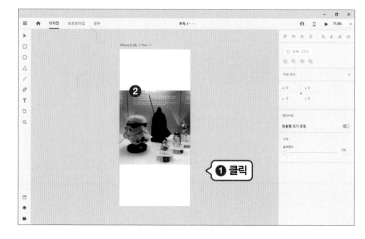

윈도우 탐색기 폴더에서 드래그하여 가져오기

XD 작업 화면과 윈도우 탐색기 폴더를 함께 열어놓고 실습합니다. ❶ 삽입하고 싶은 이미지를 XD 작업 화 면의 아트보드로 드래그합니다. ❷ 아트보드에 이미지가 삽입됩니다.

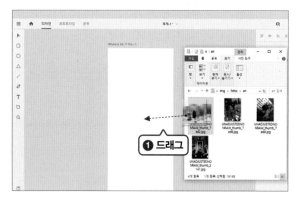 

간단 실습 | 영역 지정하여 이미지 삽입하기

준비 파일 기본/Chapter 02/이미지 편집 폴더

영역 안에 이미지 가져오기

01 ❶ 도구바에서 사각형 도구□를 클릭합니다. ❷ 아트보드에 드래그해 사각형 영역을 만듭니다.

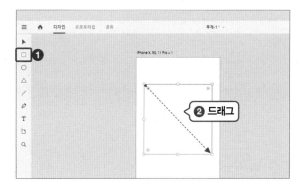

02 ❶ 준비 파일이 포함되어 있는 윈도우 탐색기 폴더에서 원하는 이미지를 선택해 아트보드로 드래그합니다. ❷ 사각형 영역 안에 '복사' 문구가 나타나면 마우스 버튼에서 손을 뗍니다. ❸ 사각형 영역 안에 이미지가 배치됩니다.

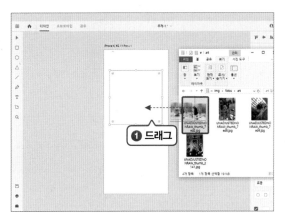

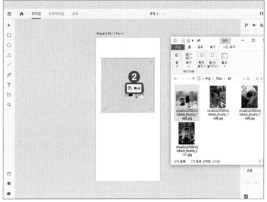

> [파일]–[가져오기] 메뉴를 선택해도 되지만, 드래그하여 가져오는 방식이 작업 시간을 단축시켜주므로 더 효율적입니다.

영역 안에 여러 개의 이미지 가져오기

01 ❶ 도구바에서 원형 도구 ⬭ 를 클릭합니다. ❷ 아드보드에 드래그해 작은 원 영역을 만듭니다. ❸ 도구바에서 선택 도구 ▶ 를 클릭하고 ❹ 원을 선택한 후 ❺ 속성 관리자의 [반복 그리드]를 클릭합니다. ❻ 원의 그리드 위젯을 오른쪽으로 드래그하여 총 네 개의 원을 만듭니다.

 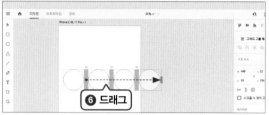

02 ❶ 윈도우 탐색기 폴더에서 여러 개의 이미지를 선택하고 ❷ 아트보드로 드래그합니다. ❸ 원 영역 안에 '복사' 문구가 나타나면 마우스 버튼에서 손을 뗍니다.

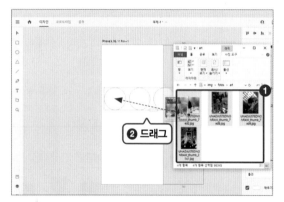 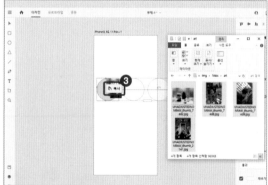

폴더 안에 있는 이미지를 여러 개 선택할 때는 임의의 파일을 하나 클릭한 후 Ctrl + A 를 눌러 전체 선택하거나 선택하고 싶은 이미지를 포함해 크게 드래그합니다. 또는 Ctrl 을 누른 채 선택하고 싶은 이미지만 클릭해도 됩니다.

03 반복 그리드로 만들어진 원 안에 가져온 이미지가 차례로 배치됩니다.

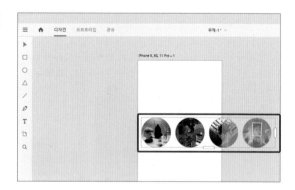

기능 꼼꼼 익히기 ▶ 반복 그리드 활용하기

선택 도구로 그리드 위젯을 오른쪽이나 아래로 드래그하면 반복 그리드 도형이 추가됩니다. 반복 그리드 도형의 개수를 늘리면 도형 안에 배치된 여러 개의 이미지도 반복해서 배치됩니다. 여러 이미지를 보여줘야 하는 리스트(목록) 작업에 효율적으로 활용할 수 있습니다.

간단 실습 이미지 영역의 모양 변경하고 삽입한 이미지 교체하기

준비 파일 기본/Chapter 02/이미지 편집 폴더

01 ❶ 사각형 도구 □로 ❷ 아트보드 위에 사각형 영역을 만들고 ❸ 이미지를 아트보드의 사각형 영역 안으로 드래그합니다. ❹ 사각형 영역에 맞춰 이미지가 보입니다.

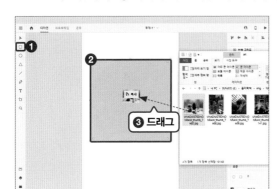

02 사각형 영역을 원 영역으로 변경해보겠습니다. ❶ 선택 도구▶로 ❷ 사각형 오브젝트를 클릭하면 모서리에 바운딩 박스의 조절점이 나타납니다. ❸ 조절점을 안쪽으로 드래그하면 모서리가 둥글게 수정됩니다. ❹ 사각형 오브젝트의 중심점까지 드래그하면 사각형이 정원으로 수정됩니다.

03 원 영역 안에 배치된 이미지를 다른 이미지로 바꿔보겠습니다. ❶ 선택 도구▶를 클릭하고 ❷ 이미지를 마우스 오른쪽 버튼으로 클릭한 후 ❸ [이미지 바꾸기]를 선택합니다.

04 ❶ [열기] 대화상자가 나타나면 교체하고 싶은 다른 이미지를 선택하고 ❷ [가져오기]를 클릭합니다. ❸ 원 영역 안에 배치된 이미지가 선택한 이미지로 교체됩니다.

간단 실습 | **삽입한 이미지를 포토샵에서 편집하기**

준비 파일 기본/Chapter 02/이미지 편집 폴더

01 ❶ Shift + Ctrl + I 를 눌러 임의의 이미지를 가져옵니다. ❷ 이미지를 마우스 오른쪽 버튼으로 클릭하고 ❸ [Photoshop에서 편집]을 선택합니다.

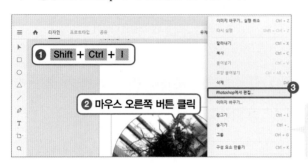

> Shift + Ctrl + I 는 [파일]–[가져오기] 메뉴의 단축키입니다. [파일]–[가져오기] 메뉴를 선택해 이미지를 가져올 수도 있지만 단축키를 활용하는 것이 더 효율적입니다.

02 ❶ 포토샵이 실행되면 이미지가 PSD 파일로 열립니다. 자유롭게 이미지를 편집해보겠습니다. ❷ 여기서는 문자 도구 T 를 클릭해 문자를 입력합니다.

> 포토샵이 설치되어 있다면 포토샵이 실행됩니다. 포토샵이 설치되어 있지 않다면 크리에이티브 클라우드 앱에서 포토샵을 다운로드한 후 실행합니다.

03 ❶ 이미지 위에 **ART TREE**를 입력하고 Ctrl + Enter 를 눌러 문자 입력을 완료합니다. ❷ [File]–[Save] 메뉴를 선택해 이미지를 저장합니다. ❸ [Photoshop Format Options] 대화상자가 나타나면 [OK]를 클릭합니다.

04 ❶XD로 돌아오면 포토샵에서 편집한 내용이 이미지에 적용된 것을 확인할 수 있습니다. ❷이미지를 더블클릭하면 크기나 보이는 영역 등을 수정할 수 있습니다.

간단 실습 **벡터 이미지를 가져와 편집하기**

준비 파일 기본/Chapter 02/icon1.ai

XD에서 비트맵(Bitmap) 형식의 이미지 외에 SVG, AI와 같은 벡터(Vector) 형식의 이미지도 불러올 수 있습니다. 벡터 형식의 이미지는 크기를 조절해도 이미지가 뭉개지지 않고 가장자리가 깔끔하게 보입니다. 벡터 형식의 이미지도 비트맵 형식의 이미지를 편집할 때와 방법은 동일합니다. 이번에는 벡터 형식의 이미지를 가져와 색을 조절해보겠습니다.

01 ❶ Shift + Ctrl + I 를 눌러 [열기] 대화상자가 나타나면 ❷icon1.ai 파일을 선택하고 ❸[가져오기]를 클릭합니다. ❹아트보드가 AI 파일의 크기에 맞춰 새로 만들어집니다.

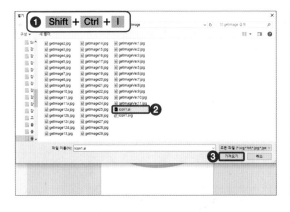 

01 과정처럼 웹이나 앱에서 대표적으로 사용할 수 있는 벡터 형식인 SVG 파일을 가져오려면 [파일]-[가져오기] `Shift` + `Ctrl` + `I` 메뉴를 선택합니다. [열기] 대화상자에서 icon1.svg 파일을 선택해 가져옵니다. AI 파일을 가져올 때는 AI 파일의 크기에 맞춰 아트보드가 새로 만들어졌는데, SVG 파일은 미리 만들어둔 아트보드에 그대로 가져와집니다.

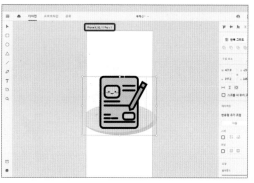

02 ❶ 마우스 오른쪽 버튼으로 이미지를 클릭하고 ❷ [그룹 해제]를 선택합니다. 각 오브젝트의 속성을 수정해보겠습니다. 속성 관리자의 [채우기]와 [테두리]에서 색을 조정할 수 있습니다. ❸ 선택 도구 ▶로 ❹ 위쪽의 원 오브젝트를 선택하고 ❺ [채우기]를 ❻ #C0EFB5로 설정합니다. ❼ 아래쪽의 원 오브젝트를 선택하고 ❽ [채우기]를 ❾ #8EB286으로 설정합니다.

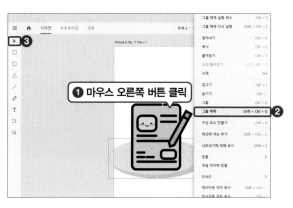

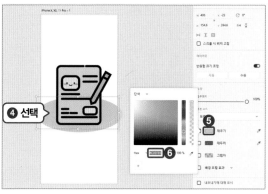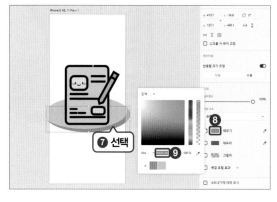

03 ❶ 선택 도구 로 ❷ 원을 제외한 나머지 오브젝트들을 클릭하고 ❸ [테두리]를 ❹ #5F5F98로 설정합니다. ❺ 오브젝트의 색 수정이 완료되었습니다.

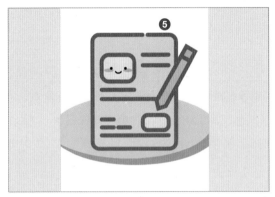

04 벡터 이미지의 크기도 변경해보겠습니다. 비트맵 이미지와 방법은 동일합니다. ❶ 선택 도구 로 이미지 전체를 선택합니다. ❷ 바운딩 박스의 조절점을 드래그해 크기를 변경합니다. 이때 Shift 를 누른 상태로 드래그하면 비율이 유지된 채 크기가 조정됩니다.

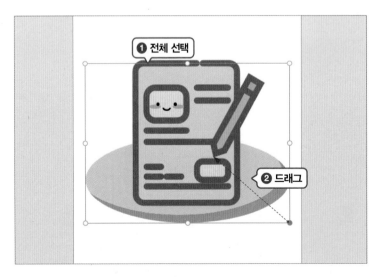

이미지 혼합 모드 알아보기

이미지 혼합 모드는 포토샵의 블렌딩 모드(Blending Mode)와 같은 기능입니다. 도형, 이미지 등의 오브젝트가 두 개 이상 겹쳐진 상태일 때 혼합 모드를 사용할 수 있으며 이미지의 색상, 명도, 채도를 조합해 새로운 느낌으로 보정할 수 있습니다. 불투명도(Opacity)를 조절해 겹쳐진 상태를 만들 수도 있지만, 혼합 모드를 활용하면 단순히 겹치기만 하는 것 이상으로 완성도 높은 느낌을 표현할 수 있습니다.

간단 실습 ▎혼합 모드 실행하기

준비 파일 기본/Chapter 02/이미지 편집 폴더

❶ 준비 파일 중 임의의 이미지 두 개를 가져옵니다. ❷ 선택 도구 ▶ 로 이미지 두 개가 겹쳐지도록 배치합니다. ❸ 위에 배치된 이미지를 선택하고 ❹ 속성 관리자의 [혼합 모드]에서 원하는 혼합 모드를 선택합니다.

이미지는 Shift + Ctrl + I 를 눌러 가져오거나, 윈도우 탐색기 폴더에서 아트보드로 드래그해 가져올 수 있습니다. 이미지를 가져오는 다양한 방법은 이 책의 159쪽을 참고합니다.

혼합 모드 미리 보기

XD에는 16개의 혼합 모드가 있습니다. [통과]부터 [표준], [어둡게], [곱하기], [색상 번], [밝게], [스크린], [색상 닷지], [오버레이], [소프트 라이트], [하드 라이트], [차이], [제외], [색조], [채도], [색상], [광도]가 있습니다. 두 개의 이미지를 가져와 겹쳐놓고 혼합 모드를 조절하며 효과를 직접 확인해보세요.

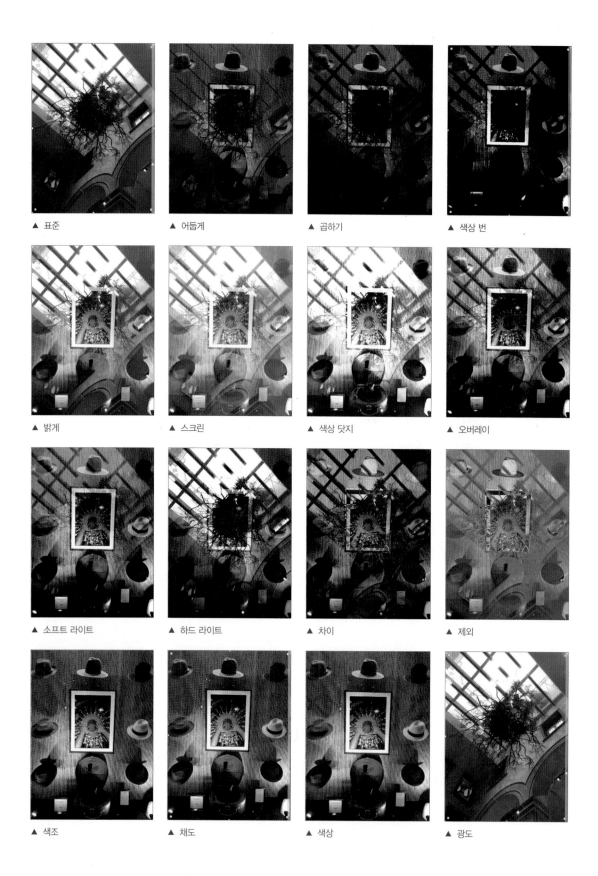

▲ 표준   ▲ 어둡게   ▲ 곱하기   ▲ 색상 번

▲ 밝게   ▲ 스크린   ▲ 색상 닷지   ▲ 오버레이

▲ 소프트 라이트   ▲ 하드 라이트   ▲ 차이   ▲ 제외

▲ 색조   ▲ 채도   ▲ 색상   ▲ 광도

마스크 알아보기

앞서 도형을 그리고, 병합해 다양한 형태로 활용하는 것을 알아보았습니다. 도형 병합 외에도 XD에는 도형의 일부를 가려 원하는 부분만 보이게 하는 마스크 기능이 있습니다. 마스크 기능은 도형의 원본 형태를 유지한 채 수정할 수 있습니다.

간단 실습 | 마스크 적용하여 부채꼴 모양 만들기

마스크 기능을 통해 가리고 싶은 부분을 안 보이게 해서 부채꼴 모양을 만들어보겠습니다.

01 시작 화면에서 [iPad, Nexus 9]을 클릭해 아트보드를 생성합니다.

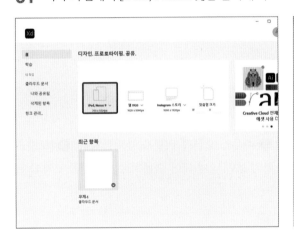
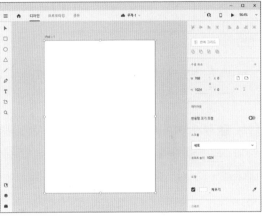

02 ❶ 사각형 도구□로 ❷ 정사각형을 그리고 ❸ 속성 관리자에서 [채우기] 색을 **#156BB7**로 설정한 후 ❹ [테두리]는 체크를 해제합니다. ❺ Shift 를 누른 채 사각형의 모서리 부분에서 드래그해 마름모꼴이 되도록 회전합니다.

03 ❶ 원형 도구 로 ❷ 사각형 위에 원을 그립니다. 이때 원의 반지름이 사각형 한 변의 길이와 같도록 그리며, 원의 중심점과 사각형의 아래 꼭짓점이 같은 위치에 오도록 배치합니다.

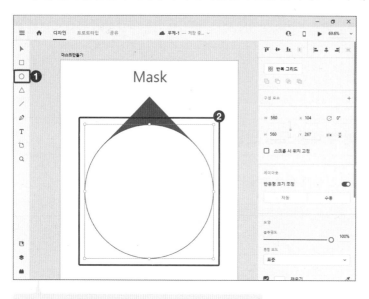

원을 그린 후 선택 도구를 이용해 크기, 위치 등을 알맞게 조절합니다.

04 ❶ 원과 그 아래에 있는 사각형을 모두 선택하고 ❷ 마우스 오른쪽 버튼을 클릭합니다. ❸ [모양으로 마스크 만들기]를 선택합니다. 원 안쪽에 있는 사각형 부분만 남게 되어 오브젝트는 부채꼴 모양이 됩니다.

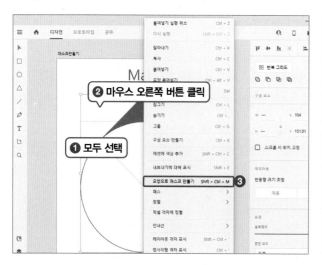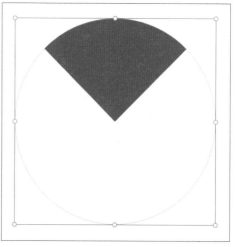

간단 실습 　마스크 해제하기

적용한 마스크를 다시 해제할 수도 있습니다. 앞서 실습한 파일을 그대로 활용합니다.

01　마스크 기능을 적용한 오브젝트는 도형의 일부가 삭제된 것처럼 보이지만, 병합 기능과 달리 원본 도형의 형태가 유지되어 있습니다. 마스크 기능을 해제해 다시 원본 도형으로 만들어보겠습니다.

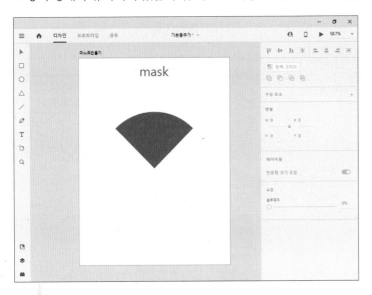

도형 병합(부울 작업)에 관한 자세한 설명은 이 책의 126쪽을 참고하세요.

02　❶ 마스크를 적용한 오브젝트가 선택된 상태에서 마우스 오른쪽 버튼을 클릭합니다. ❷ [마스크 그룹 해제]를 선택하면 마스크를 적용하기 이전으로 돌아갑니다.

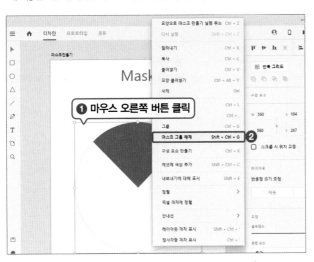
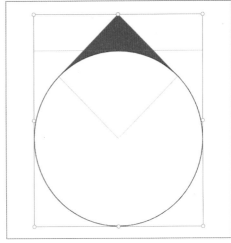

준비 파일 없음
핵심 기능 마스크, 반복 그리드

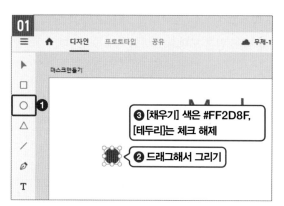

01

마스크만들기

③ [채우기] 색은 #FF2D8F,
[테두리]는 체크 해제

② 드래그해서 그리기

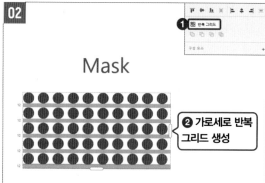

02

① 반복 그리드

Mask

② 가로세로 반복
그리드 생성

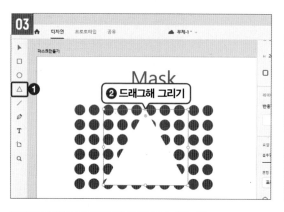

03

마스크만들기

Mask

② 드래그해 그리기

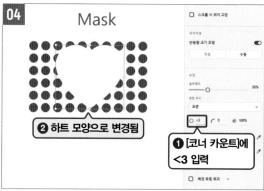

04

Mask

② 하트 모양으로 변경됨

① [코너 카운트]에
<3 입력

05

마스크만들기

① 모두 선택

Mask

② 마우스 오른쪽 버튼 클릭

③ 모양으로 마스크 만들기 Shift + Ctrl + M

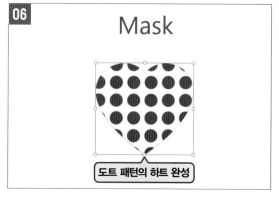

06

Mask

도트 패턴의 하트 완성

XD 애니메이션 적용하기

프로토타입을 위한 인터랙션 화면 전환 효과 적용하기

XD의 간단한 기능들을 활용해 기획을 시각화하고 프로토타입 디자인을 제작했다면 다음으로 필요한 것은 애니메이션 기능입니다. XD에서는 프로토타입을 제작한 후에 결과 화면을 미리 확인할 수 있는데, 이때 화면 전환 효과 등을 위해 인터랙션 기능을 적용합니다. 여러 개의 아트보드에 트리거, 액션, 대상, 애니메이션, 이징 효과, 재생 시간 등을 설정하여 다양한 모습으로 전환되는 모습을 표현해보겠습니다.

간단 실습 　 자동 애니메이션 적용하기

준비 파일 기본/Chapter 02/Auto ani_1.xd

인터랙션 기능을 활용해 갤러리, 배너, 메인 이미지 등에 활용할 수 있는 자동 이미지 전환 방법을 살펴보겠습니다. 미리 디자인해둔 파일을 활용해 자동 애니메이션을 적용해봅니다.

01 ❶ Shift + Ctrl + O 를 눌러 준비 파일을 불러옵니다. ❷ 세 개의 아트보드가 있고 각 페이지마다 내비게이션 버튼이 다르게 구성된 것을 확인할 수 있습니다.

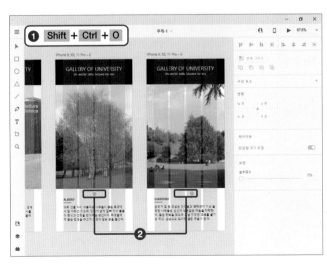

> 이미지 내비게이션 버튼은 이미지가 전환(스와이프)됨에 따라 순서를 알려주는 역할을 합니다. 첫 번째 페이지(이미지)는 첫 번째 버튼에 색을 적용하고, 두 번째 페이지는 두 번째 버튼, 세 번째 페이지는 세 번째 버튼에 색을 적용합니다.

02 디자인이 모두 정리된 파일이므로 인터랙션을 적용하기 위해 프로토타입 모드로 변환합니다. ❶ [프로토타입] 탭을 클릭하고 ❷ 첫 번째 아트보드를 클릭하면 아트보드 오른쪽에 인터랙션 연결 위젯▶이 나타납니다. ❸ 연결 위젯▶을 드래그해 두 번째 아트보드로 연결합니다. ❹ 속성 관리자의 [인터랙션] 항목을 설정합니다. [트리거]는 [시간], [지연]은 [0.6초], [액션]-[유형]은 [전환], [애니메이션]은 [디졸브], [이징 효과]는 [서서히 끝내기], [재생 시간]은 [0.6초]로 설정합니다.

❷ 클릭

[트리거]를 [시간]으로 설정하면 클릭이나 탭을 하지 않고도 자동으로 전환되는 애니메이션을 적용할 수 있습니다.

기능 꼼꼼 익히기 ▶ [인터랙션] 항목 살펴보기

XD 작업 화면에서 [프로토타입] 탭을 클릭하면 프로토타입 모드로 전환되며, 속성 관리자에 [인터랙션] 항목이 나타납니다. 각 항목의 옵션을 설정하여 애니메이션을 적용합니다.

❶ **트리거** | 화면이 전환되는 방법을 선택합니다. 탭, 드래그, 시간, 키 및 게임 패드, 음성 중 선택할 수 있습니다.

❷ **유형** | 액션의 종류를 선택합니다. 전환, 자동 애니메이트, 오버레이, 이전 아트보드, 오디오 재생, 음성 재생 중 선택할 수 있습니다.

❸ **대상** | 전환될 아트보드를 선택합니다.

❹ **애니메이션** | 움직이는 방향과 방법을 선택합니다. 없음, 디졸브, 왼쪽으로 슬라이드, 오른쪽으로 슬라이드, 위로 슬라이드, 아래로 슬라이드, 왼쪽으로 밀기, 오른쪽으로 밀기, 위로 밀기 중 선택할 수 있습니다.

❺ **이징 효과** | 정해진 시간 내에 어떤 가속도로 움직이게 할 것인지를 정합니다. 서서히 끝내기, 서서히 시작하기, 서서히 시작-끝내기, 스냅, 와인드업, 바운스 중 선택할 수 있습니다.

❻ **재생 시간** | 전환되는 시간을 설정합니다. 0.2초, 0.4초, 0.6초, 0.8초, 1초 중 선택하거나 직접 입력해 설정할 수 있습니다.

❼ **스크롤 시 위치 고정** | 체크하면 스크롤 위치를 유지한 채 애니메이션이 나타납니다.

03 ❶ 02 과정처럼 두 번째 아트보드는 세 번째 아트보드에 연결합니다. ❷ 세 번째 아트보드는 첫 번째 아트보드에 연결합니다. ❸ [인터랙션] 항목을 살펴보면 앞서 연결한 인터랙션 설정과 동일한 옵션이 적용됩니다.

04 ❶ 인터랙션이 모두 적용되었다면 데스크탑 미리보기▶를 클릭해 자동 애니메이션이 구현되는 것을 확인합니다. ❷ [미리보기] 창이 나타난 후 설정 시간(0.6초)에 따라 [디졸브], [서서히 끝내기] 기능(Fadeout)이 적용되며 자동으로 화면이 전환됩니다.

간단실습 **슬라이드 애니메이션 적용하기**

준비 파일 기본/Chapter 02/Auto ani_2.xd

이번에는 아트보드의 오른쪽 밖에서 아트보드 안쪽으로 슬라이드되어 들어오는 페이지 전환 방법을 알아보겠습니다. 미리 디자인해둔 파일을 활용해 슬라이드 애니메이션을 적용해봅니다.

01 ❶ Shift + Ctrl + O 를 눌러 준비 파일을 불러옵니다. ❷ 인터랙션 적용을 위해 [프로토타입] 탭을 클릭해 프로토타입 모드로 전환합니다. ❸ 첫 번째 아트보드의 이름을 클릭하면 아트보드에 인터랙션 연결 위젯 ▶ 이 나타납니다. ❹ 연결 위젯 ▶ 을 드래그해 1-1 아트보드에 연결합니다. ❺ 속성 관리자의 [인터랙션] 항목을 설정합니다. [트리거]는 [시간], [지연]은 [1초], [액션]은 [자동 애니메이트], [대상]은 [1-1], [이징 효과]는 [없음], [재생 시간]은 [0초]로 설정합니다.

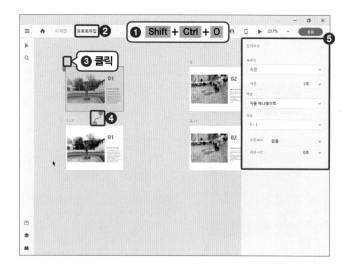

02 ❶ 3-1 아트보드의 이름을 클릭하고 ❷ 인터랙션 연결 위젯을 3-2 아트보드에 연결합니다. ❸ 속성 관리자의 [인터랙션] 항목을 설정합니다. [트리거]는 [시간], [지연]은 [0.2초], [액션]은 [자동 애니메이트], [대상]은 [2], [이징 효과]는 [서서히 끝내기], [재생 시간]은 [0.4초]로 설정합니다. ❹ 같은 속성으로 3-2 아트보드를 1-1 아트보드에 연결합니다.

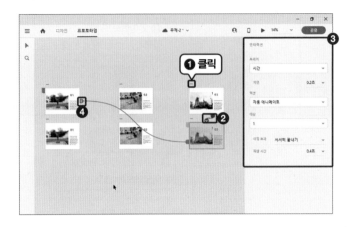

03 ❶ 인터랙션이 모두 적용되었다면 데스크탑 미리보기▶를 클릭해 슬라이드 애니메이션이 구현되는 것을 확인합니다. ❷ [미리보기] 창이 나타난 후 설정 시간(1초, 0.2초)에 따라 각 아트보드가 이어져 애니메이션 기능(Fadeout)이 적용되며 자동으로 화면이 전환됩니다.

준비 파일 기본/Chapter 02/Dashboard.xd
핵심 기능 프로토타입, 인터랙션, 애니메이션, 탭

01 ① Shift + Ctrl + O

③ 1 아트보드 클릭 후 인터랙션
연결 위젯을 2 아트보드에 연결

02 ① 2 아트보드
클릭

② 인터랙션 연결 위젯을
1 아트보드에 연결

03 클릭

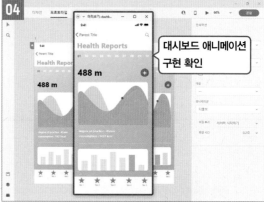

04 대시보드 애니메이션
구현 확인

LESSON 07 플러그인 활용하기

제플린과 다양한 플러그인 설치하기

웹이나 앱을 개발할 때 협업은 필수입니다. 제플린은 기획자, 디자이너, 퍼블리셔, 개발자가 함께 협업하는 데 도움이 되는 GUI(Graphical User Interface) 가이드로 잘 알려져 있습니다. XD나 스케치 또는 포토샵과 연동해 손쉽게 스타일 가이드를 생성할 수 있고 해상도별 이미지를 다운로드하거나 CSS 속성을 확인할 수 있기 때문입니다. 실무에서도 선호도가 높은 제플린에 대해 더 자세히 알아보겠습니다.

제플린 알아보기

제플린(Zeplin)은 웹디자이너와 개발자의 협업을 위한 공동 작업 응용 프로그램입니다. 제플린을 활용하면 디자이너가 XD나 스케치(Sketch) 또는 포토샵에서 작업한 결과물을 이미지 파일 에셋과 스타일 가이드로 자동 생성할 수 있습니다. 디자이너가 제작한 화면의 모든 컴포넌트와 요소의 세부 설정값을 확인하는 데 매우 효율적입니다. 퍼블리셔나 개발자는 디자이너가 작업한 요소의 크기를 확인하기 위해 탐색기에서 속성을 살펴본다든지,

포토샵과 같은 프로그램을 열어 확인해야 하는 번거로움이 있습니다. 제플린을 활용하면 이러한 과정에 익숙하지 않은 개발자도 손쉽게 요소의 세부 설정값 등을 확인할 수 있습니다. 이 외에도 실무에 활용할 수 있는 다양한 기능이 포함되어 있어서 포토샵 같은 그래픽 프로그램을 잘 다루지 못하는 개발자의 업무 효율을 높일 수 있습니다.

> XD와 스케치 등에서 작업한 화면을 제플린으로 내보낼 수 있는 방법(Plugin)이 있고, 포토샵에서 제플린으로 내보낼 수 있는 방법(Extentions)이 있어 접근성이 좋습니다. 자세한 내용은 190쪽을 참고하세요.

제플린 설치하고 연동하기

제플린 설치하기

제플린을 다운로드해 설치해보겠습니다.

01 ❶ 제플린(https://zeplin.io)에 접속해 ❷ [Get started for free]를 클릭합니다.

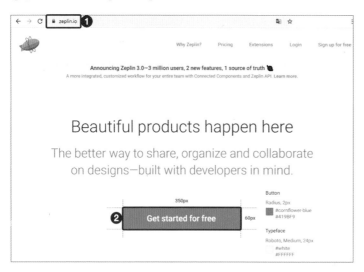

02 제플린의 회원가입 단계가 나타납니다. 이메일을 입력해 가입할 수 있는데 구글 계정을 연동해서 사용할 수도 있습니다. ❶ 이메일과 이름, 비밀번호를 입력하고 ❷ [Sign up for free]를 클릭해 가입합니다.

제플린은 회원가입 전에도 프로그램을 설치할 수 있습니다.

03 ❶ 로그인 페이지 하단에 있는 [Download here]를 클릭해 제플린을 다운로드하고 설치합니다. ❷ 제플린 설치 과정 중 포토샵 플러그인의 설치 여부를 묻는 팝업 창이 나타납니다. 포토샵을 사용해야 하므로 [INSTALL]을 클릭해 설치합니다. ❸ 포토샵 플러그인의 설치가 완료되면 [GOT IT!]을 클릭합니다.

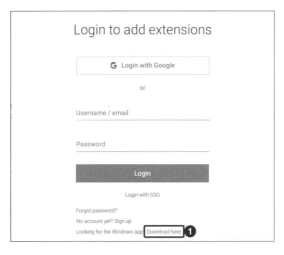

04 [Create a project]를 클릭하면 제플린을 사용할 수 있습니다.

제플린 화면 구성에 대한 자세한 설명은 185쪽을 참고하세요.

XD와 제플린 연동하기

XD에서 제플린을 활용하는 방법을 살펴보겠습니다.

01 ❶ 임의의 아트보드를 생성한 후 ❷ [파일]-[내보내기]-[Zeplin]을 선택합니다. 설치된 제플린이 실행됩니다.

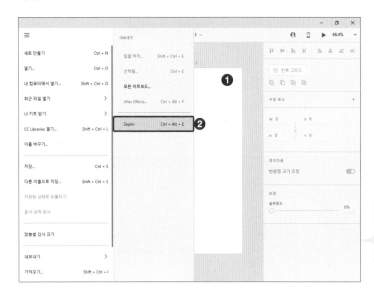

XD CC 최신 버전에서는 ☰ 대신 상단에 메뉴 바가 나타납니다. 제일 왼쪽의 [파일] 메뉴를 찾아 선택하면 됩니다. XD CC는 업데이트가 잦아 이와 같은 사소한 변경 사항이 계속 생길 수 있습니다. 업데이트마다 유연하게 대처해야 합니다.

02 ❶ 제플린이 실행되고 시작 화면인 [Workspace]가 나타나면 다음과 같은 프로젝트가 생성된 것을 확인할 수 있습니다. ❷ [Projects] 탭의 ❸ 생성된 프로젝트를 클릭합니다.

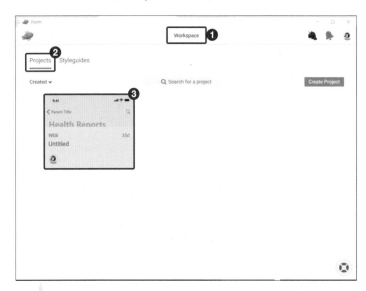

제플린에서 프로젝트를 클릭하면 [Dashboard] 탭과 프로젝트 정보가 나타납니다.

제플린 기본 구성 살펴보기

제플린 작업 화면 살펴보기

제플린에서 프로젝트를 실행하면 [Dashboard] 탭이 나타납니다. [Dashboard] 탭은 왼쪽의 아트보드 영역과 오른쪽의 프로젝트 정보 항목으로 나뉘어져 있습니다. 화면의 구성과 기능을 살펴보겠습니다.

① **아트보드** | 불러온 아트보드가 나타납니다. 각 화면을 더블클릭하면 세부 화면으로 이동할 수 있습니다.

② **프로젝트 정보** | 프로젝트의 이름(Untitled), 플랫폼, 공유 정보(Share), 설명(Description)과 같은 기본 정보를 확인할 수 있습니다.

프로젝트 이름 수정하기

프로젝트 정보 항목에 있는 [Untitled]를 클릭하고 원하는 이름을 입력해 수정합니다.

프로젝트 배율(작업 화면 크기와 단위) 선택하기

플랫폼이나 디바이스 종류에 따라 작업 화면 크기와 단위(Density)가 다릅니다. 웹이나 모바일, 혹은 어떤 기종을 주요 타깃으로 제작할 것인지 프로젝트를 시작하기 전에 미리 설정합니다. 이때 프로토타입에서도 해당 배율을 선택해 작업합니다. 제플린에서는 단위를 의미하는 Density를 선택할 수 있습니다. 1x, 2x 중 선택할 수 있고 2x를 선택하면 모든 단위의 숫자가 반값으로 표시됩니다. XD에서 불러온 아트보드로 작업 했다면 프로젝트 배율은 따로 수정하지 않아도 됩니다.

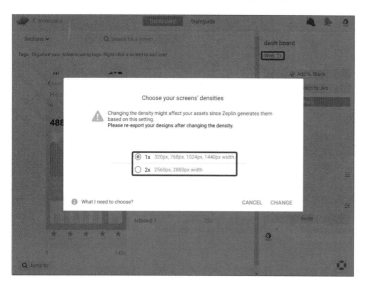

제플린 내보내기(공유하기)

제플린에서 작업한 프로젝트를 공유할 수 있습니다. ❶ [Share]를 클릭하고 ❷ 공유할 주소를 복사해 원하는 사람에게 보낼 수 있습니다. 이를 통해 같은 프로젝트를 공유하고 협업할 수 있습니다.

프로젝트 개요(설명) 작성하기

[Description] 항목에 프로젝트에 대한 개요나 설명을 간단히 작성할 수 있습니다. ❶ 원하는 내용을 입력한 후 ❷ [Done]을 클릭해 저장합니다.

프로젝트 언어 선택하기

[Extensions] 항목에서는 작업한 프로젝트(오브젝트 및 개체)를 어떤 언어로 확장할 것인지 선택할 수 있습니다. ❶ 설정⬚을 클릭하면 ❷ [Extensions] 팝업 창이 나타나고 여기서 원하는 언어를 선택합니다. 디자인한 프로젝트가 알맞은 개발 언어로 작성됩니다.

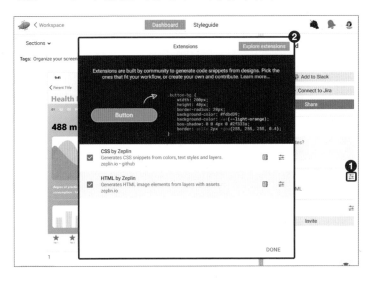

프로젝트에 초대하기

현재 작업하는 프로젝트에 초대하고 싶은 팀원의 메일을 입력하여 초대합니다. ❶ [Invite]를 클릭하면 [Members] 팝업 창이 나타납니다. ❷ 원하는 팀원(Owner)의 이메일을 입력하여 초대합니다. 앞서 설명한 내보내기(공유하기)와 달리 직접 멤버의 이메일을 입력해 해당 파일로 초대하는 기능입니다.

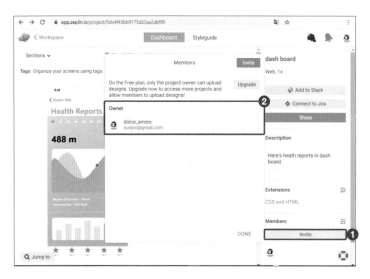

간단실습 | 제플린 프로젝트 작업하기

제플린의 화면 구성을 알아보았다면 제플린에서 실제 프로젝트를 만들어 작업해보겠습니다.

01 제플린 시작 화면에서 오른쪽 상단의 [Create Project]를 클릭합니다.

02 디바이스 선택 팝업 창이 나타납니다. ❶ [iOS], [Android], [Web] 중 프로젝트를 작업할 항목을 클릭하고 ❷ [CREATE]를 클릭합니다.

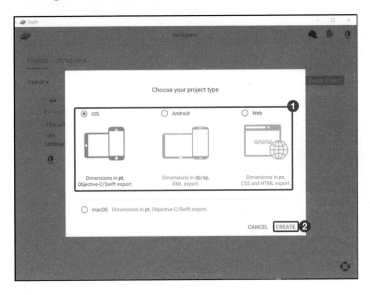

기능 꼼꼼 익히기 ▶

프로젝트 타입 알아보기

프로젝트 타입은 [iOS], [Android], [Web] 중 선택할 수 있으며 각 디바이스에 따라 언어가 달라집니다. 프로젝트의 운영체제마다 단위(Density)와 사용하는 언어(Extensions)가 있는데, 각 항목 아래에 설명되어 있습니다.

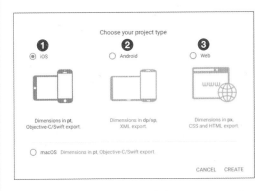

❶ **iOS** | 기본 단위는 pt, 개발 언어는 Objective-C/Swift입니다.

❷ **Android** | 기본 단위는 dp/sp, 개발 언어는 XML입니다.

❸ **Web** | 기본 단위는 px, 개발 언어는 CSS/HTML입니다.

03 선택한 프로젝트 타입에 따라 프로젝트 아트보드가 생성됩니다. 포토샵이나 XD에서 작업한 디자인 작업물을 가져올 수 있습니다.

이미지 요소 확인하기

준비 파일 기본/Chapter 02/health.xd

XD나 포토샵에서 작업한 작업물을 제플린으로 가져온 후 아트보드 위의 요소를 클릭하면 화면의 세부 구성을 확인할 수 있습니다.

01 준비 파일을 열고 [파일]–[내보내기]–[Zeplin]을 선택합니다.

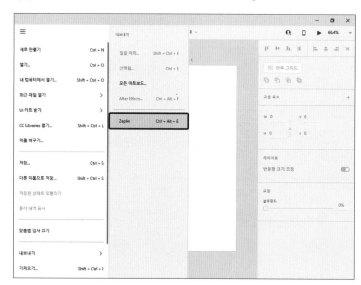

02 제플린이 실행되고 준비 파일 이름의 프로젝트가 생성된 것을 확인할 수 있습니다. ❶ [Projects] 탭에 생성된 ❷ 프로젝트를 클릭합니다.

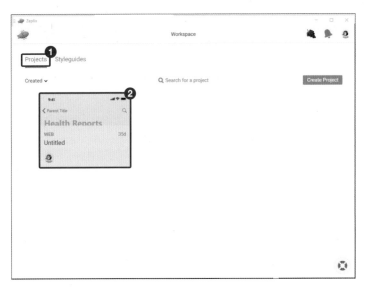

03 불러온 프로젝트의 아트보드가 나타납니다. ❶ 아트보드 중 이미지 개체를 클릭하면 ❷ 오른쪽에 있는 프로젝트 정보 항목에서 이미지의 스타일을 확인할 수 있습니다. 이미지 요소의 좌푯값에 해당하는 [X], [Y]와 길이에 해당하는 [Width], [Height]을 확인할 수 있습니다.

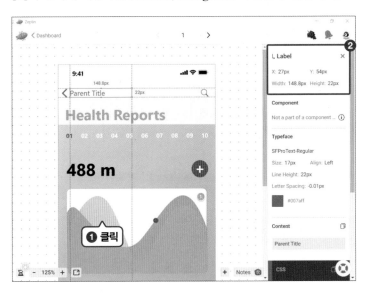

[Assets] 항목에서 이미지 다운로드하기

아트보드에 있는 개체를 선택하면 [Assets] 항목에서 필요한 파일 형식(PNG, JPG, SVG 등)의 이미지로 다운로드할 수 있습니다. iOS에서는 세 가지(1x, 2x, 3x) PNG 파일과 PDF 파일로 다운로드할 수 있고, Android에서는 PNG와 SVG 파일로 다운로드할 수 있습니다. 다음 예시에서는 프로젝트 타입을 [Android]로 선택했기 때문에 다운로드할 수 있는 이미지 파일 형식이 PNG와 SVG로 나타납니다. 이미지 파일 형식 오른쪽에 있는 다운로드⬇를 클릭하면 해당 형식의 이미지가 내 컴퓨터에 다운로드됩니다.

제플린에서 다운로드할 수 있는 이미지 파일 형식

그래픽 이미지는 비트맵과 벡터 형식으로 나뉘며, 웹디자인 분야에서 많이 사용하는 비트맵 형식으로는 PNG, JPG, GIF, BMP가 있습니다. 벡터 형식은 주로 출력용으로 사용되며 SVG, SWF, AI 등이 있습니다. 이러한 그래픽 이미지 형식 중 제플린에서 다운로드할 수 있는 형식은 다음 세 가지입니다.

❶ **PNG** | PNG는 Portable Network Graphics의 약자로, 투명도를 지원하는 파일 형식입니다. 안티앨리어싱(가장자리 처리)을 부드럽게 처리하여 곡선이 적용된 부분의 투명도가 깔끔하게 만들어지는 것이 특징입니다. JPG만큼 색상 표현이 풍부하면서 GIF의 투명도까지 적용할 수 있는 것이 장점이나, JPG나 GIF에 비해 용량을 많이 차지하는 것이 단점입니다.

❷ **PDF** | PDF는 Portable Document Format의 약자로, 어도비에서 개발한 전자 문서 형식에 들어가는 문자, 도형, 그림, 글꼴을 모두 포함하는 파일 형식입니다.

❸ **SVG** | SVG는 Scalable Vector Graphics의 약자로, W3C에서 개발한 표준 벡터 형식입니다. 이미지 크기를 자유롭게 조절해도 해상도의 영향을 받지 않는 형식으로, 웹디자인 영역에서 많이 쓰입니다.

텍스트 요소 확인하기

앞서 실습에 사용한 준비 파일을 활용합니다.

01 ❶ 아트보드 중 텍스트 개체를 클릭하면 ❷ 텍스트 요소의 좌푯값에 해당하는 [X], [Y]와 텍스트 정보인 [Typeface], 색상 정보 등을 확인할 수 있습니다.

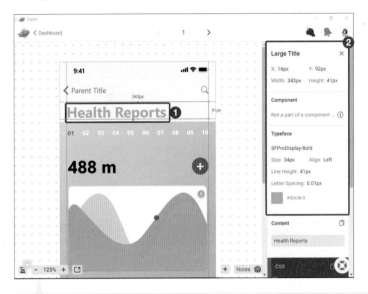

> [Typeface] 항목에는 글꼴, 크기, 정렬, 행간, 색 등이 나타나고, 해당 텍스트 요소를 스타일 가이드에 추가할 수 있습니다.

02 ❶ [Content] 항목에서는 텍스트 내용을 클릭해 복사할 수 있고 ❷ [CSS] 항목에서는 선택한 텍스트의 CSS 코드를 확인할 수 있습니다. 해당 내용은 개발자가 참고할 수 있는 내용으로, 앞서 선택한 프로젝트 타입에 따라 개발 언어가 다르게 나타납니다.

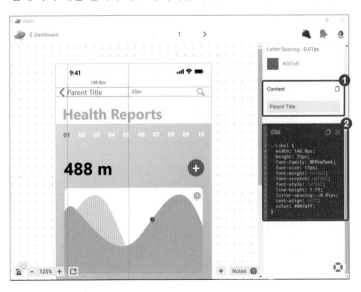

스타일 가이드에 요소 추가하기

[Color palette]에 색 추가하기

XD에서 작업한 디자인 결과물을 제플린으로 불러와 스타일 가이드에 원하는 요소를 추가할 수 있습니다. 색을 추가해보겠습니다.

01 ❶ 추가하고 싶은 색의 개체를 클릭하고 ❷ 오른쪽에 있는 [Colors] 항목의 Add Color to Styleguide ⬛+를 클릭합니다.

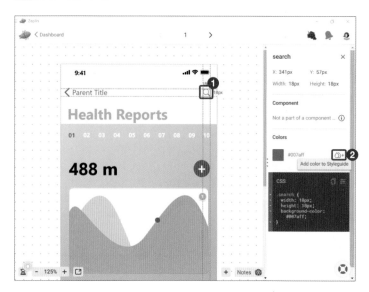

02 ❶ [Styleguide] 탭으로 전환되고 ❷ [Color palette] 스타일 가이드에 해당 색이 추가됩니다. ❸ 색의 이름을 클릭해 원하는 이름으로 수정합니다. 이름을 수정할 때는 다음 작업에 필요한 이름으로 입력하는 것 이 좋습니다.

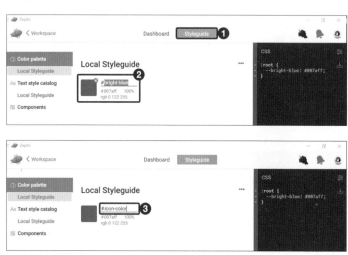

03 여러 색을 모아 라이브러리로 만들어두고 사용할 수도 있습니다.

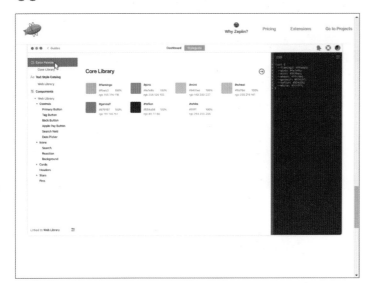

[Text style catalog]에 글꼴 추가하기

라이브러리에 원하는 색을 추가해둘 수 있는 것처럼 글꼴을 추가할 수도 있습니다.

01 ❶ 추가하고 싶은 글꼴의 텍스트 개체를 클릭하고 ❷ 오른쪽에 있는 [Typeface] 항목의 Add text style to Styleguide Aa+ 를 클릭합니다.

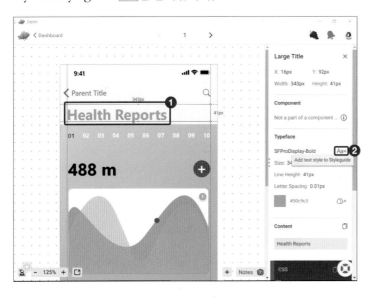

02 ❶ [Styleguide] 탭으로 전환되고 ❷ [Text style catalog] 스타일 가이드에 해당 글꼴이 추가됩니다. ❸ 추가된 텍스트 스타일의 이름을 클릭하면 스타일명을 수정할 수도 있습니다.

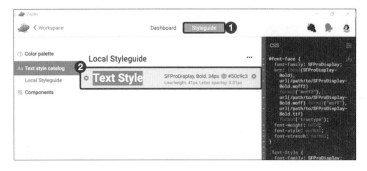

03 여러 글꼴을 스타일 가이드에 저장해두고 필요에 따라 사용할 수 있습니다.

노트 기능으로 팀과 협업하기

노트 삽입하기

❶ Ctrl 을 누른 채 노트를 삽입하고 싶은 부분을 클릭하면 오른쪽에 메시지를 입력할 수 있는 [Notes] 항목이 나타납니다. ❷ 원하는 메시지를 입력하고 메시지 아이콘의 색을 지정합니다. 메시지 아이콘 색은 메시지 내용이나 개발 업무 분류에 따라 다른 색으로 지정하는 것이 좋습니다. 디자이너와 개발자가 각자 업무를 나눠서 관리하는 데 효율적이기 때문입니다.

노트 확인하기

❶ 아트보드에 숫자로 표시된 노트 메시지 아이콘을 클릭하면 노트를 확인할 수 있습니다. ❷ 오른쪽의 [Notes] 항목에서 메시지를 모두 확인할 수 있고, 원하는 노트만 찾아 볼 수도 있습니다. [Open notes]를 선택하면 해결되지 않은 노트의 메시지를, [Mentioned notes]를 선택하면 모든 노트의 메시지를 보여줍니다. [Resolved notes]를 선택하면 [Resolve]로 처리된 해결 메시지만 보여줍니다.

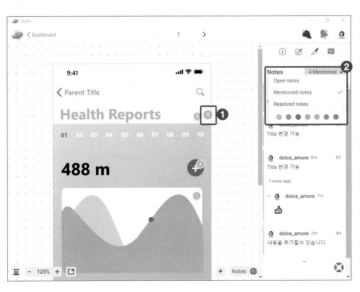

노트 수정하기

❶ 메시지 아이콘 위에 마우스 포인터를 올리면 ❷ [Resolve], [Edit], [Delete]가 나타납니다. ❸ 작성한 노트를 수정(Edit)하거나 삭제(Delete)할 수 있습니다. 노트에 작성된 내용이 모두 해결되었다면 [Resolve]를 클릭합니다.

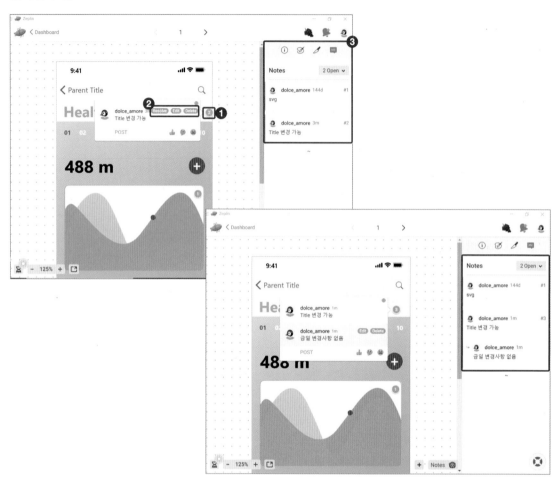

간단실습   버전 관리 기능으로 협업하기

버전 관리는 개발자들에게 많이 알려진 공유 파일 관리 방법 중 하나입니다. 제플린에서는 편리하게 협업할 수 있도록 버전 관리에 따른 코드를 공유할 수 있습니다. 대부분의 디자이너는 프로젝트를 진행할 때 ver1, ver2 등으로 버전을 표시하거나, 파일명이나 폴더명 뒤에 날짜를 표시하여 최종 수정한 시점을 확인합니다. 그러나 이러한 버전 표기 방식은 협업 관점에서 매우 비효율적인데, 제플린의 버전 관리 기능을 활용하면 효율적으로 버전 관리를 할 수 있습니다. 제플린의 버전 관리 기능은 프로젝트를 공유하고 있는 팀원에게 수정된 내용을 알리고, 어느 버전에서 수정된 내용인지 확인하는 데 매우 효과적입니다.

업데이트된 내역 확인하기

01 XD에서 작업물의 일부분을 수정하고 제플린으로 내보냅니다. 제플린을 실행한 후 [Projects] 탭에서 해당 프로젝트를 선택하면 XD에서 내보낸 프로젝트가 열립니다. 프로젝트가 열리면 왼쪽 아래에 모래시계 모양 아이콘이 생긴 것을 확인할 수 있습니다. 이는 새로운 버전이 생성된 것을 알려주는 알림 아이콘입니다. 아이콘을 클릭합니다.

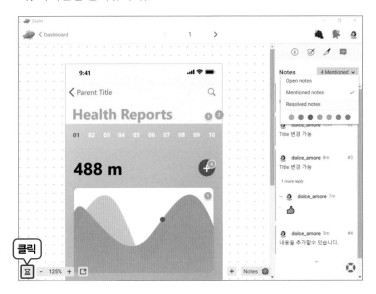

02 ❶ 왼쪽에 [Versions] 항목이 나타나며 가장 최근에 업데이트된 순서로 목록이 나타납니다. ❷ [ENTER COMMIT MESSAGE]를 클릭해 변경되거나 업데이트된 내용을 구체적으로 입력합니다. 변경된 내용 아래에 이전 버전인 상태가 그대로 남아 있어 협업하는 팀원들은 수정 내역을 확인할 수 있습니다.

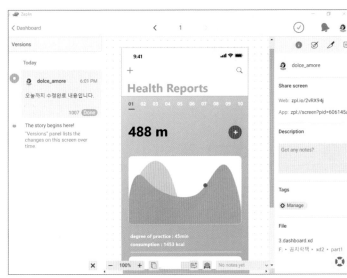

다양한 플러그인 알아보기

XD는 매우 간단한 메뉴와 기능으로 구성되어 있지만, 기본 도구와 패널 외에 확장 메뉴처럼 활용할 수 있는 플러그인이 있습니다. 플러그인을 활용하면 XD의 기본 기능뿐만 아니라 훨씬 더 많은 기능을 손쉽게 적용할 수 있습니다. 텍스트 영역에 더미 텍스트를 채워 넣을 수 있고 아이콘이나 이미지를 불러와 사용할 수 있으며 웹으로 내보내거나 기본 코딩을 확인할 수도 있습니다. 이렇게 활용 방향이 다양하므로 XD를 활용해 프로토타입을 만들 때 플러그인을 설치해 활용해보길 바랍니다. 작업에 유용한 플러그인들은 작업 효율을 극대화해줄 것입니다.

간단 실습 | 플러그인 설치하기

플러그인 설치 방법은 매우 간단합니다. ❶ XD에서 도구바 아래에 있는 플러그인■을 클릭하고 ❷ [플러그인 탐색]을 클릭해 원하는 플러그인을 찾습니다. ❸ 원하는 플러그인의 [설치]를 클릭하면 플러그인을 설치할 수 있습니다. 제공되는 플러그인을 모두 설치할 필요는 없습니다. 유용하고 작업에 필요한 플러그인만 설치하여 활용하면 효율적으로 작업할 수 있습니다.

유용한 플러그인 한눈에 살펴보기

플러그인은 계속 업데이트되므로 2020년 10월 기준으로 유용하게 사용할 수 있는 플러그인을 소개합니다.
업데이트되는 내용은 웹사이트를 확인하세요.

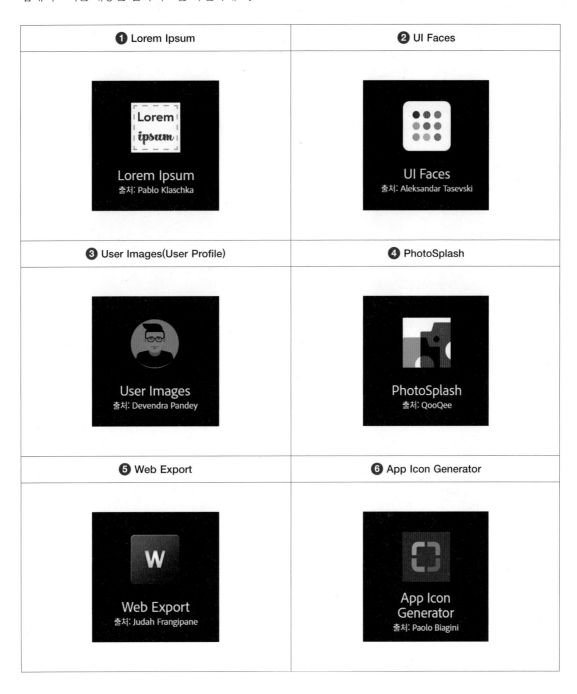

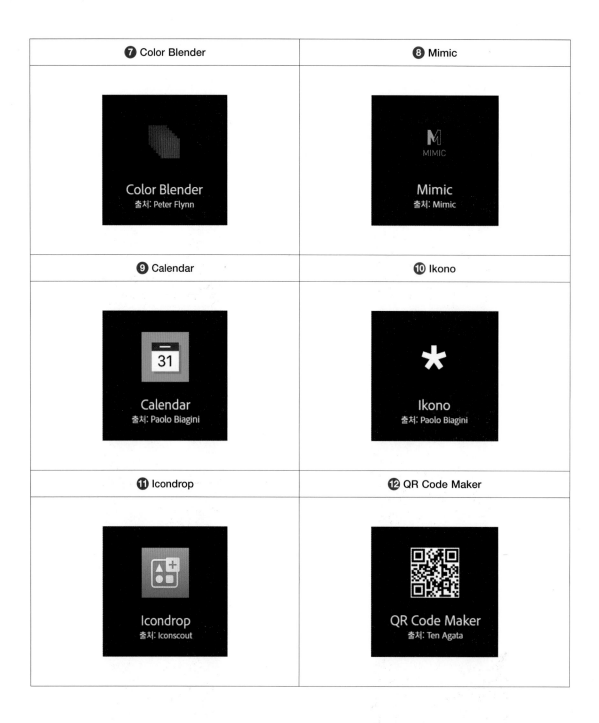

①**Lorem Ipsum** | 더미 텍스트를 생성해줍니다. 프로토타입을 만들 때 텍스트가 들어가야 하는 부분이 있지만, 반드시 정확한 내용까지는 필요하지 않을 때 임의로 삽입해 사용합니다. 이때 Lorem Ipsum은 임의의 텍스트를 생성해줍니다.

②**UI Faces** | 디자인 목업에 아바타를 넣어줍니다.

③ **User Images(User Profile)** | 도형 안에 아바타를 랜덤으로 생성한 프로필 이미지를 제공합니다.

④ **PhotoSplash** | Unsplash에 있는 무료 이미지를 랜덤으로 선택하여 가져옵니다.

⑤ **Web Export** | 아트보드의 디자인을 HTML, CSS로 내보내주어 코드를 참고할 때 편리합니다.

⑥ **App Icon Generator** | 앱 아이콘을 플랫폼 사이즈별로 생성해줍니다.

⑦ **Color Blender** | 첫 번째 색과 마지막 색을 지정하면 중간 색들을 블렌딩하여 만들어줍니다. 오브젝트가 두 개인 경우 중간 오브젝트를 복제할 수 있습니다.

⑧ **Mimic** | 웹사이트의 도메인 주소를 입력하면 해당 페이지에서 사용한 글꼴, 색, 콘텐츠를 추출하여 참고할 수 있습니다.

⑨ **Calendar** | XD에 캘린더를 생성하여 프로토타입으로 작업할 수 있습니다.

⑩ **Ikono** | 아이콘을 가져와 다양한 색과 테두리 두께로 활용할 수 있습니다.

⑪ **Icondrop** | 수백만 개에 달하는 고품질의 아이콘, 일러스트레이션, 스톡 사진을 XD에 직접 삽입할 수 있습니다.

⑫ **QR Code Maker** | 문서 안에 QR 코드를 생성해줍니다.

이렇게 다양한 플러그인이 계속 개발 및 업데이트되고 있습니다. 플러그인은 XD로 프로토타입을 만들 때 시간 절약에 효과적이므로 작업 효율을 높일 수 있습니다. 또한 숙련도가 부족한 초보라도 품질이 좋은 이미지나 조화로운 색 조합 등을 활용할 수 있으므로 업데이트되는 내용을 자주 찾아보길 권장합니다.

PART 01에서는 UX/UI 디자인 과정을 살펴보고

간단한 예제를 통해 XD의 핵심 기능을 익혀보았습니다.

PART 02에서는 본격적인 UX/UI 디자인을 위해

다양한 프로토타입을 만들어보며 XD 활용 능력을 업그레이드합니다.

XD는 프로토타입 제작에 최적화되어 있고,

유연한 협업이 가능해 아주 강력한 UX/UI 디자인 도구입니다.

XD를 활용해 실무에서 바로 써먹을 수 있는

프로토타입 제작 노하우를 익혀보겠습니다.

PART 02

UX/UI 디자인을 위한
XD 활용편

XD를 활용하면 프로토타입 제작에 필요한
디자인 구성 요소를 간편하게 만들 수 있습니다.
도형 도구를 활용해 간단한 아이콘을 만드는 것부터
마우스 오버 버튼과 메뉴, 이미지 드래그 슬라이더, 다이얼 드래그까지
다양한 디자인 구성 요소를 직접 만들어보겠습니다.
이를 통해 XD 활용 능력을 업그레이드하고 실전 노하우까지 익혀봅니다.

CHAPTER 01

다양한 프로토타입을 만들며
자유자재로 XD 활용하기

라인 아이콘 세트 제작하기

도형 도구와 병합을 활용해 아이콘 만들기

□ 모든 버전 □ CC 이상 버전 ☑ **XD 최신 버전**

준비 파일 없음
완성 파일 활용/Chapter 01/라인 아이콘_완성.xd

AFTER

이 예제를 따라 하면

라인 아이콘을 제작할 때 대부분 일러스트레이터를 활용해야 한다고 생각합니다. 그러나 XD의 도형 도구만 활용해도 일러스트레이터에서 제작한 아이콘 못지않은 결과물을 만들어낼 수 있습니다. 물론 플러그인을 활용할 수도 있지만, 도형 도구나 펜 도구를 활용하면 플러그인에 없는 나만의 아이콘도 충분히 만들 수 있습니다.

- 다양한 라인 아이콘 세트(홈, 프로필, 종, 스마트 오더, 스탬프, 아이디 카드, 이벤트 상자, 이벤트 콘, 쿠폰)를 제작할 수 있습니다.
- 도형 도구를 제대로 활용할 수 있습니다.
- 도형을 병합(부울 작업)할 수 있습니다.

디자인 모드에서 기본 아트보드 준비하기

01 XD 시작 화면에서 아트보드를 준비해보겠습니다. ❶ 애플 디바이스 기반의 아트보드인 [iPhone X/XS/11 Pro]를 클릭합니다. ❷ 아트보드가 디자인 모드로 나타납니다. ❸ `Ctrl` + `+` 를 여러 번 눌러 작업 화면을 500% 이상 확대합니다.

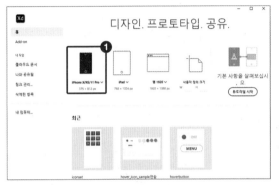

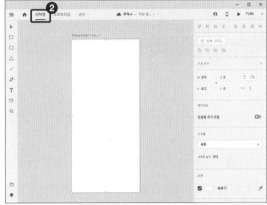

 홈 아이콘 만들기

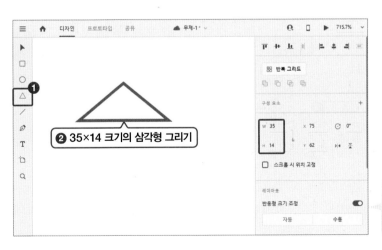

❷ **35×14 크기의 삼각형 그리기**

02 ❶ 도구바에서 다각형 도구 △를 클릭하고 ❷ 아트보드에 드래그해 **35×14** 크기의 삼각형을 그립니다.

오른쪽의 속성 관리자에서 [테두리] 색은 #B9B9B9로 설정하고, 테두리 두께인 [크기]는 1로 설정합니다.

03 ❶ 도구바에서 사각형 도구□를 클릭하고 ❷ 삼각형 아래쪽에 24×20 크기의 사각형을 그립니다. 이 때 사각형이 삼각형에 살짝 겹쳐지도록 그립니다. ❸ 사각형 아래쪽에 사각형과 겹쳐지도록 6×11 크기의 작은 직사각형을 그립니다.

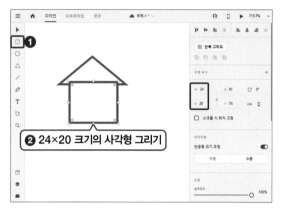
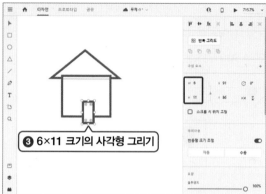

04 ❶ 도구바에서 선택 도구▶를 클릭하고 ❷ 도형의 바깥쪽부터 드래그하여 세 개의 도형 오브젝트를 모두 선택합니다. ❸ 속성 관리자에서 가운데 정렬(가로)▣을 클릭해 도형을 정렬합니다.

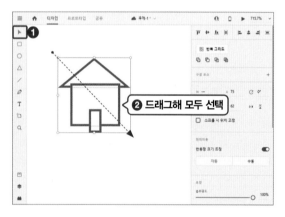

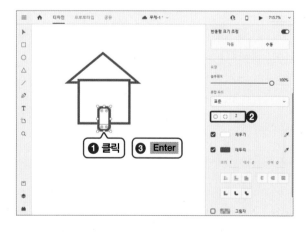

05 ❶ 가장 위에 배치되어 있는 작은 직사각형을 클릭하고 ❷ 속성 관리자에서 모든 모퉁이에 대해 동일한 반경□에 2를 입력한 후 ❸ Enter 를 누릅니다. 각진 모서리가 둥글게 수정됩니다.

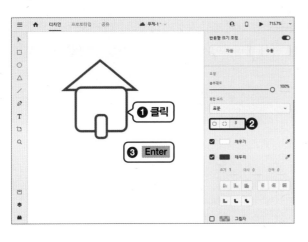

06 ❶ 중간에 배치되어 있는 큰 사각형을 클릭하고 ❷ 속성 관리자에서 모든 모퉁이에 대해 동일한 반경 ▢ 에 3을 입력한 후 ❸ Enter 를 누릅니다.

07 ❶ 05-06 과정에서 모서리를 둥글게 수정한 두 개의 사각형을 모두 선택하고 ❷ 속성 관리자에서 빼기 ▣ 를 클릭합니다. ❸ 아래에 배치된 오브젝트에서 위에 배치된 오브젝트만큼 겹쳐진 부분이 삭제됩니다.

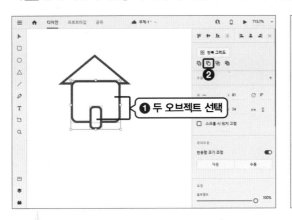 

두 개의 사각형 오브젝트를 모두 선택할 때는 Shift 를 누른 채 오브젝트를 클릭하거나, 오브젝트의 바깥쪽부터 크게 드래그하여 선택합니다.

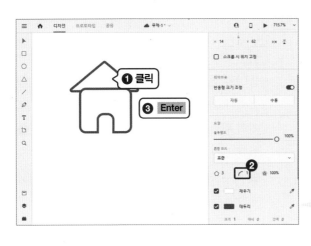

08 전체적으로 둥근 형태를 만들어보겠습니다. ❶ 제일 처음에 그린 삼각형을 클릭하고 ❷ 속성 관리자의 모퉁이 반경 ⌒ 에 1을 입력한 후 ❸ Enter 를 누릅니다. 삼각형의 모서리가 둥글게 수정됩니다.

다각형 도구로 그린 삼각형은 모퉁이 반경 ⌒ 에 수치를 입력해 모서리를 둥글게 수정할 수 있습니다.

09 아이콘의 위치를 조정하겠습니다. ❶ 삼각형이 선택된 상태에서 속성 관리자의 [W]에 36을 입력합니다. ❷ 드래그하여 모든 오브젝트를 함께 선택하고 ❸ 속성 관리자에서 추가 🖬를 클릭합니다. ❹ 하나의 오브젝트로 합쳐져 홈 아이콘이 완성됩니다.

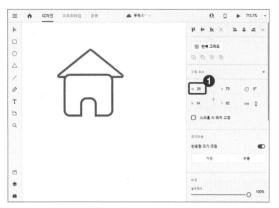

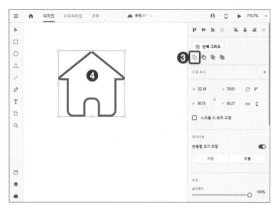

프로필 아이콘 만들기

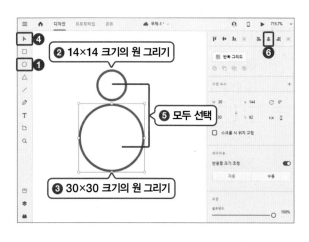

10 아트보드의 빈 영역에 프로필 아이콘도 만들어보겠습니다. ❶ 도구바에서 원형 도구 ◻를 클릭하고 ❷ 아트보드에 드래그하여 14×14 크기의 원과 ❸ 30×30 크기의 원을 그립니다. ❹ 선택 도구 ▶로 ❺ 두 개의 원을 모두 선택한 후 ❻ 속성 관리자에서 가운데 정렬(가로) ▮을 클릭하여 원을 정렬합니다.

11 ❶ 도구바에서 사각형 도구□를 클릭하고 ❷ 큰 원의 중심점 아래쪽에 **38×19** 크기의 사각형을 그립니다. ❸ 선택 도구▶로 ❹ 큰 원과 사각형을 모두 선택하고 ❺ 속성 관리자에서 빼기□를 클릭합니다.

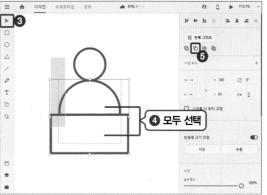

12 ❶ 오브젝트를 모두 선택하고 ❷ 마우스 오른쪽 버튼을 클릭해 ❸ [그룹]을 선택합니다. 프로필 아이콘이 완성되었습니다.

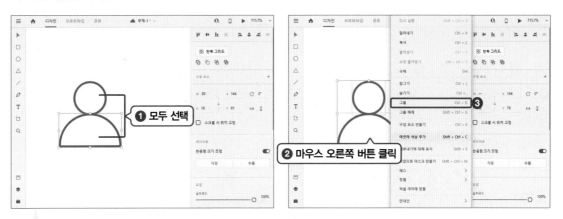

하나의 아트보드에 모든 아이콘을 그릴 것이므로 그린 아이콘은 모두 각각 그룹으로 설정해두면 편리합니다.

13 아트보드를 조금 옮겨 빈 영역에 종 아이콘을 만들어보겠습니다. ❶ 도구바에서 사각형 도구□를 클릭하고 ❷ 아트보드에 드래그해 **30×38** 크기의 직사각형을 그립니다. ❸ 속성 관리자에서 모든 모퉁이에 대해 동일한 반경□에 15를 입력하고 ❹ **Enter** 를 누릅니다. 모서리가 둥글게 수정되어 타원이 됩니다.

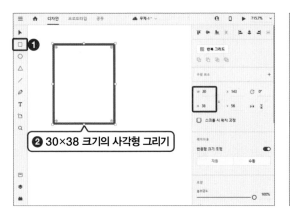
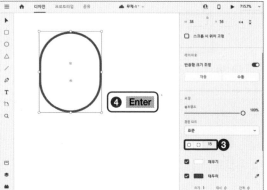

14 ❶ 원형 도구□로 ❷ 타원 맨 위쪽에 드래그해 **6×6** 크기의 작은 원을 그립니다. ❸ 선택 도구▶로 ❹ 타원과 작은 원을 모두 선택한 후 ❺ 속성 관리자에서 가운데 정렬(가로)▣을 클릭해 오브젝트를 정렬합니다.

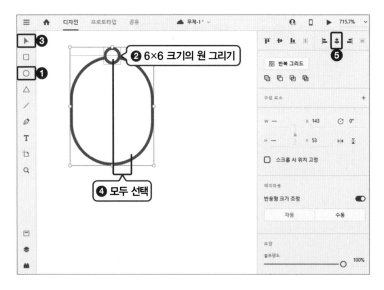

15 ❶ 사각형 도구□로 ❷ 타원의 중심점 아래쪽에 **35×25** 크기의 사각형을 그립니다. ❸ 선택 도구▶로 ❹ 작은 원과 타원을 함께 선택하고 ❺ 속성 관리자에서 추가□를 클릭합니다. ❻ 작은 원과 타원이 하나의 오브젝트로 합쳐집니다.

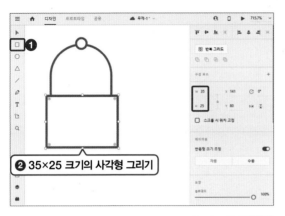

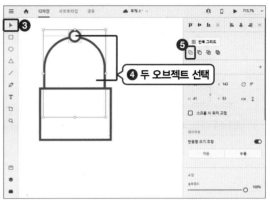

16 ❶ 모든 오브젝트를 선택하고 ❷ 속성 관리자에서 빼기□를 클릭합니다. ❸ 사각형과 겹친 부분은 삭제되고 오브젝트의 위쪽만 남습니다.

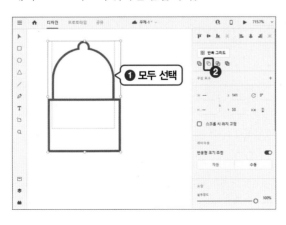

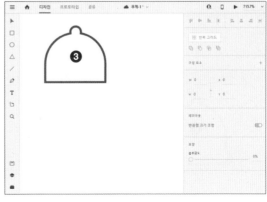

17 ❶ 도구바에서 다각형 도구△를 클릭하고 ❷ 오브젝트의 가운데에 맞춰 48×18 크기의 삼각형을 그립니다.

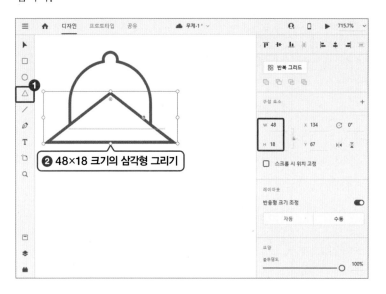

❷ 48×18 크기의 삼각형 그리기

18 ❶ 삼각형이 선택된 상태에서 속성 관리자의 모퉁이 반경⌒에 3을 입력하고 ❷ Enter 를 누릅니다. 모서리가 둥글게 수정됩니다. ❸ 선택 도구▶로 ❹ 모든 오브젝트를 선택하고 ❺ 속성 관리자에서 추가▣를 클릭합니다. ❻ 오브젝트가 모두 하나로 합쳐지면서 종의 윗부분이 완성됩니다.

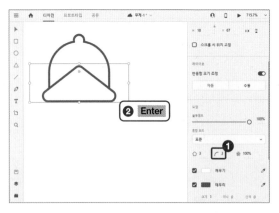

❷ Enter

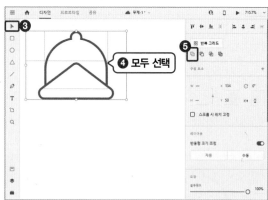

❹ 모두 선택

기능 꼼꼼 익히기 ▶ 오브젝트 병합하기

XD에서는 도형을 병합해 다양한 오브젝트의 모양을 표현할 수 있습니다. 속성 관리자에서 추가, 빼기, 교차, 오버랩 제외 아이콘을 클릭해 오브젝트를 합치거나 삭제합니다. 오브젝트 병합에 대한 자세한 설명은 이 책의 126쪽을 참고합니다.

❶ 추가 | 선택한 오브젝트를 합쳐 하나로 만듭니다.

❷ 빼기 | 선택한 오브젝트 중 맨 앞에 있는 오브젝트 영역을 삭제합니다.

❸ 교차 | 선택한 오브젝트 중 겹친 부분만 남깁니다.

❹ 오버랩 제외 | 선택한 오브젝트 중 겹친 부분만 삭제합니다.

19 ❶ 원형 도구 로 ❷ 종의 아랫부분에 8×8 크기의 원을 그리고 ❸ 사각형 도구 로 ❹ 15×7 크기의 사각형을 그려 원 위에 배치합니다.

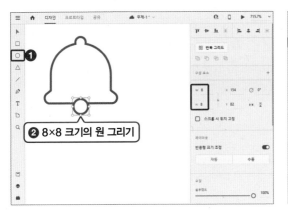
❷ 8×8 크기의 원 그리기

❹ 15×7 크기의 사각형 그리기

20 ❶ 선택 도구 로 ❷ 원과 사각형을 선택해 아래쪽의 빈 곳으로 옮긴 후 ❸ 속성 관리자에서 빼기 를 클릭합니다. ❹ 위에 배치되어 있던 사각형 영역이 사라지고 원의 아랫부분만 남아 반원이 되었습니다.

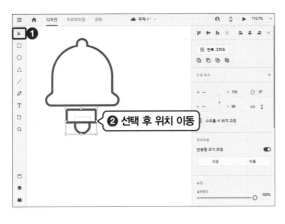
❷ 선택 후 위치 이동

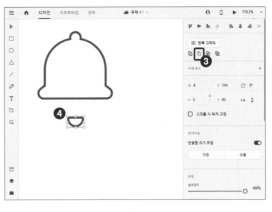

21 ❶ 반원이 선택된 상태로 속성 관리자에서 [채우기]의 컬러 박스를 클릭합니다. ❷ 컬러 패널이 나타나면 오른쪽 아래에 있는 색상 선택 🖋 을 클릭합니다. ❸ 마우스 포인터가 스포이트 모양으로 바뀌면 종 오브젝트의 테두리를 클릭해 ❹ 같은 색으로 적용합니다.

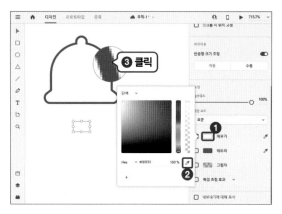
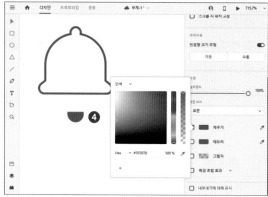

22 ❶ 선택 도구 ▶ 로 ❷ 반원을 옮깁니다. 종 오브젝트와 1px가량 간격을 두고 배치해 완성합니다.

🗂 아이디 카드 아이콘 만들기

23 ❶ 도구바에서 사각형 도구 ▢ 를 클릭하고 ❷ 31×25 크기의 사각형을 그립니다. ❸ 속성 관리자에서 모든 모퉁이에 대해 동일한 반경 ▢ 에 2를 입력하고 ❹ Enter 를 누릅니다. 모서리가 둥글게 수정됩니다.

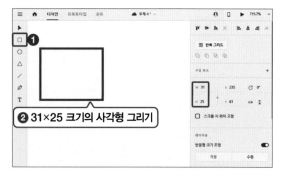
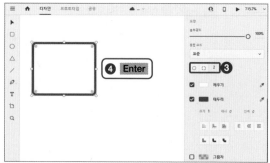

24 ❶ 원형 도구 [O]로 ❷ 5×5 크기의 원과 ❸ 11×11 크기의 원을 그립니다. ❹ 선택 도구 [▶]로 ❺ 두 개의 원을 모두 선택하고 ❻ 속성 관리자에서 가운데 정렬(가로) [☰]을 클릭해 도형을 정렬합니다.

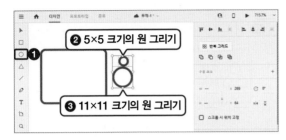
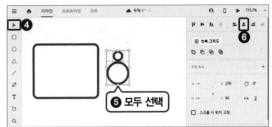

25 ❶ 사각형 도구 [□]로 ❷ 큰 원의 중심점 아래쪽에 14×9 크기의 사각형을 그립니다. ❸ 선택 도구 [▶]로 ❹ 큰 원과 사각형을 모두 선택하고 ❺ 속성 관리자에서 빼기 [□]를 클릭합니다. ❻ 사람 형태가 된 두 개의 원 오브젝트를 모두 선택하고 ❼ 속성 관리자에서 가운데 정렬(가로) [☰]을 클릭해 도형을 정렬합니다.

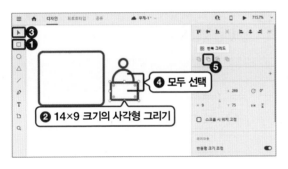
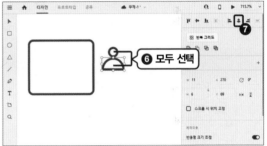

26 ❶ 사람 형태가 된 두 개의 원 오브젝트를 선택하고 ❷ 상단의 메뉴바에서 [오브젝트]-[패스]-[패스로 변환] Ctrl + 8 메뉴를 선택합니다. ❸ 오브젝트를 사각형 위로 옮겨 배치합니다.

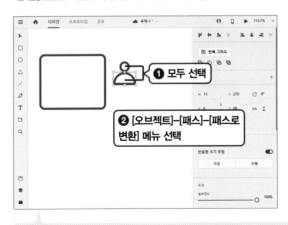

> 도형을 패스로 변환하면 크기를 키우거나 줄여도 테두리의 두께가 도형의 비율에 맞게 조절됩니다. 도형의 크기에 맞게 테두리의 두께도 함께 조절되어야 도형이 뭉개지지 않습니다.

> 이전과 달리 오브젝트를 마우스 오른쪽 버튼으로 클릭해도 [패스]-[패스로 변환]이 나타나지 않습니다. XD CC 최신 버전에서는 상단의 메뉴바에서 [오브젝트]-[패스]-[패스로 변환] 메뉴를 선택해 오브젝트를 패스로 변환합니다. 자주 사용하는 기능이니 단축키 Ctrl + 8 을 눌러 적용하는 편이 더 효율적입니다. XD CC는 업데이트가 잦아 이와 같은 사소한 변경 사항이 계속 생길 수 있습니다. 업데이트마다 유연하게 대처해야 합니다.

27 ❶ 도구바에서 선 도구☑를 클릭하고 ❷ 아트보드에 드래그해 선을 그립니다. ❸ 선택 도구▶로 ❹ Alt 를 누른 채 선을 아래로 드래그해 복제합니다. 총 네 개의 선을 일정한 간격으로 이동 복제합니다.

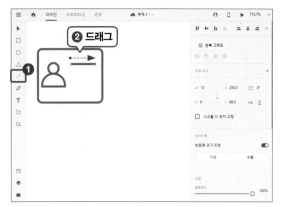 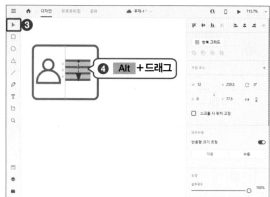

28 선 길이를 다르게 변형해보겠습니다. ❶ 선택 도구▶로 두 번째, 네 번째 선만 길이를 줄입니다. ❷ 모든 오브젝트를 선택하고 ❸ Ctrl + G 를 눌러서 그룹으로 지정해 완성합니다.

 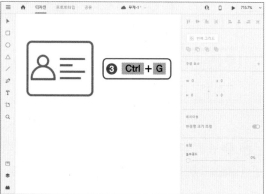

Ctrl + G 는 그룹 기능의 단축키입니다. 실무에서는 메뉴를 일일이 클릭하는 것보다 단축키를 사용하면 훨씬 효율적입니다.

위와 같은 방식으로 도형 도구를 활용해 이벤트 상자, 이벤트 콘, 쿠폰 아이콘까지 완성해봅니다. 자세한 결과물은 완성 파일(활용/Chapter 01/라인 아이콘_완성.xd)에서 확인하세요.

LESSON 02

마우스 오버 버튼 제작하기

구성 요소 활용해 마우스 오버 상태 추가하기

□ 모든 버전 □ CC 이상 버전 ☑ XD 최신 버전

준비 파일 **없음**
완성 파일 활용/Chapter 01/마우스 오버 버튼_완성.xd

▲ 기본 상태

AFTER

▲ 마우스 오버 상태

이 예제를 따라 하면

마우스 오버 상태의 아이콘을 만들고 마우스 오버 상태를 추가해봅니다. 마우스 오버 상태는 버튼에 마우스 포인터를 올렸을 때 다른 모양이 나타나게 만들어 버튼의 역할을 더욱 돋보이게 해줍니다. 마우스 오버 버튼은 실무 UI 작업 시 자주 사용되는 요소로, 버튼뿐만 아니라 콘텐츠 박스 등에도 다양하게 활용할 수 있습니다.

- 두 개의 오브젝트를 만들어 구성 요소에 마우스 오버 상태를 추가할 수 있습니다.
- 구성 요소 만들기 기능을 제대로 활용할 수 있습니다.

01 ❶ XD 시작 화면에서 [맞춤형 크기]를 600×850으로 지정하여 새 아트보드를 만듭니다. ❷ 아트보드의 이름을 더블클릭해 **마우스오버**로 변경합니다.

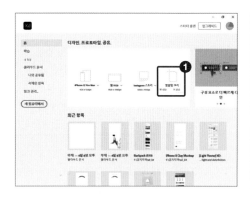

02 ❶ 도구바에서 사각형 도구□를 클릭하고 ❷ 500×150 크기의 사각형을 그립니다. ❸ 속성 관리자에서 모든 모퉁이에 대해 동일한 반경□에 75를 입력하고 ❹ Enter 를 누릅니다.

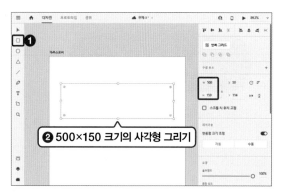
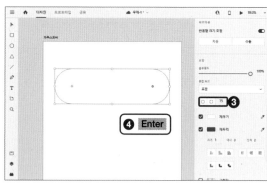

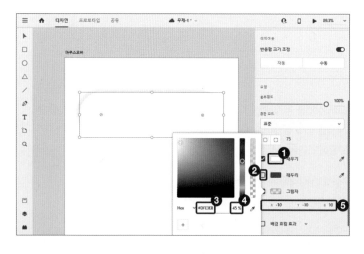

03 ❶ 속성 관리자에서 [채우기] 색은 #FFFFFF로 설정하고 ❷ [테두리]는 **없음**으로 적용합니다. ❸ [그림자] 색은 #DFE3EB로 설정하고 ❹ 불투명도는 45%로 설정한 후 ❺ [X], [Y], [B]는 -10, -10, 10으로 적용합니다.

04 ❶ 선택 도구 로 ❷ 오브젝트를 선택한 후 ❸ `Ctrl`+`C`, `Ctrl`+`V`를 눌러 복사해서 붙여 넣습니다. ❹ 붙여 넣은 오브젝트 하나만 선택하고 ❺ 속성 관리자에서 [그림자]의 [X], [Y], [B]를 10, 10, 10으로 변경합니다. ❻ 그림자 효과가 적용됩니다.

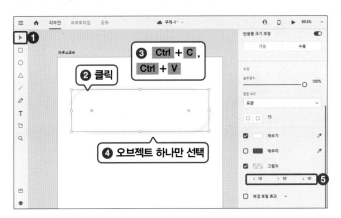
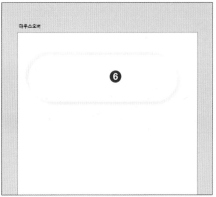

ON/OFF 입력해 마스크 적용하기

---

05 ❶ 사각형 도구 로 ❷ 230×96 크기의 빨간색(#FF0000) 사각형을 그립니다.

> 사각형은 [채우기] 색만 빨간색(#FF0000)으로 적용하고 [테두리]는 없음으로 적용합니다.

06 ❶ 도구바에서 펜 도구 를 클릭합니다. ❷ 다음 그림처럼 사각형 중앙을 지나가는 곡선을 그리고 ❸ 사각형 오브젝트 크기에 맞춰 닫힌 도형을 그립니다.

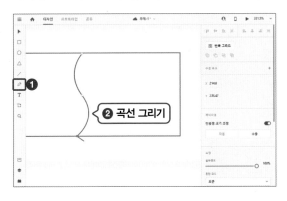
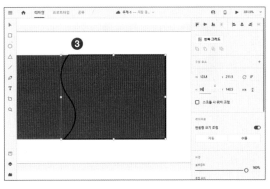

07 ❶ Esc 를 눌러 펜 도구를 해제한 후 ❷ 오른쪽 도형의 [채우기] 색을 파란색(#0000FF)으로 설정하고 [테두리]는 **없음**으로 적용합니다. ❸ 두 오브젝트를 모두 선택한 후 ❹ 가운데 정렬(세로) 을 클릭하고 ❺ Ctrl + G 를 눌러 그룹으로 만듭니다.

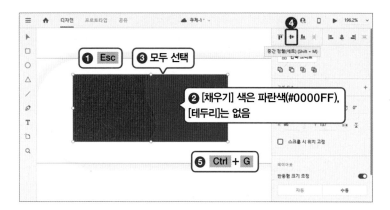

08 ❶ 원형 도구 로 ❷ 왼쪽 빨간색 영역 위에 **84×84** 크기의 원을 그립니다.

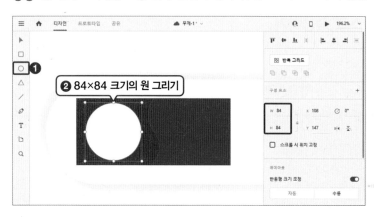

원형 도구로 원을 그리면 기본 설정인 흰색 원이 그려집니다.

09 ❶ 선택 도구 로 ❷ 원과 사각형 오브젝트를 선택하고 ❸ 마우스 오른쪽 버튼을 클릭해 ❹ [모양으로 마스크 만들기]를 선택합니다. ❺ 마스크가 적용되어 원만 남습니다.

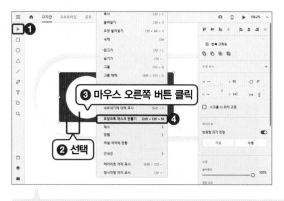 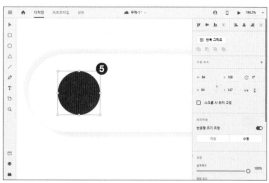

원과 사각형 오브젝트를 선택할 때는 [레이어] 패널에서 [원] 레이어와 [그룹 1] 레이어를 선택해도 됩니다.

기능 꼼꼼 익히기 ▶ 모양으로 마스크 만들기

[모양으로 마스크 만들기]는 오브젝트의 보이는 영역을 편집하는 기능입니다. 두 오브젝트를 선택하고 마스크 기능을 적용하면 위쪽에 있는 오브젝트가 마스크 영역으로 설정되고, 아래쪽에 있는 오브젝트는 마스크 영역으로 설정된 영역 안에서만 보이게 됩니다. 마스크 기능을 적용한 오브젝트는 도형의 일부가 삭제된 것처럼 보이지만, 원본 도형의 형태가 유지되어 있습니다. 그러므로 보이는 영역을 재수정할 수 있고 마스크 영역의 크기나 모양도 수정할 수 있습니다. 마스크 기능을 해제하려면 오브젝트를 다시 선택하고 마우스 오른쪽 버튼을 클릭해 [마스크 그룹 해제]를 선택합니다.

10 ❶ 도구바에서 문자 도구 T 를 클릭합니다. ❷ 아트보드를 클릭해 **OFF**를 입력하고 Enter 를 누른 후 **ON**을 입력합니다. ❸ 'OFF'만 더블클릭하여 선택하고 ❹ [채우기] 색을 #FFA7B6으로 설정합니다. ❺ 'ON'만 더블클릭하여 선택하고 ❻ [채우기] 색을 #A7C4FF로 설정합니다.

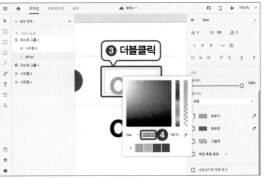

글꼴은 원하는 것으로 설정해도 됩니다. 예제에서는 Segoe UI, 80, Bold로 설정했습니다.

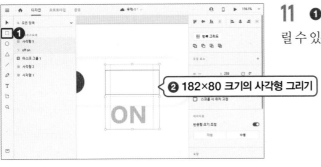

11 ❶ 사각형 도구 □ 를 클릭하고 ❷ 'OFF'를 가릴 수 있는 182×80 크기의 사각형을 그립니다.

12 ❶ 선택 도구 🔺로 ❷ 'OFF'를 가린 사각형과 'OFF ON'을 함께 선택합니다. ❸ 마우스 오른쪽 버튼을 클릭해 ❹ [모양으로 마스크 만들기]를 선택합니다. ❺ 'OFF'만 남습니다.

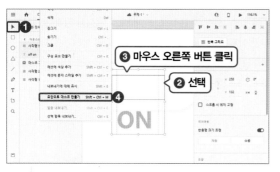 

사각형과 'OFF ON'을 선택할 때는 [레이어] 패널에서 [사각형] 레이어와 [off on] 텍스트 레이어를 선택해도 됩니다.

⬚ 구성 요소 만들기 기능으로 마우스 오버 상태 만들기

13 마우스 오버 시 나타나는 아이콘을 만들어보겠습니다. ❶ [레이어] 패널에서 모든 레이어를 선택하고 ❷ 마우스 오른쪽 버튼을 클릭해 ❸ [구성 요소 만들기]를 선택합니다.

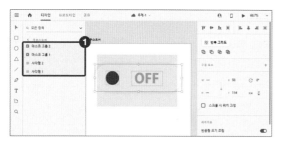 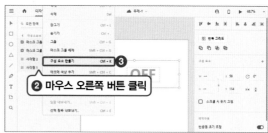

14 ❶ 속성 관리자에서 [구성 요소 (메인)] 항목에 있는 [◆ 기본 상태]의 상태 추가 ➕를 클릭하고 ❷ [마우스 오버 상태]를 선택합니다.

 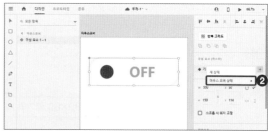

XD CC 최신 버전에서는 위 그림과 달리 [구성 요소 (마스터)] 항목이 [구성 요소 (메인)] 항목으로 나타납니다. 같은 항목이나 이름만 변경된 것이니 실습에 참고하세요. XD CC는 업데이트가 잦아 이와 같은 사소한 변경 사항이 계속 생길 수 있습니다. 업데이트마다 유연하게 대처해야 합니다.

15 ❶[레이어] 패널에서 [◆ 구성 요소 1-1]–[마스크 그룹 1]의 [그룹 1] 레이어를 선택합니다. ❷아트보드에서 사각형의 파란색 부분이 원 아래에 오도록 사각형을 왼쪽으로 옮겨 배치합니다.

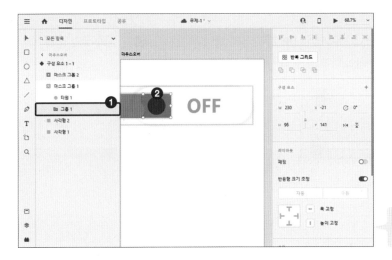

[그룹 1] 레이어는 07 과정에서 만든 오브젝트입니다.

16 ❶[레이어] 패널에서 [◆ 구성 요소 1-1]–[마스크 그룹 2]의 [off on] 레이어를 선택합니다. ❷아트보드에서 위로 드래그해 ❸사각형에 'ON'이 배치되게합니다.

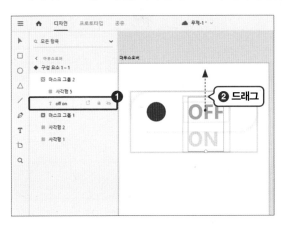

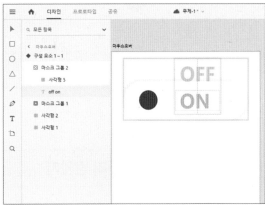

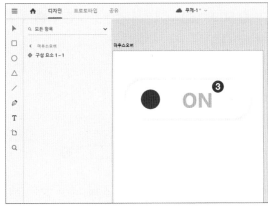

마우스 오버 상태 동작 확인하기

17 ❶ 속성 관리자의 [구성 요소 (메인)] 항목에서 [◆ 기본 상태]를 선택합니다. ❷ 오른쪽 상단의 데스크탑 미리보기▶를 클릭해 ❸❹ 기본 상태와 마우스 오버 상태를 확인합니다.

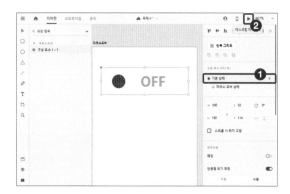

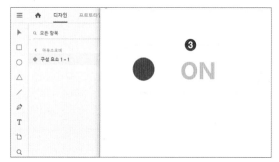

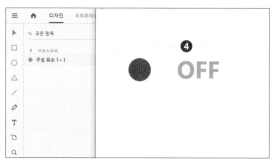

 메뉴 아이콘 테두리 만들기

18 02 과정과 같은 사각형 오브젝트를 그려보겠습니다. ❶ 500×150 크기의 사각형을 그린 후 ❷ 속성 관리자에서 모든 모퉁이에 대해 동일한 반경□을 75로 설정합니다.

19 사각형이 선택된 상태에서 오브젝트 속성을 변경해보겠습니다. ❶ 속성 관리자에서 [채우기] 색은 **#FFFFFF**, ❷ [테두리] 색은 **#8800FF**, ❸ [크기]는 **5**, [대시]는 **10**, [간격]은 **10**으로 설정합니다. ❹ 오브젝트를 클릭하고 Ctrl + 8 을 눌러 패스로 변환합니다.

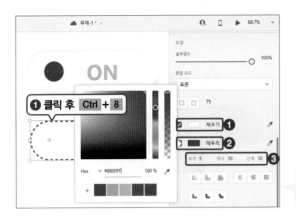

Ctrl + 8 은 [오브젝트]-[패스]-[패스로 변환] 메뉴의 단축키입니다. 자주 사용하는 기능이니 외워두고 활용하는 것이 좋습니다.

MENU 입력해 마스크 적용하기

20 ❶ 도구바에서 문자 도구 T 를 클릭하고 ❷ 아트보드를 클릭해 MENU를 입력합니다. ❸ 10 과정에서 적용한 글꼴과 속성을 그대로 유지하고 ❹ [채우기] 색을 **#8800FF**로 설정합니다.

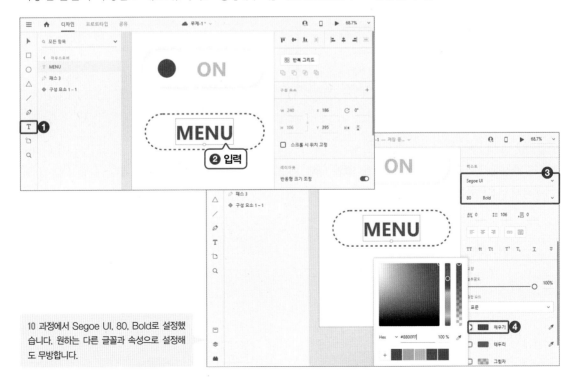

10 과정에서 Segoe UI, 80, Bold로 설정했습니다. 원하는 다른 글꼴과 속성으로 설정해도 무방합니다.

21 ❶ 도구바에서 펜 도구 ✐를 클릭하고 ❷ 다음과 같은 모양의 닫힌 도형을 그립니다. ❸ 속성 관리자에서 [채우기] 색은 **#EE3E68**로 설정하고 ❹ [테두리]는 **없음**으로 적용합니다.

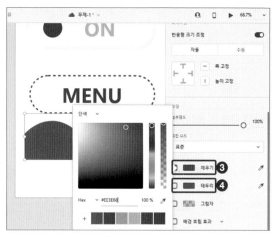

펜 도구를 다루는 방법은 이 책의 104쪽을 참고하세요.

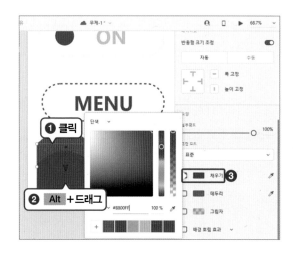

22 ❶ 선택 도구 ▶로 21 과정에서 그린 오브젝트를 선택하고 ❷ Alt 를 누른 채 아래로 드래그하여 복사합니다. ❸ 복사한 오브젝트는 [채우기] 색을 **#8800FF**로 설정합니다.

23 ❶ 레이어 ≽를 클릭해 [레이어] 패널을 나타나게 하고 ❷ [패스 3] 레이어를 선택합니다. [패스 3]은 18-19 과정에서 그린 사각형입니다. ❸ Ctrl + C , Ctrl + V 를 차례로 눌러서 복사해 붙여 넣고 ❹ 21-22 과정에서 만든 오브젝트를 모두 선택합니다.

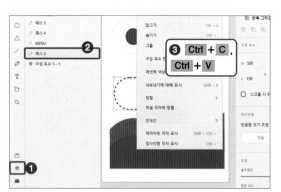

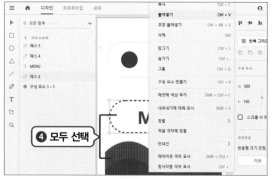

24 ❶ [레이어] 패널을 확인해 다중 선택된 패스를 확인합니다. ❷ 마우스 오른쪽 버튼을 클릭해 ❸ [모양으로 마스크 만들기]를 선택합니다.

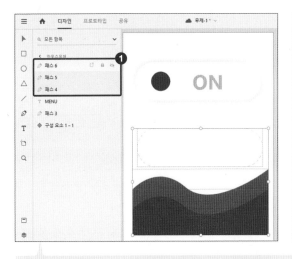

선택된 오브젝트의 바운딩 박스가 그림처럼 겹쳐 있는 상태이어야만 [모양으로 마스크 만들기]가 활성화됩니다. 마스크 영역과 마스크 영역 아래쪽에 있는 오브젝트가 너무 멀리 떨어져 있으면 [모양으로 마스크 만들기]가 활성화되지 않을 수 있으니 주의하세요.

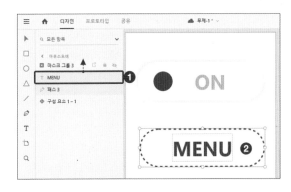

25 ❶ [MENU] 레이어를 드래그해 맨 위로 옮기고 ❷ 아트보드에 글자가 보이는지 확인합니다.

🗋 **구성 요소 만들기 기능으로 마우스 오버 상태 만들기**

26 마우스 오버 시 나타나는 아이콘을 만들어보겠습니다. ❶ [MENU]와 [마스크 그룹 3], [패스 3] 레이어를 모두 선택하고 ❷ 마우스 오른쪽 버튼을 클릭해 ❸ [구성 요소 만들기]를 선택합니다.

27 ❶ 속성 관리자에서 [구성 요소 (메인)] 항목에 있는 [◆ 기본 상태]의 상태 추가 ➕를 클릭하고 ❷ [마우스 오버 상태]를 선택합니다.

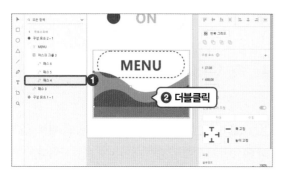

28 ❶ [레이어] 패널에서 [◆ 구성 요소 2-1]-[마스크 그룹 3]의 [패스 4] 레이어를 선택합니다. ❷ 아트보드에 선택된 [패스 4]를 더블클릭하고 ❸ ❹❺❻ 패스의 기준점을 한 개씩 위로 드래그하여 패스가 'MENU'를 가리게 만듭니다.

 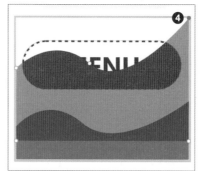

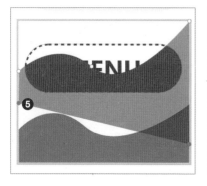 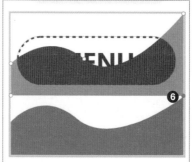

29 ❶ [레이어] 패널에서 [패스 5] 레이어를 선택한 후 ❷ 아트보드에 선택된 [패스 5]를 더블클릭합니다.
❸❹❺❻❼ 패스의 기준점을 한 개씩 위로 드래그하여 패스가 'MENU'를 가리게 만듭니다.

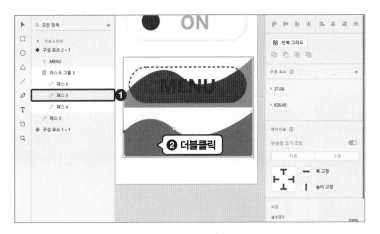

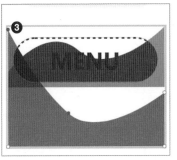

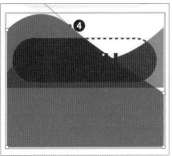

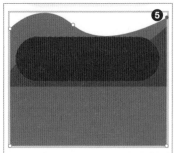

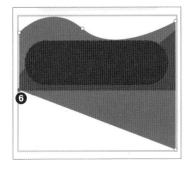

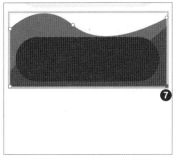

30 ❶ [레이어] 패널에서 맨 위에 있는 [MENU] 레이어를 선택하고 ❷ [채우기] 색을 **#FFFFFF**로 설정합니다. 사라졌던 'MENU'가 다시 보입니다.

┌───┐
│ 🖺 **마우스 오버 상태 동작 확인하기**
└───┘

31 ❶ 속성 관리자의 [구성 요소 (메인)] 항목에서 [◆ 기본 상태]를 선택합니다. ❷ 오른쪽 상단의 데스크탑 미리보기 ▶를 클릭해 ❸ ❹ 기본 상태와 마우스 오버 상태를 확인합니다.

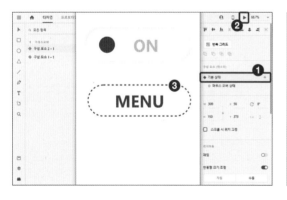

LESSON 03

마우스 오버
가로 메뉴바 제작하기

구성 요소 활용해 마우스 오버 상태 추가하기

□ 모든 버전 □ CC 이상 버전 ☑ XD 최신 버전

준비 파일 활용/Chapter 01/마우스 오버 가로.xd
완성 파일 활용/Chapter 01/마우스 오버 가로_완성.xd

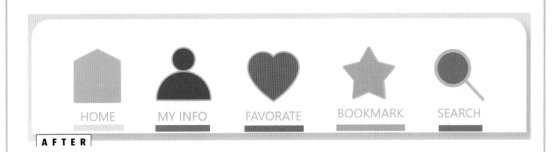

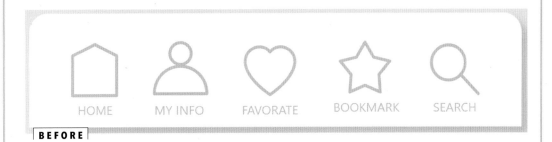

이 예제를 따라 하면

앞서 실습한 마우스 오버 버튼과 마찬가지로 이번에는 가로 메뉴바를 만들어 마우스 오버 상태를 적용해봅니다. 마우스 오버 시 패스의 기준점 위치를 변경해 배경색이 물결처럼 올라오도록 만들어보겠습니다. 훨씬 동적으로 보이는 메뉴바를 만들 수 있습니다.

- 아이콘에 마스크를 적용할 수 있습니다.
- 마우스 오버 상태를 적용할 수 있습니다.

01 ❶ Shift + Ctrl + O 를 눌러 준비 파일을 불러옵니다. 다섯 개의 아이콘과 글자가 준비되어 있습니다.

> Shift + Ctrl + O 는 내 컴퓨터에 저장된 파일을 바로 불러올 수 있는 단축키입니다. Ctrl + O 를 누르면 최근 항목이나 클라우드 문서를 불러올 수 있는 [열기] 대화상자가 나타납니다. 이 책의 준비 파일을 바로 불러오려면 Shift + Ctrl + O 를 누르는 것이 편합니다.

02 ❶ 사각형 도구 □를 클릭하고 ❷ 'HOME' 아래에 82×10 크기의 사각형을 그립니다. ❸ [채우기]는 #E6E9EF, [테두리]는 **없음**으로 적용합니다.

03 02 과정에서 그린 사각형 위에 더 큰 사각형을 그립니다. 예제에서는 97×15 크기로 설정했습니다.

04 ❶ 레이어■를 클릭해 [레이어] 패널을 표시하고 ❷ 앞서 그린 두 개의 사각형을 선택합니다. ❸ 마우스 오른쪽 버튼을 클릭해 ❹ [모양으로 마스크 만들기]를 선택합니다.

[레이어] 패널을 보면 아이콘을 그린 레이어가 순서대로 정리되어 있습니다. 맨 위에 있는 사각형을 선택하세요.

05 두 사각형에 마스크가 적용됩니다. [레이어] 패널을 보면 [마스크 그룹 1]이 생성되었고 아트보드에는 아래에 있는 #E6E9EF 색의 사각형이 보입니다. ❶ 선택 도구▶로 ❷ 아래에 있는 사각형(사각형 3)을 선택하고 ❸ 아트보드에서 왼쪽으로 드래그하여 위치를 옮깁니다.

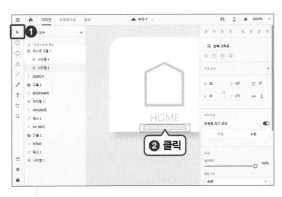
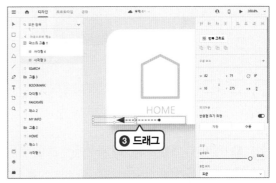

[레이어] 패널에서 [마스크 그룹 1]의 위치를 [HOME] 텍스트 레이어 위로 옮깁니다. 그리고 이름을 더블클릭하여 [하단라인마스크1]로 수정합니다. 이러한 방식으로 레이어를 정리하는 습관을 들이면 실무에서 효율적으로 레이어를 정리할 수 있습니다.

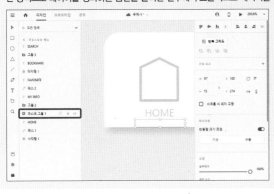

06 ❶ 도구바에서 펜 도구 ✑를 클릭하고 ❷❸ 'HOME'을 덮는 닫힌 곡선을 그립니다. ❹ [채우기]는 #D1D1D1, [테두리]는 **없음**으로 적용합니다.

07 ❶ 아트보드 위의 홈 모양 아이콘을 선택합니다. ❷ Ctrl + C , Ctrl + V 를 차례로 눌러 복사한 후 붙여 넣습니다. 색이 모두 채워진 것을 확인할 수 있습니다.

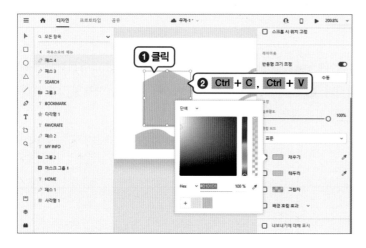

08 ❶ [레이어] 패널의 06~07 과정에서 그린 패스를 모두 선택한 후 마우스 오른쪽 버튼을 클릭해 [모양으로 마스크 만들기]를 선택합니다. [마스크 그룹 1]이 생성됩니다. ❷ 'HOME'과 홈 모양 아이콘에 마스크가 적용되어 아래에 있는 문자와 홈 모양 아이콘이 보입니다.

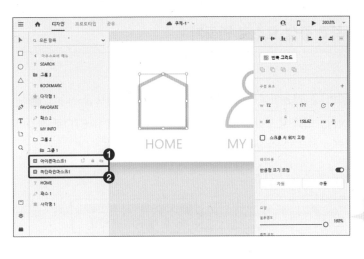

09 ❶ [마스크 그룹 1]의 이름을 **아이콘마스크1**로 수정한 후 ❷ [하단라인마스크1]과 [아이콘마스크1] 레이어의 위치를 [HOME] 텍스트 레이어 위로 옮깁니다.

05 과정에서 'HOME' 아래의 사각형 영역을 [하단라인마스크1]로 이름을 변경해두었습니다.

아이콘을 구성 요소로 만들기

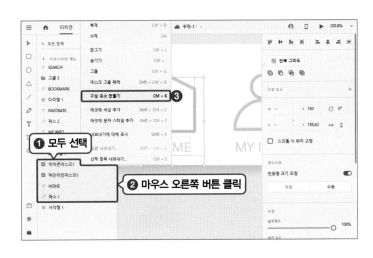

10 첫 번째 아이콘을 구성 요소로 만들어보겠습니다. ❶ Shift 를 누른 채 [아이콘마스크1], [하단라인마스크1], [HOME], [패스 1] 레이어를 클릭해 모두 선택합니다. ❷ 마우스 오른쪽 버튼을 클릭해 ❸ [구성 요소 만들기]를 선택합니다.

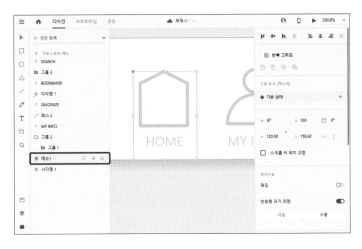

11 레이어 이름을 **메뉴1**로 변경하여 첫 번째 아이콘을 구성 요소로 만듭니다.

12 02-11 과정을 참고해 각 아이콘에 마스크를 적용하고 아이콘을 구성 요소로 만들어보겠습니다. ❶ 먼저 02-05 과정을 참고해 두 번째의 'MY INFO' 아래에 사각형을 만들고 ❷ [채우기]를 #21A87D로 적용합니다. ❸ [모양으로 마스크 만들기]를 적용하고 이름을 **하단라인마스크2**로 변경합니다.

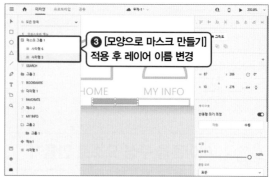

12 과정부터 19 과정까지는 아이콘에 마스크를 적용한 후 구성 요소로 등록하는 과정입니다. 각 아이콘마다 같은 과정을 실습해야 하므로 실습이 번거롭다면 준비 파일 중 활용/Chapter 01/마우스 오버 가로-중간 실습.xd 파일을 활용해 20 과정부터 실습할 수 있습니다.

13 ❶ 06 과정을 참고해 펜 도구 🖊로 닫힌 곡선을 그리고 ❷ [채우기]를 #21A87D로 적용합니다. ❸ 07 과정을 참고해 아이콘을 복사해 붙여 넣고 펜 도구 🖊로 그린 닫힌 곡선과 마찬가지로 [채우기]를 #21A87D로 적용합니다.

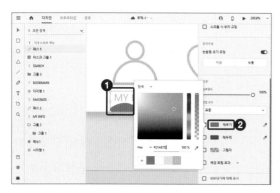

14 사람 모양의 아이콘은 원과 반원으로 구성되어 있으므로 패스로 변환한 후 합칩니다. ❶ 두 도형을 모두 선택한 후 ❷ [오브젝트]–[패스]–[패스로 변환] Ctrl + 8 메뉴를 선택합니다. ❸ 속성 관리자의 추가 🔲 를 클릭해 두 도형을 하나로 합칩니다.

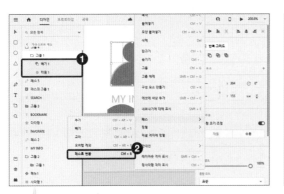
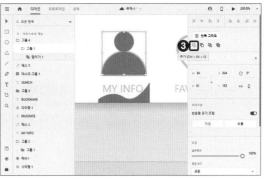

여러 개의 도형 중 가장 위에 있는 도형이 마스크 역할을 합니다. 여기에서는 마스크로 사용할 도형이 작은 원과 큰 반원, 즉 두 개로 분리되어 있으므로 두 개의 도형을 하나로 합친 후 마스크를 적용하는 것입니다. 사람 모양의 아이콘을 제외하고는 모두 하나의 도형이 마스크의 역할을 하므로 이번 과정에서만 병합 기능을 사용합니다.

15 ❶ 12–14 과정에서 그린 패스를 모두 선택한 후 ❷ 마우스 오른쪽 버튼을 클릭해 [모양으로 마스크 만들기]를 선택합니다. ❸ 마스크 이름을 **아이콘마스크2**로 변경합니다. ❹ [하단라인마스크2]와 [아이콘마스크2]를 [MY INFO] 텍스트 레이어 아래로 옮깁니다.

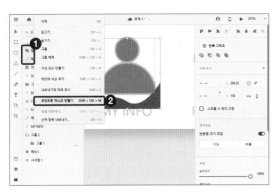
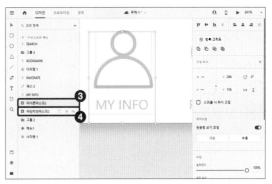

16 ❶ [아이콘마스크 2]부터 [그룹 2] 레이어까지 레이어 네 개를 모두 선택하여 ❷ [구성 요소 만들기]를 적용합니다. ❸ 합쳐진 구성 요소 레이어 이름을 **메뉴2**로 변경합니다.

17 세 번째 아이콘은 ❶ [채우기] 색을 **#FF7272**로 설정하고 마스크를 적용한 후 ❷ [구성 요소 만들기]를 통해 **메뉴3**으로 만듭니다.

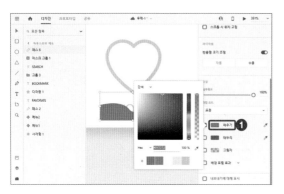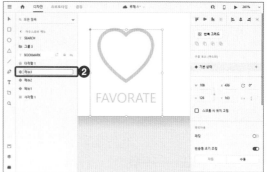

18 네 번째 아이콘은 ❶ [채우기] 색을 **#FFC272**로 설정하고 마스크를 적용한 후 ❷ [구성 요소 만들기]를 통해 **메뉴4**로 만듭니다.

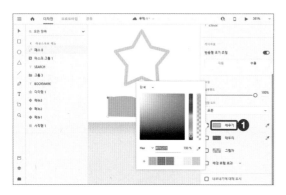

19 다섯 번째 아이콘은 ❶ [채우기] 색을 **#489CC1**로 설정하고 마스크를 적용한 후 ❷ [구성 요소 만들기]를 통해 **메뉴5**로 만듭니다.

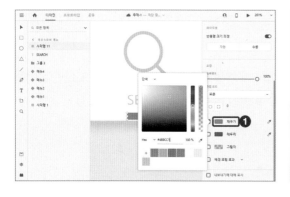

구성 요소 활용해 마우스 오버 상태 만들기

20 첫 번째 아이콘을 마우스 오버 상태로 만들어보겠습니다. ❶ [레이어] 패널에서 [메뉴1] 레이어를 선택하고 ❷ 속성 관리자의 [구성 요소 (메인)] 항목에서 [◆ 기본 상태]의 상태 추가 ⊞를 클릭한 후 ❸ [마우스 오버 상태]를 선택합니다.

> XD CC 최신 버전에서는 위 그림과 달리 [구성 요소 (마스터)] 항목이 [구성 요소 (메인)] 항목으로 나타납니다. 같은 항목이나 이름만 변경된 것이니 실습에 참고하세요.

21 ❶ [메뉴1]-[하단라인마스크1] 레이어를 클릭하면 레이어를 구성하는 오브젝트를 확인할 수 있습니다. 여기서는 [사각형 3] 레이어를 클릭합니다. ❷ 아트보드 위에서 이 사각형을 마스크 영역 안쪽으로 드래그하여 옮깁니다.

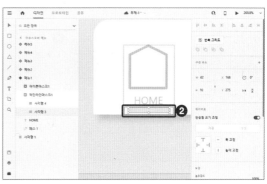

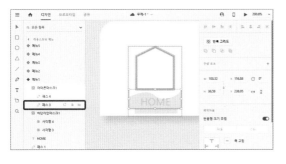

22 [메뉴1]-[아이콘마스크1] 하위의 닫힌 곡선인 [패스 3] 레이어를 선택합니다.

23 ❶ 선택 도구 ▶로 패스를 더블클릭합니다. 패스의 기준점이 나타납니다. ❷❸❹❺ 패스의 기준점을 하나씩 클릭해서 패스가 아이콘을 가리도록 기준점을 드래그해 옮깁니다.

24 속성 관리자의 [구성 요소 (메인)] 항목에서 [◆ 기본 상태]를 클릭해 기본 상태를 설정합니다.

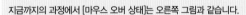

지금까지의 과정에서 [마우스 오버 상태]는 오른쪽 그림과 같습니다.

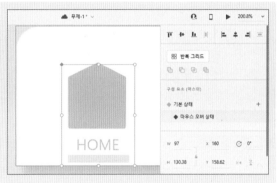

25 20-24 과정처럼 두 번째 아이콘을 마우스 오버 상태로 만들어보겠습니다. ❶ [레이어] 패널에서 [메뉴 2] 레이어를 선택하고 ❷ 속성 관리자의 [구성 요소 (메인)] 항목에서 [◆ 기본 상태]의 상태 추가 ➕를 클릭합니다. ❸ [마우스 오버 상태]를 선택합니다.

26 ❶ [메뉴2]-[하단라인마스크2] 레이어를 클릭하면 레이어를 구성하는 오브젝트를 확인할 수 있습니다. 여기서는 [사각형 5] 레이어를 클릭합니다. ❷ 아트보드 위에서 이 사각형을 마스크 영역 안쪽으로 드래그하여 옮깁니다.

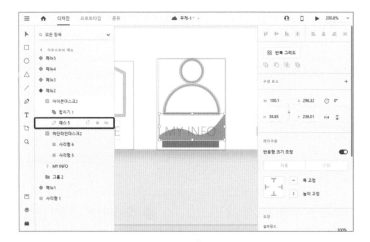

27 [메뉴2]-[아이콘마스크2] 하위의 닫힌 곡선인 [패스 5] 레이어를 선택합니다.

28 ❶ 선택 도구 ▶로 패스를 더블클릭합니다. 패스의 기준점이 나타납니다. ❷❸❹❺ 기준점을 하나씩 클릭해서 패스가 아이콘을 가리도록 기준점을 드래그해 옮깁니다.

29 속성 관리자의 [구성 요소 (메인)] 항목에서 [◆ 기본 상태]를 클릭해 기본 상태를 설정합니다.

지금까지의 과정에서 [마우스 오버 상태]는 오른쪽 그림과 같습니다.

30 세 번째 아이콘부터 다섯 번째 아이콘까지 마우스 오버 상태로 만들어보겠습니다. 아이콘 순서에 따라 [메뉴3]~[메뉴5]이고, 마우스 오버 상태로 만든 후에는 다시 [◆ 기본 상태]를 클릭해 설정합니다.

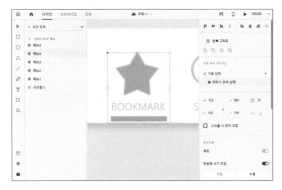

31 ❶ Alt + Ctrl 을 누른 채 마우스 휠을 아래로 드래그해 전체 화면을 확인합니다. ❷ 데스크탑 미리보기 ▶를 클릭해 기본 상태와 마우스 오버 상태를 확인합니다.

32 각 아이콘에 마우스 포인터를 올려봅니다. 기본 상태와 마우스 오버 상태를 확인하여 마무리합니다.

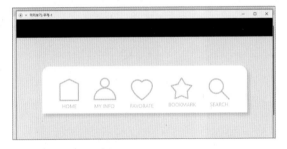 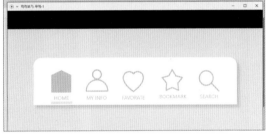

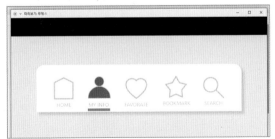 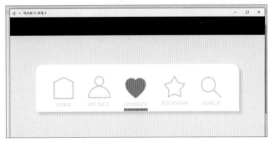

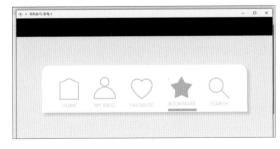 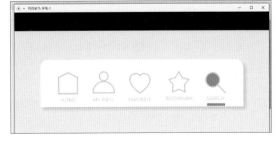

LESSON 04

마우스 오버
세로 메뉴 제작하기

구성 요소 활용해 마우스 오버 상태 추가하기

□ 모든 버전 □ CC 이상 버전 ☑ XD 최신 버전

준비 파일 **없음**
완성 파일 활용/Chapter 01/마우스 오버 세로_완성.xd

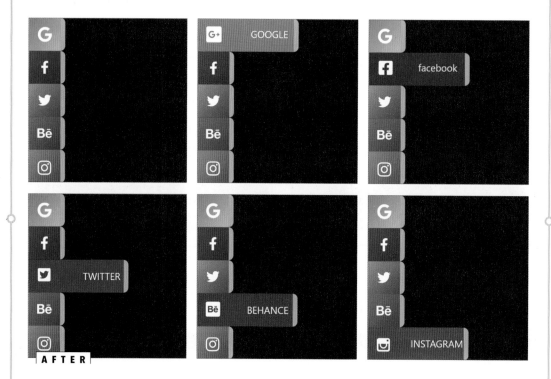

AFTER

이 예제를 따라 하면

세로 메뉴바를 만들고 구성 요소를 활용해 마우스 오버 상태를 추가해봅니다. 마우스 오버 상태를 적용하면 단조로운 메뉴를 조금 더 재미있게 표현할 수 있습니다. 실무에서도 마우스 오버 상태에 다양한 모션을 구현하므로 잘 알아두면 유용한 기능입니다.

- 플러그인을 설치해 쉽게 아이콘을 만들 수 있습니다.
- 아이콘에 마스크를 적용할 수 있습니다.
- 마우스 오버 상태를 적용할 수 있습니다.

아트보드 만들고 플러그인 설치하기

01 ❶ 시작 화면에서 1000×1000 크기의 새 아트보드를 만듭니다. ❷ 새 아트보드의 이름을 더블클릭해 **마우스오버 세로메뉴**로 변경합니다. ❸ 플러그인 🗔을 클릭합니다.

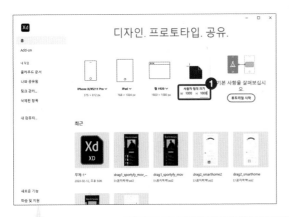

플러그인🗔을 클릭하면 [플러그인] 패널이 나타나고 미리 설치한 플러그인을 확인할 수 있습니다.

02 새 플러그인을 설치해보겠습니다. ❶ [플러그인] 패널에서 플러그인 탐색➕을 클릭합니다. ❷ [XD 플러그인] 창이 나타나면 [검색]을 클릭합니다. ❸ [플러그인 검색]에 **icons**를 입력하고 Enter 를 눌러 플러그인을 검색합니다. ❹ [검색 결과] 목록에서 [Icons 4 Design] 플러그인을 찾아 [설치]를 클릭합니다. 내 컴퓨터에 플러그인이 설치됩니다.

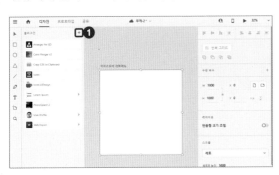
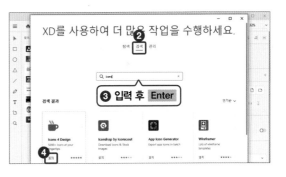

기능 꼼꼼 익히기 ▶ Icons 4 Design 플러그인

Icons 4 Design 플러그인은 5천 개가 넘는 아이콘과 심벌을 제공합니다. 도형 도구나 펜 도구를 이용해 직접 아이콘을 만들 수도 있지만, Icons 4 Design 플러그인을 활용하면 iOS와 Android에 어울리는 수준 높은 아이콘, 로고 등을 찾아 작업물에 쉽게 적용할 수 있습니다. 플러그인이 설치되면 체크 표시된 항목으로 나타납니다. 더 보기⋯를 클릭하면 해당 플러그인을 비활성화하거나 삭제할 수도 있습니다.

Icons 4 Design
5000+ icons at your
fingertips
★★★★★

03 ❶ [플러그인] 패널에서 [Icons 4 Design]을 클릭하고 ❷ [icon name]에 **google**을 입력합니다. 아래에 검색 결과가 나타납니다.

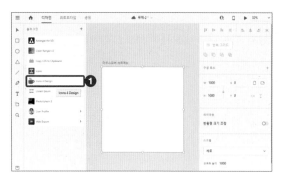 

04 ❶ 검색 결과 중 구글 아이콘을 클릭해 아트보드에 추가합니다. ❷❸ 03 과정과 같은 방법으로 facebook, twitter, behance, instagram을 검색해 아이콘을 아트보드에 추가합니다. 이때 로고 아이콘과 스퀘어 로고 아이콘을 함께 추가합니다.

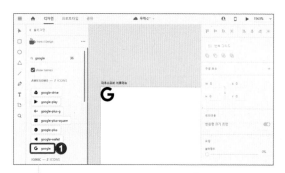 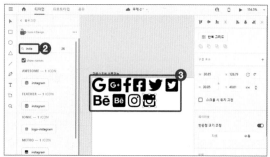

아이콘을 클릭하면 아트보드 왼쪽 상단에 추가됩니다. 직접 크기와 위치를 조정해 아트보드에 배치합니다.

아이콘을 에셋으로 추가하기

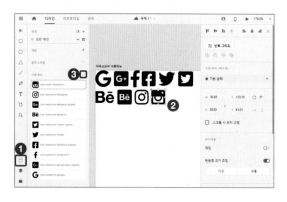

05 ❶ 라이브러리를 클릭해 [문서 에셋] 패널을 표시합니다. ❷ 추가한 아이콘을 선택하고 ❸ [구성 요소]의 추가를 클릭해 에셋으로 추가합니다. 추가한 아이콘을 모두 에셋으로 추가합니다.

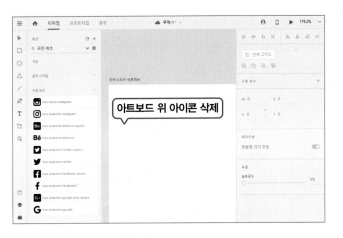

06 에셋 추가가 완료됐으면 아트보드에 있는 아이콘을 모두 선택한 후 삭제합니다.

기본 상태의 세로 메뉴 만들기

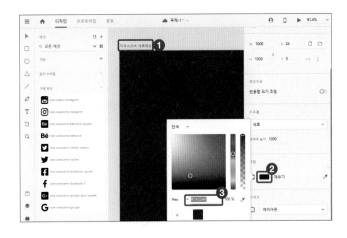

07 ❶ 아트보드 이름을 클릭하고 ❷ [채우기]의 컬러 박스를 클릭합니다. ❸ 컬러 패널에 #2A2D40을 입력해 배경에 색을 적용합니다.

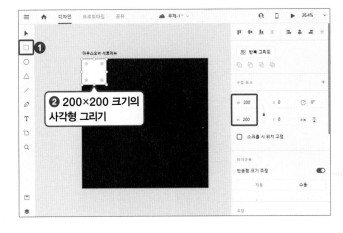

08 ❶ 사각형 도구□를 클릭하고 ❷ 아트보드 왼쪽 상단에 200×200 크기의 사각형을 그립니다.

작업 화면 왼쪽의 [문서 에셋], [레이어], [플러그인] 패널은 패널을 사용할 때만 표시하는 게 좋습니다. 아이콘을 클릭하면 패널을 표시하거나 사라지게 할 수 있습니다. 아트보드에서 디자인 작업을 할 때 표시하지 않고 작업하면 작업 화면을 더 넓게 사용할 수 있습니다.

09 ❶[채우기]의 컬러 박스를 클릭하고 ❷ 컬러 패널에서 [선형 그레이디언트]를 선택합니다. ❸ 그레이디언트바의 왼쪽 컬러 스톱을 선택하고 ❹#F37FB0을 입력한 후 ❺색상 견본 저장⊞을 클릭해 색을 추가합니다. ❻ 오른쪽 컬러 스톱을 선택하고 ❼#B7CBE3을 입력한 후 ❽색상 견본 저장⊞을 클릭해 색을 추가합니다.

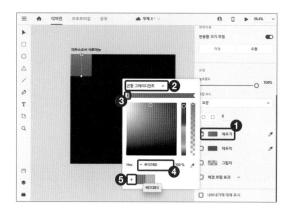 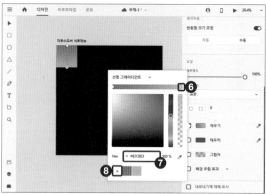

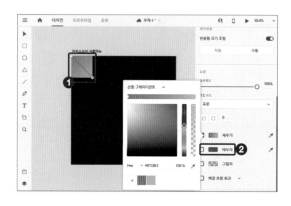

10 ❶두 개의 색이 적용되어 있는 상태에서 사각형의 그레이디언트 조절바를 대각선 방향으로 수정합니다. 왼쪽 상단에서 오른쪽 하단으로 내려가는 방향이 되도록 수정합니다. ❷이때 [테두리]는 **없음**으로 설정해둡니다.

11 두 번째 메뉴를 만들어보겠습니다. ❶ 선택 도구▶를 클릭하고 ❷ Alt 를 누른 채 앞서 그린 사각형을 아래로 드래그해 복사합니다. ❸[채우기]의 컬러 박스를 클릭해 그레이디언트의 색을 변경합니다. ❹ 왼쪽 컬러 스톱은 ❺#9C4C8E로 입력하고 ❻견본으로 저장합니다. ❼ 오른쪽 컬러 스톱은 ❽#4E2647로 입력하고 ❾견본으로 저장합니다.

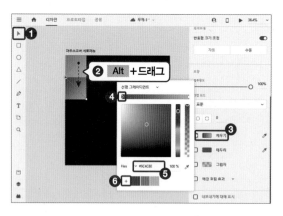 

12 11 과정과 동일한 방법으로 메뉴를 만듭니다. **❶❷** 세 번째 메뉴의 색은 #2F5C79, #63B0B4로 적용합니다. **❸❹** 네 번째 메뉴의 색은 #AA808B, #754B67로 적용합니다. **❺❻** 다섯 번째 메뉴의 색은 #F29C6B, #E13D6A로 적용합니다.

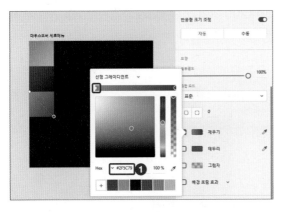
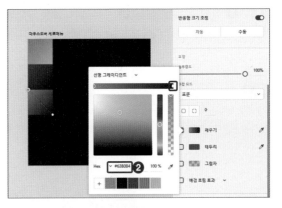
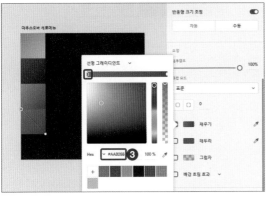
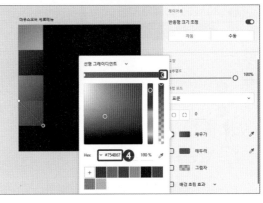
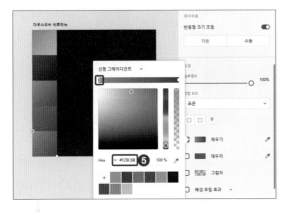
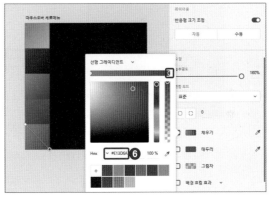

그레이디언트의 왼쪽 컬러 스톱과 오른쪽 컬러 스톱에 색을 적용한 후에는 반드시 색상 견본 저장⊞을 클릭해 사용한 색을 견본으로 저장해두는 것이 좋습니다.

메뉴의 디테일한 요소 만들기

13 ❶ 사각형 도구□로 ❷ 아트보드 왼쪽 상단에 230×200 크기의 사각형을 그립니다. ❸ [채우기]의 컬러 박스를 클릭하고 ❸ 색은 #FFFFFF, 불투명도는 30%로 적용합니다. 투명한 라벨이 표현됩니다.

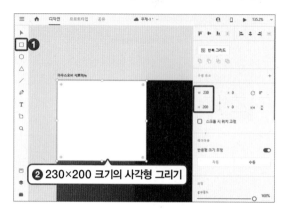
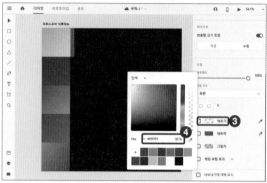

14 ❶ 각 모퉁이에 대해 다른 반경◌을 클릭하고 ❷ 0, 30, 30, 0을 입력해 오른쪽 모서리만 둥글게 만듭니다. ❸ 선택 도구▶로 투명 라벨 도형을 선택한 후 ❹ 마우스 오른쪽 버튼을 클릭해 ❺ [맨 뒤로 보내기]를 선택합니다.

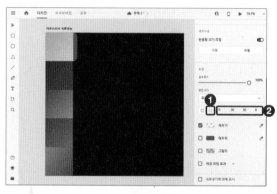
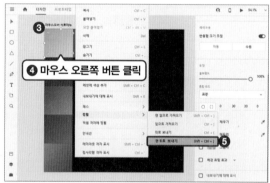

각 모퉁이에 대해 다른 반경◌은 왼쪽 상단부터 시계 방향 순서로 모서리를 둥글게 수정하는 값을 입력합니다. 왼쪽 상단, 오른쪽 상단, 오른쪽 하단, 왼쪽 하단 순서로 값을 입력할 수 있습니다.

XD CC 최신 버전에서는 [정렬] 메뉴가 없고 [맨 뒤로 보내기]가 바로 나타납니다. XD CC는 업데이트가 잦아 이와 같은 사소한 변경 사항이 계속 생기므로 유연하게 대처합니다.

15 ❶ 14 과정에서 만든 라벨 도형을 선택하고 ❷
❸❹❺ Alt 를 누른 채 아래로 드래그하여 나머지
메뉴와 어울리게 복사해둡니다.

⬚ 마우스 오버 상태의 긴 메뉴 만들기

16 ❶ 사각형 도구□로 ❷ 600×200 크기의 사각형을 그립니다. ❸ [채우기]의 컬러 박스를 클릭하고
❹ #F37FB0을 적용합니다. ❺ 사각형을 마우스 오른쪽 버튼으로 클릭해 ❻ [맨 뒤로 보내기]를 선택합니
다.

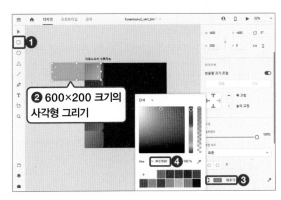
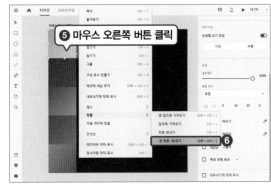

17 ❶ 선택 도구▶로 ❷ 16 과정에서 만든 도형을 선택하고 ❸❹❺❻ Alt 를 누른 채 아래로 드래그하
여 나머지 메뉴와 어울리게 복사해둡니다. 도형의 색은 순서대로 각각 #5A3A6B, #2F5C79, #754B67,
#F29C6B로 적용합니다.

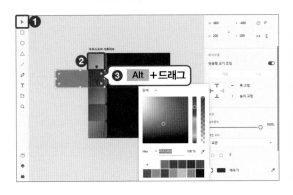
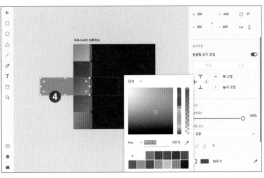

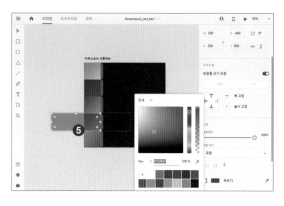
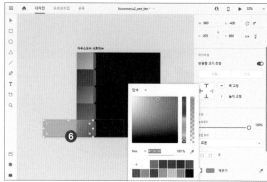

에셋으로 추가한 아이콘 배치하기

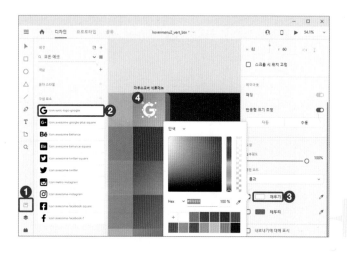

18 ❶ 라이브러리 █를 클릭해 [문서 에셋] 패널을 표시합니다. ❷ [구성 요소]에 추가해둔 아이콘을 클릭해 메뉴 위에 배치합니다. ❸ 아이콘의 [채우기]는 #FFFFFF로 설정하고 ❹ 82×82 크기로 조정하여 메뉴(사각형)의 정중앙에 오도록 조정합니다.

> 스퀘어 로고 아이콘이 아닌 로고 아이콘을 배치해야 합니다.

19 같은 방법으로 아래의 메뉴에도 각각 facebook, twitter, behance, instagram 아이콘을 배치합니다.

마우스 오버 상태의 문자 입력하고 마스크 적용하기

20 ❶ 레이어 ◈를 클릭해 [레이어] 패널을 표시합니다. ❷ 앞서 만든 네 개의 오브젝트(기본 상태의 세로 메뉴, 메뉴 디테일 요소, 마우스 오버 상태의 긴 메뉴, 아이콘)를 모두 선택해 버튼별로 묶어 [그룹 1], [그룹 2], [그룹 3], [그룹 4], [그룹 5]를 만듭니다. ❸ [그룹1] 레이어를 선택하고 ❹ [문서 에셋] 패널에서 ❺ 구글 스퀘어 로고 아이콘을 ❻ 구글 일반 로고 아이콘 위에 배치합니다. ❼ [채우기]는 #FFFFFF로 적용합니다.

오브젝트를 버튼별로 묶어 그룹으로 관리하면 편리합니다.

21 ❶ 사각형 도구 ▢로 ❷ 구글 아이콘이 가려지는 사각형을 그립니다. ❸ 이렇게 만들어진 사각형과 구글 로고 아이콘, 구글 스퀘어 로고 아이콘을 모두 선택하고 [모양으로 마스크 만들기]를 적용합니다.

> 사각형, 구글 로고 아이콘, 구글 스퀘어 로고 아이콘을 모두 선택한 후 마우스 오른쪽 버튼을 클릭합니다. 그런 다음 [모양으로 마스크 만들기]를 선택하면 해당 모양으로 마스크를 만들 수 있습니다.

22 ❶ 문자 도구 T를 클릭하고 ❷ 아트보드를 클릭해 GOOGLE을 입력합니다. ❸ 속성 관리자에서 문자 속성을 60, Regular로 설정합니다. ❹ 대문자 ᴛᴛ를 클릭해 전체 문자를 대문자로 변경합니다.

23 ❶ 사각형 도구 □를 클릭하고 ❷ 'GOOGLE'을 가리는 사각형을 그립니다.

24 ❶ 23 과정에서 만든 [사각형 6] 레이어와 [google] 텍스트 레이어를 함께 선택하고 ❷ 마우스 오른쪽 버튼을 클릭해 ❸ [모양으로 마스크 만들기]를 선택합니다. ❹ 마스크 그룹이 만들어지며 마스크 아래의 'GOOGLE'이 보이게 됩니다.

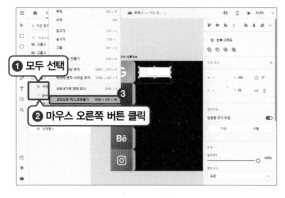

🗔 **구성 요소 활용해 마우스 오버 상태 만들기**

25 마우스 오버 상태로 만들어보겠습니다. ❶ [그룹 1]–[마스크 그룹 3] 레이어에 속한 [google] 텍스트 레이어만 선택하고 ❷ 아트보드에서 문자를 아래로 드래그하여 옮깁니다.

26 ❶ 구글 메뉴의 [그룹 1] 레이어를 선택한 상태로 ❷ 속성 관리자의 [구성 요소 (메인)] 항목에서 [◆ 기본 상태]의 상태 추가⊞를 클릭하고 ❸ [마우스 오버 상태]를 선택합니다.

[마우스 오버 상태]를 선택하면 [그룹 1]의 이름이 [구성 요소]로 변경됩니다.

27 현재 상태(마우스 오버 상태)에서 [레이어] 패널의 [구성 요소] 레이어를 더블클릭해 이름을 **버튼1**로 변경합니다.

[그룹 1] 레이어는 마우스 오버 상태가 적용되어 [구성 요소]로 이름이 변경되었으니 다시 이름을 변경하는 과정입니다.

28 ❶ [레이어] 패널에서 [버튼1] 레이어 이름 앞에 있는 ◆ 모양을 클릭합니다. ❷ 해당 레이어의 구성 요소를 모두 확인할 수 있습니다. [사각형 1], [사각형 2] 레이어를 함께 선택하고 ❸ 선택 도구▶를 이용해 아트보드 안쪽으로 드래그하여 옮깁니다.

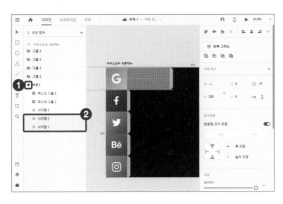

29 ① [사각형 3] 레이어를 선택하고 ② 아트보드의 왼쪽 밖으로 드래그하여 옮깁니다.

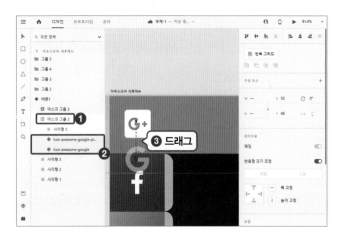

30 ① 구글 아이콘이 들어 있는 [마스크 그룹 2] 레이어를 클릭하여 ② 아이콘 두 개를 모두 선택합니다. ③ 아트보드에서 두 개의 아이콘을 아래로 드래그하여 옮깁니다. 이때 마스크의 사각형([사각형 3] 레이어) 영역 안에는 구글 스퀘어 로고 아이콘이 있어야 합니다.

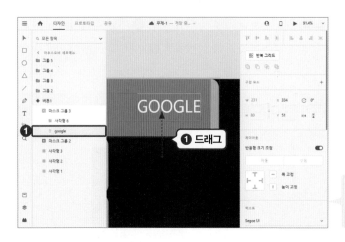

31 ① [마스크 그룹 3]의 [google] 텍스트 레이어를 선택하고 ② 아트보드에서 문자를 사각형 안으로 드래그하여 옮깁니다. 마우스 오버 상태가 완성되었습니다.

> 25 과정에서 [google] 텍스트 레이어를 선택하고 문자를 아래로 드래그하여 옮겼습니다. 이렇게 아래로 옮겨진 문자를 다시 사각형 위에 배치되도록 옮깁니다.

마우스 오버 상태의 문자 입력하고 마스크 적용하기

32 두 번째 아이콘도 마우스 오버 상태로 만들어보겠습니다. ❶ 문자 도구 T 를 클릭하고 ❷ [레이어] 패널에서 [그룹 2] 레이어를 선택합니다. [그룹 2] 레이어는 페이스북 아이콘으로 구성된 메뉴입니다. ❸ 아트보드를 클릭해 **facebook**을 입력합니다.

> 22 과정에서 문자 속성(60, Regular)을 지정해두었으므로 같은 속성이 적용됩니다.

33 ❶ 사각형 도구 □ 를 클릭하고 ❷ 'facebook'을 가리는 사각형을 그립니다. ❸ 사각형의 [채우기]는 **#FFFFFF**로 설정합니다. ❹ [레이어] 패널에서 [사각형 4] 레이어와 [facebook] 텍스트 레이어를 함께 선택하고 ❺ 마우스 오른쪽 버튼을 클릭해 ❻ [모양으로 마스크 만들기]를 선택합니다.

구성 요소 활용해 마우스 오버 상태 만들기

34 마우스 오버 상태로 만들어보겠습니다. ❶ [그룹 2]–[마스크 그룹 5] 레이어에 속한 [facebook] 텍스트 레이어만 선택하고 ❷ 아트보드에서 문자를 아래로 드래그하여 옮깁니다.

35 [레이어] 패널의 [그룹 2] 레이어를 더블클릭하여 이름을 **버튼2**로 변경합니다.

36 ❶ [버튼 2]가 선택된 상태에서 ❷ 속성 관리자의 [구성 요소 (메인)] 항목에서 [◆ 기본 상태]의 상태 추가 ⊞ 를 클릭하고 ❸ [마우스 오버 상태]를 선택합니다. 해당 레이어 이름이 [구성 요소]로 변경됩니다.

35 과정에서 레이어 이름을 변경했지만 구성 요소를 추가하면서 레이어 이름이 다시 변경되었습니다. 원활한 실습을 위해 해당 [구성 요소 9-1] 레이어의 이름을 [버튼2]로 다시 변경해두는 것이 좋습니다.

37 ❶ [레이어] 패널에서 [버튼2] 레이어 이름 앞에 있는 ◆ 모양을 클릭합니다. ❷ 해당 레이어의 구성 요소를 모두 확인할 수 있습니다. [사각형 1], [사각형 2] 레이어를 함께 선택하고 ❸ 선택 도구 ▶ 를 이용해 아트보드 안쪽으로 드래그하여 옮깁니다.

38 ❶ [사각형 3] 레이어를 선택하고 ❷ 아트보드의 왼쪽 밖으로 드래그하여 옮깁니다.

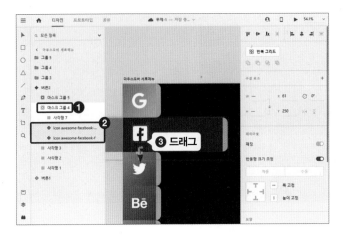

39 ❶ 페이스북 아이콘이 있는 [마스크 그룹 4] 레이어를 클릭하여 ❷ 아이콘 두 개를 모두 선택합니다. ❸ 아트보드에서 두 개의 아이콘을 아래로 드래그하여 옮깁니다. 이때 마스크의 사각형([사각형 7] 레이어) 영역 안에는 페이스북 스퀘어 로고 아이콘이 있어야 합니다.

40 ❶ [마스크 그룹 5]의 [facebook] 텍스트 레이어를 선택하고 ❷ 아트보드에서 문자를 사각형 안으로 드래그하여 옮깁니다. 마우스 오버 상태가 완성되었습니다.

41 세 번째 메뉴부터 다섯 번째 메뉴까지 **32-40** 과정을 참고해 마우스 오버 상태를 만듭니다. 데스크탑 미리보기 ▶를 클릭해 각 메뉴의 기본 상태와 마우스 오버 상태를 확인합니다.

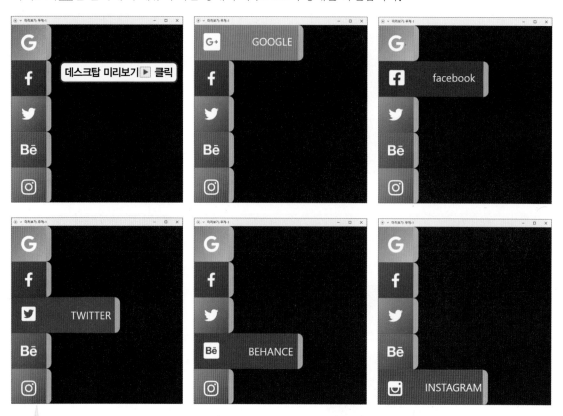

실습 과정이 원활하지 않다면 완성 파일을 열어 각 레이어를 확인한 후 차근차근 실습해봅니다.

LESSON 05

뮤직 플레이어 UI 제작하기

이미지 드래그 슬라이더 제작하기

□ 모든 버전　□ CC 이상 버전　☑ XD 최신 버전

준비 파일 활용/Chapter 01/스포티파이 UI_준비.xd
완성 파일 활용/Chapter 01/스포티파이 UI_완성.xd

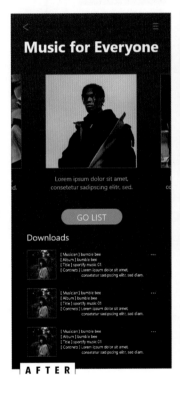

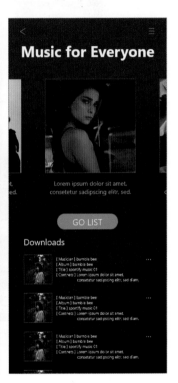

AFTER

이 예제를 따라 하면

사용자의 취향을 예측해 추천 음악 목록을 보여주는 스포티파이(Spotify) 앱을 벤치마킹하여 뮤직 플레이어 UI를 만들어 보겠습니다. XD의 인터랙션 기능을 활용해 사용자가 직접 드래그할 수 있는 이미지 슬라이더를 만들어봅니다.

- 마우스 오버 시 색이 변경되는 상태를 적용할 수 있습니다.
- 프로토타입 모드에서 인터랙션 기능을 적용할 수 있습니다.
- 이미지 드래그 슬라이드 애니메이트를 표현할 수 있습니다.

준비 파일 불러와 호버 버튼 만들기

01 ❶ Shift + Ctrl + O 를 눌러 준비 파일을 불러옵니다. 상단에 메뉴와 문구, 이미지가 미리 배치되어 있는 상태입니다. ❷ 사각형 도구□를 클릭하고 ❸ 아트보드 중앙에 144×36 크기의 사각형을 그립니다.

02 ❶ 모든 모퉁이에 대해 동일한 반경□을 클릭하고 ❷ 18을 입력합니다. ❸ [채우기]의 컬러 박스를 클릭하고 ❹ #00CE00을 입력합니다. ❺ [테두리]는 **없음**으로 설정합니다.

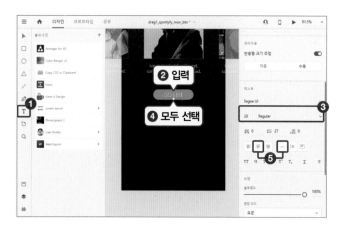

03 ❶ 문자 도구T를 클릭하고 ❷ 02 과정에서 그린 사각형 위에 **GO LIST**를 입력합니다. ❸ 문자 속성은 **20, Regular**로 설정합니다. ❹ 선택 도구▶로 사각형과 문자를 모두 선택한 후 ❺ 중앙☰, 자동 폭□을 클릭해 버튼을 완성합니다.

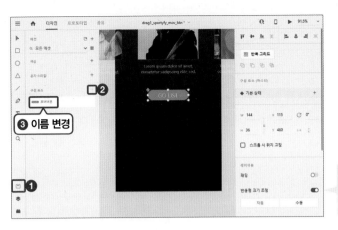

04 'GO LIST' 버튼을 에셋으로 추가 해보겠습니다. ❶ 버튼이 선택된 상태에서 라이브러리 🔲 를 클릭해 [문서 에셋] 패널을 표시합니다. ❷ [구성 요소]의 추가 ⊞ 를 클릭해 에셋으로 추가하고 ❸ 이름을 **호버버튼**으로 수정합니다.

> 호버 버튼의 호버(Hover)는 '맴돌다'라는 의미로, 마우스 포인터가 오브젝트 위에서 맴돌고 있을 때 표현되는 효과를 가리킵니다. 마우스 오버 시 나타나는 효과와 동일합니다.

기능 꼼꼼 익히기 ▶ [문서 에셋] 패널에서 [구성 요소] 확인하기

[문서 에셋] 패널에서 [구성 요소] 항목의 추가 ⊞ 를 클릭하면 구성 요소를 에셋(심 벌)으로 추가할 수 있습니다. 등록된 에셋은 격자나 목록 형태로 확인할 수 있습니다. 목록 보기 🖽 를 클릭하면 구성 요소가 목록 형태로 나타나고, 이름 부분을 더블 클릭하면 이름을 수정할 수 있습니다.

▲ 격자 보기 형태

▲ 목록 보기 형태

---

05 ❶ [문서 에셋] 패널에서 [호버버튼]을 선택합니다. ❷ 속성 관리자의 [구성 요소 (메인)] 항목에서 [◆ 기본 상태]의 상태 추가 ⊞ 를 클릭하고 ❸ [마우스 오버 상태]를 선택합니다. ❹ 아트보드 위의 버튼을 더블 클릭하고 ❺ [채우기] 색을 ❻ **#FF6BC4**로 변경합니다.

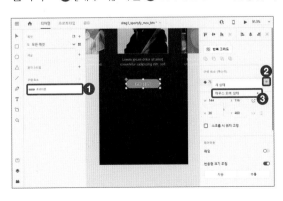

06 ❶ 문자 도구 T로 버튼 아래에 Downloads를 입력합니다. ❷ 문자 속성은 20, Regular, #FFFFFF로 설정합니다. ❸ 선택 도구 ▶로 입력한 문자의 간격과 위치를 조정합니다. ❹ 이때 아트보드에 그리드를 표시하고 왼쪽 레이아웃 안쪽에 맞춰 정렬합니다.

아트보드의 그리드를 표시하려면 아트보드 이름을 클릭하거나 선택 도구로 아트보드를 더블클릭합니다. 오른쪽 속성 관리자에 [그리드] 항목이 나타납니다. 체크하여 그리드를 표시합니다. 그리드에 대한 자세한 내용은 이 책의 152쪽을 참고하세요.

07 이미지가 들어갈 리스트를 만들어보겠습니다. ❶ 사각형 도구 □를 클릭하고 ❷ 68×68 크기의 사각형을 그립니다.

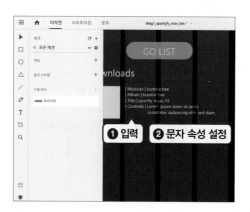

08 ❶ 문자 도구 T로 다음과 같이 문구를 입력합니다. ❷ 문자 속성은 9, Regular, #FFFFFF로 설정합니다.

[Musician] bumble bee
[Album] bumble bee
[Title] sportify music 01
[Contnets] Lorem ipsum dolor sit amet,
        consetetur sadipscing elitr, sed diam.

09 ❶ 오른쪽 상단에 …을 입력합니다. ❷ 문자 속성은 20, Regular, #FFFFFF 로 설정합니다.

10 ❶ 선택 도구 ▶ 로 '…'을 선택하고 Ctrl + 8 을 눌러 패스로 변환합니다. ❷ 08 과정에서 입력한 문단의 오른쪽 상단에 배치합니다.

11 ❶ 사각형을 선택하고 ❷ 플러그인 ▦ 을 클릭해 [플러그인] 패널을 표시합니다. ❸ 플러그인 중 [User Profile]–[Fill with user images]를 선택합니다. ❹ 메시지 창의 [OK]를 클릭하여 ❺ 임의의 이미지로 채웁니다.

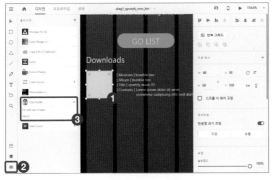

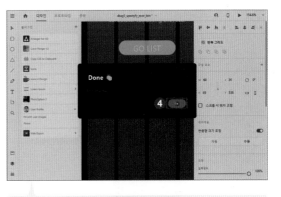

[플러그인] 패널에서 User Profile 플러그인을 설치하려면 이 책의 251쪽을 참고합니다. 플러그인 설치 후 목록 중 [User Profile]을 클릭하고 [Fill with user images]를 선택합니다. User Profile 플러그인을 사용하면 프로토타입에 필요한 프로필 영역을 손쉽게 만들 수 있습니다.

12 ❶ 선택 도구 ▶로 앞서 만든 사각형, 문구, 아이콘을 모두 선택하고 ❷ 속성 관리자의 [반복 그리드]를 클릭합니다. ❸ 그리드 위젯을 클릭하고 ❹ 아래로 드래그하여 화면을 채웁니다.

13 ❶ 상단에 있는 두 개의 아이콘(〈, ≡)과 호버 버튼, 'Downloads', 리스트 오브젝트를 모두 선택합니다. ❷ 라이브러리 ▣를 클릭해 [문서 에셋] 패널을 표시합니다. ❸ [구성 요소]의 추가 ⊞를 클릭해 에셋으로 추가하고 ❹ 이름을 **본문내용**으로 수정합니다.

인터랙션 적용할 아트보드 만들기

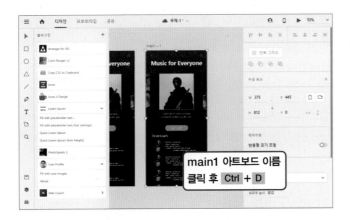

14 아트보드 이름(main1)을 클릭하고 Ctrl + D 를 눌러 아트보드를 복제합니다. main1-1 아트보드가 생성됩니다.

15 ❶ 선택 도구 ▶ 로 이미지와 문구를 모두 선택하고 ❷ Shift 를 누른 채 왼쪽으로 드래그합니다. 화면의 중앙에 세 번째 이미지와 문구가 오도록 합니다.

16 ❶ 제일 왼쪽에 있는 이미지와 문구를 선택하고 ❷ 아트보드의 오른쪽으로 드래그하여 옮깁니다. ❸ 이때 main1 아트보드에서 오른쪽으로 옮기는 이미지와 문구 레이어는 다른 이미지와 문구 레이어보다 아래에 배치되도록 옮깁니다. 드래그 인터랙션이 적용될 때 왼쪽에서 오른쪽으로 이동하는 이미지와 문구가 아래에 배치되어 있고, 나머지는 위에 배치되도록 설정하는 것입니다.

17 인터랙션을 활용해 드래그 애니메이트를 적용해보겠습니다. ❶ [프로토타입] 탭을 클릭합니다. ❷ main1 아트보드의 중앙에 있는 이미지를 클릭하고 ❸ 인터랙션 연결 위젯 ◑ 을 main1-1 아트보드에 연결합니다. ❹ 속성 관리자의 [인터랙션] 항목을 설정합니다. [트리거]는 [드래그], [액션]-[유형]은 [자동 애니메이트]를 선택합니다.

18 ❶ main1-1 아트보드의 중앙에 있는 이미지를 클릭하고 ❷ 인터랙션 연결 위젯 ◑ 을 main1 아트보드에 연결합니다. ❸ [인터랙션] 항목은 **17** 과정과 동일하게 설정합니다. ❹ 데스크탑 미리보기 ▶ 를 클릭해 애니메이션이 구현되는 것을 확인합니다.

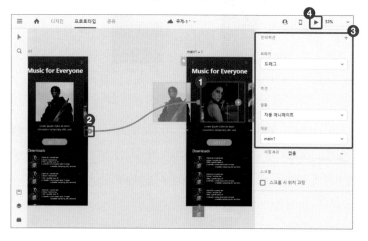

19 [미리보기] 창이 나타나면 화면 중앙의 이미지를 좌우로 드래그해보며 완성본을 확인합니다.

헤더 영역(타이틀 및 앨범 리스트 영역) 만들기

20 ❶ main1 아트보드의 이름을 클릭하고 ❷ Ctrl + D 를 눌러 아트보드를 복제합니다. main1-2 아트보드가 생성됩니다.

21 상단의 아이콘과 제목을 제외하고 모든 오브젝트를 삭제합니다.

22 ❶ 문자 도구 T 를 클릭하고 ❷ Album list를 입력합니다. ❸ 문자 속성은 14, Regular, #FFFFFF 로 설정합니다. ❹ 선택 도구 ▶ 로 상단의 타이틀과 간격을 맞춥니다.

23 ❶ 사각형 도구 □ 로 90×90 크기의 사각형을 그립니다. ❷ [반복 그리드]를 클릭하고 ❸ 그리드 위젯 을 드래그해 사각형 여섯 개를 만듭니다. 이때 [Gap]은 17이 되도록 조정해 간격을 정리합니다. ❹ [그리드 그룹 해제]를 클릭합니다.

그리드의 [Gap]은 그리드 설정 시 분홍색으로 나타나는 영역(간격)입니다. 영역을 드래그하며 값을 조정할 수 있습니다.

24 ❶ 사각형을 모두 선택하고 ❷ 플러그인 ▦ 을 클릭해 [플러그인] 패널을 표시합니다. ❸ 플러그인 중 [User Profile]-[Fill with user images]를 선택합니다. ❹ 메시지 창의 [OK]를 클릭하여 ❺ 임의의 이미지 로 채웁니다.

레이아웃에 맞춰 앨범 리스트 만들기

25 ① main1-2 아트보드의 이름을 클릭하고 ② [그리드] 항목에서 레이아웃이 보이도록 [레이아웃]에 체크해 활성화합니다.

26 드래그바를 만들어보겠습니다. ① 선 도구 ☑를 클릭하고 ② Shift 를 누른 채 레이아웃 안쪽 영역을 드래그하여 [W]는 302인 선을 그립니다. ③ [테두리] 색은 #00CE00으로 설정합니다. ④ 테두리 두께인 [크기]는 3으로 설정하고 ⑤ 원형 단면 ☑을 클릭해 끝을 둥글게 마무리합니다.

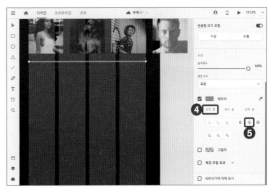

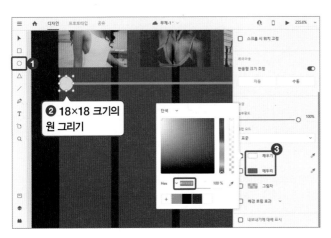

27 ① 원형 도구 ☑를 클릭하고 ② 선 양쪽 끝에 18×18 크기의 원을 그립니다. ③ [채우기] 색은 #FFFFFF, [테두리]는 없음으로 설정합니다.

UX/UI 디자인 기초

XD 기본 & 핵심 기능

다양한 프로토타입 제작

모바일 앱 UI 디자인

28 ❶ 선택 도구▶로 ❷ Alt 를 누른 채 'Album list'를 클릭하여 아래로 드래그합니다. ❸ 문자를 All your favorite playlist로 변경합니다.

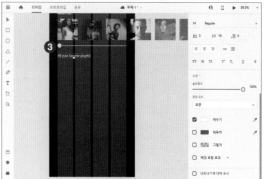

29 ❶ 사각형 도구□를 클릭하고 ❷ 146×146 크기의 사각형을 그립니다. ❸ 문자 도구 T 를 클릭하고 ❹ 사각형 아래쪽에 드래그하여 문자 입력 영역을 만듭니다.

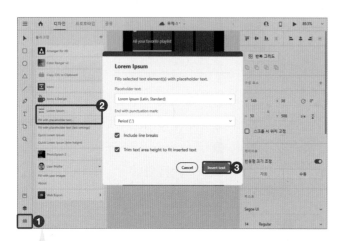

30 ❶ 플러그인🎨을 클릭해 [플러그인] 패널을 표시합니다. ❷ [Lorem Ipsum]-[Fill with placeholder text]를 선택합니다. ❸ [Lorem Ipsum] 메시지 창에서 문자 입력 옵션은 기본 상태로 둔 채 [Insert text]를 클릭합니다. 임의의 텍스트가 채워집니다.

[플러그인] 패널에서 Lorem Ipsum 플러그인을 설치하려면 이 책의 150쪽을 참고합니다. 플러그인 설치 후 [플러그인] 패널에서 [Lorem Ipsum]을 클릭하고 [Fill with placeholder text]를 선택합니다. Lorem Ipsum 플러그인을 사용하면 프로토타입에 필요한 임의의 텍스트를 입력하여 채울 수 있습니다.

31 문자 속성을 10, Regular로 설정합니다.

32 ❶ 선택 도구 ▶로 사각형과 문구를 함께 선택하고 ❷ 속성 관리자의 [반복 그리드]를 클릭합니다. ❸ ❹ 2열×3행이 되도록 그리드 위젯을 드래그한 후 ❺ [그리드 그룹 해제]를 클릭합니다.

33 ❶ 사각형 영역만 선택하고 ❷ ❸ ❹ 11 과정을 참고해 플러그인 중 [User Profile]-[Fill with user images]를 적용하여 이미지를 채웁니다.

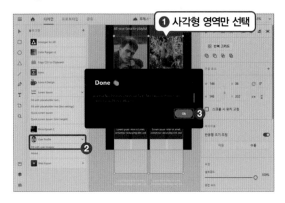 

인터랙션 적용할 아트보드 복사하기

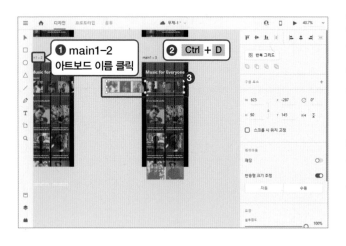

34 인터랙션을 적용할 아트보드를 만들어보겠습니다. 앞서 진행한 방식대로 아트보드를 복사해 리스트를 변경합니다. ❶ main1-2 아트보드의 이름을 클릭하고 ❷ Ctrl + D 를 눌러 복사합니다. main1-3 아트보드가 생성됩니다. ❸ 상단에 있는 앨범 리스트의 이미지를 선택하고 왼쪽으로 드래그하여 옮깁니다.

35 ❶ 드래그바의 작은 원을 선택하고 ❷ 선의 오른쪽으로 드래그하여 옮깁니다.

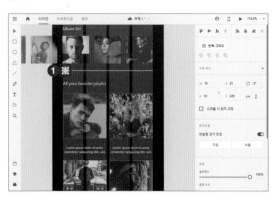 

인터랙션으로 드래그 애니메이트 적용하기

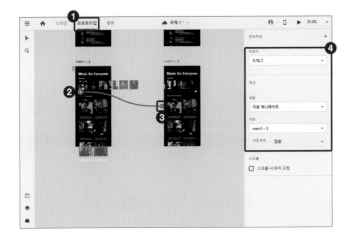

36 드래그 애니메이트를 적용할 인터랙션을 설정해보겠습니다. ❶ [프로토타입] 탭을 클릭합니다. ❷ main1-2 아트보드에 있는 드래그바의 원을 선택합니다. ❸ 인터랙션 연결 위젯을 main1-3 아트보드에 연결합니다. ❹ 속성 관리자의 [인터랙션] 항목을 설정합니다. [트리거]는 [드래그], [액션]-[유형]은 [자동 애니메이트]를 선택합니다.

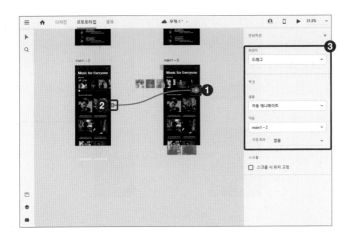

37 ❶ main1-3 아트보드에 있는 드래그바의 원을 선택하고 ❷ 인터랙션 연결 위젯을 main1-2 아트보드에 연결합니다. ❸ [인터랙션] 항목을 설정합니다. [트리거]는 [드래그], [액션]-[유형]은 [자동 애니메이트]를 선택합니다.

38 ❶ main1-2 아트보드의 제목(Music for Everyone)을 선택하고 ❷ 인터랙션 연결 위젯을 main1 아트보드에 연결합니다. ❸ [인터랙션] 항목의 [트리거]를 [탭]으로 변경합니다.

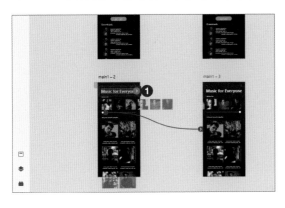

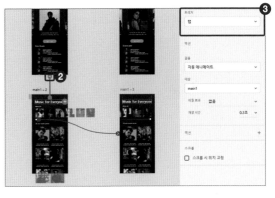

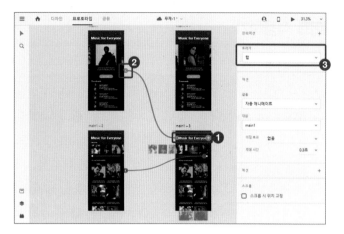

39 같은 방식으로 ❶ main1-3 아트 보드의 제목도 ❷ main1 아트보드에 ❸ [탭]으로 연결합니다. .

40 ❶ main1 아트보드의 'GO LIST' 버튼을 선택합니다. ❷ 인터랙션 연결 위젯 ▷ 을 main1-2 아트보 드에 연결합니다. ❸ [인터랙션] 항목의 [트리거]를 [탭]으로 변경합니다. ❹ 같은 방식으로 main1-1 아트 보드의 'GO LIST' 버튼도 ❺ main1-2 아트보드에 ❻ [탭]으로 연결합니다.

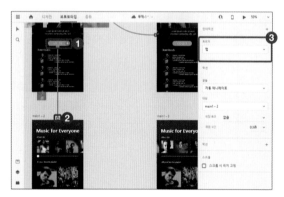

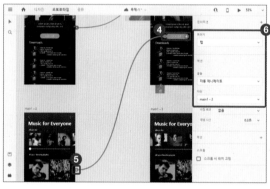

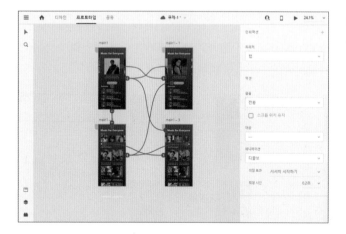

41 전체 아트보드에 애니메이션이 적 용된 효과를 확인하고 마무리합니다.

뉴모피즘 스타일의
스마트홈 UI 제작하기

다이얼 드래그 제작하기

□ 모든 버전 □ CC 이상 버전 ☑ **XD 최신 버전**

준비 파일 활용/Chapter 01/다이얼 드래그_준비.xd
완성 파일 활용/Chapter 01/다이얼 드래그_완성.xd

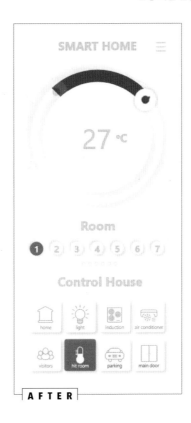

이 예제를 따라 하면

뉴모피즘(Neumorphism) 스타일은 구성 요소와 배경을 그림자와 빛으로 구분하여 부드러운 느낌을 주는 디자인입니다. 강렬한 색의 대비 없이도 그림자를 활용해 3D와 같은 입체 느낌을 주는 것이 특징입니다. 이번에는 뉴모피즘 스타일의 스마트홈 UI를 만들어보겠습니다. 문서 에셋에 등록해둔 구성 요소를 활용해 디자인하고 인터랙션 중 다이얼 드래그 효과를 적용해 애니메이트를 표현해봅니다.

- 문서 에셋에 등록한 구성 요소를 불러와 디자인할 수 있습니다.
- 뉴모피즘 스타일의 오브젝트를 만들 수 있습니다.
- 다이얼 드래그 애니메이트를 표현할 수 있습니다.

01 ❶ Shift + Ctrl + O 를 눌러 준비 파일을 불러옵니다. ❷ 원형 도구 ◯를 클릭하고 ❸ 295×295 크기의 원을 만듭니다. ❹ [채우기]는 #FFFFFF, [테두리]는 **없음**, [그림자]는 [X], [Y], [B]를 **10, 10, 10**으로 설정합니다.

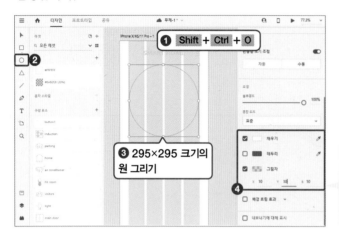

준비 파일은 [iPhone X/XS/11 Pro 375×812px] 플랫폼으로 미리 스마트홈 UI의 레이아웃을 잡아둔 상태입니다. 레이아웃 그리드를 표시해두었고 상단의 제목과 버튼 아이콘을 만들어두었습니다. [레이어] 패널을 표시해 구성 요소를 확인해볼 수 있습니다.

기능 꼼꼼 익히기 ▶ 구성 요소 추가하여 활용하기

라이브러리 ◻를 클릭해 [문서 에셋] 패널을 표시하면 등록해둔 [색상]과 [구성 요소]를 확인할 수 있습니다. 일러스트레이터에서 스마트홈 UI 디자인에 필요한 아이콘을 작업한 후 XD에 불러와 [구성 요소]에 추가해둔 것입니다. 각 아이콘은 light, visitors, hit room, air conditioner, home, parking, induction으로 지정해두었고, [색상]은 디자인에 필요한 색을 추가해두었습니다. 디자인 작업에 필요할 때마다 구성 요소를 활용하면 작업 효율을 높일 수 있습니다.

02 ❶ 선택 도구 ▶ 를 클릭하고 ❷ 앞서 그린 원을 선택한 후 Ctrl + C , Ctrl + V 를 눌러 복사해 붙여 넣습니다. ❸ 이때 그림자를 표현하기 위해 [그림자]의 색과 불투명도는 #6A62E8, 20%, [X], [Y], [B]는 -10, -10, 10으로 설정합니다. ❹ 두 원을 모두 선택한 후 ❺ Ctrl + G 를 눌러 그룹으로 묶습니다.

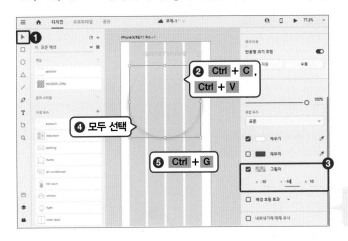

[그림자]의 색은 [문서 에셋] 패널에 추가해둔 [색상] 요소를 활용해도 됩니다.

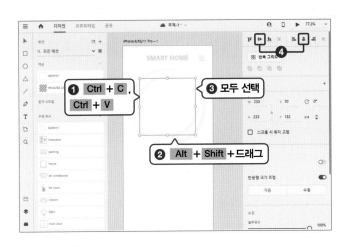

03 ❶ 그룹으로 만든 원을 선택하고 Ctrl + C , Ctrl + V 를 눌러 한 번 더 복사해 붙여 넣습니다. ❷ Alt + Shift 를 누른 채 원의 조절점을 드래그하여 233×233 크기로 줄입니다. ❸ 큰 원과 작은 원을 모두 선택하고 ❹ 가운데 정렬(세로) ▦ , 가운데 정렬(가로) ▥ 을 클릭하여 정중앙을 중심으로 정렬합니다.

04 ❶ 사각형 도구 □ 를 클릭하고 ❷ 오른쪽 상단에 150×150 크기의 사각형을 그립니다. ❸ [채우기]의 컬러 박스를 클릭해 ❹ 색을 #6A62E8로 설정하고 ❺ [테두리]는 **없음**으로 설정합니다.

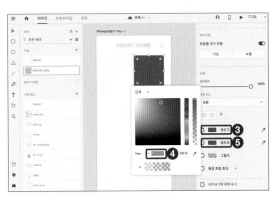

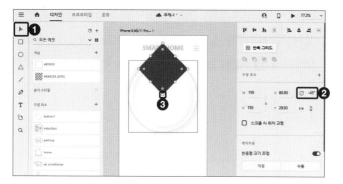

05 ❶ 선택 도구 ▶를 클릭하고 ❷ 사각형을 선택하여 −45° 회전합니다. ❸ 하단의 꼭짓점이 원의 정중앙에 배치되도록 위치를 맞춥니다.

06 ❶ 큰 원을 선택하고 Ctrl + C 를 눌러 복사한 후 ❷ Ctrl + V 를 눌러 붙여 넣습니다.

 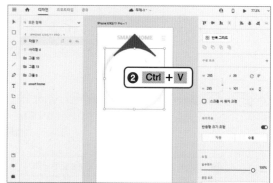

원을 붙여 넣을 때 레이어 순서에 따라 실습 그림과 다르게 나타날 수 있습니다. 이때는 [레이어] 패널을 표시하고 **06** 과정에서 복사해 붙여 넣은 큰 원(타원7) 레이어를 맨 위로 드래그하여 위치를 옮깁니다. 그러면 원이 사각형 위에 배치되면서 겹친 부분은 보이지 않게 됩니다.

07 ❶ **06** 과정에서 복사해 붙여 넣은 원(타원 7)과 사각형(사각형 4)을 함께 선택합니다. ❷ 마우스 오른쪽 버튼을 클릭해 ❸ [모양으로 마스크 만들기]를 선택합니다. ❹ [마스크 그룹 1]이 생성되고 원과 사각형의 겹친 부분만 보이게 됩니다.

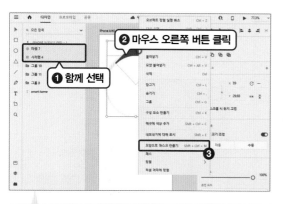 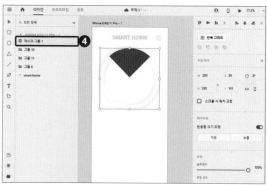

오브젝트를 마스크로 만들면 오브젝트의 일부가 가려지고, 병합 기능의 빼기, 잘라내기, 삭제 등을 적용하면 오브젝트의 일부가 완전히 삭제됩니다. 이때 가려지는 것과 삭제되는 것은 다릅니다. 가려지는 것은 원래 그려둔 모양이 유지된 채로 보이지 않게 되는 것이고, 삭제되는 것은 보이지 않는 부분의 오브젝트 일부가 없어진 것입니다. 따라서 병합 기능을 통한 빼기나 삭제보다 모양으로 마스크 만들기 기능을 자주 활용하는 것이 좋습니다.

08 ❶ 03 과정에서 만든 작은 원을 선택하고 ❷ 마우스 오른쪽 버튼을 클릭해 ❸ [맨 앞으로 가져오기]를 선택합니다. ❹ 스마트홈 UI 중 드래그 다이얼이 완성됩니다.

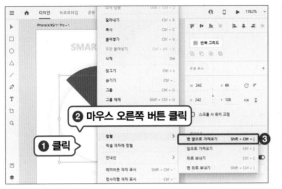 

드래그 다이얼 버튼 만들기

09 드래그 다이얼을 조작하는 버튼을 만들어보겠습니다. ❶ 원형 도구◯를 클릭하고 ❷ 드래그 영역 왼쪽에 50×50 크기의 원을 그립니다. ❸ [그림자]의 컬러 박스를 클릭해 ❹ 색과 불투명도를 #6A62E8, 20%로 설정하고 ❺ [테두리]는 **없음**으로 적용합니다.

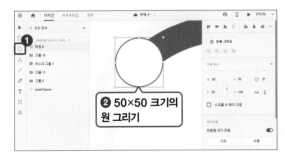 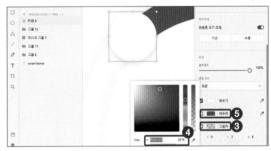

10 ❶ [그림자]의 [X], [Y], [B]는 3, 3, 3으로 설정합니다. ❷ 이렇게 만들어진 원을 복사하여 붙여 넣습니다. ❸ 붙여 넣은 원을 선택하고 ❹ [그림자]의 [B]를 6으로 수정합니다.

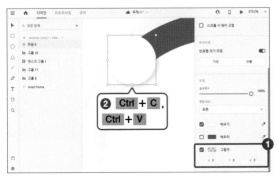 

11 ❶ 원형 도구 로 18×18 크기의 작은 원을 그리고 ❷ 다각형 도구 로 8×7 크기의 삼각형을 그립니다. ❸ 모퉁이 반경 은 1로 설정합니다.

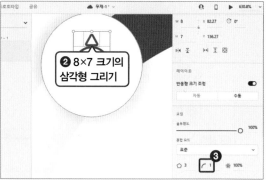

원과 삼각형의 [채우기] 색은 임의로 설정해도 됩니다. 15 과정에서 [채우기] 색과 [테두리]를 설정할 예정이므로 실습 그림과 달라도 따라 하기를 진행하는 데에는 문제없습니다.

12 ❶ 선택 도구 를 클릭하고 ❷ 앞서 그린 작은 원과 삼각형을 함께 선택합니다. ❸ 가운데 정렬(가로) 을 클릭해 정렬합니다.

13 ❶ 삼각형은 원의 윗부분에 겹치도록 위치를 옮기고 ❷ [채우기] 색은 #878787, [테두리]는 **없음**으로 설정합니다.

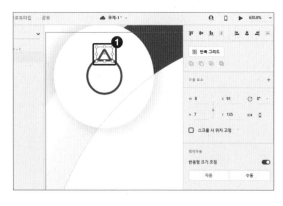

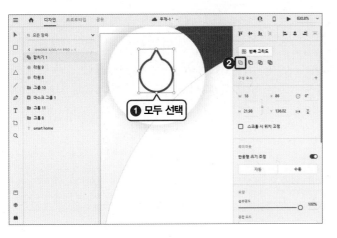

14 ❶작은 원과 삼각형을 함께 선택하고 ❷속성 관리자에서 추가 를 클릭해 두 개의 도형을 하나로 합칩니다.

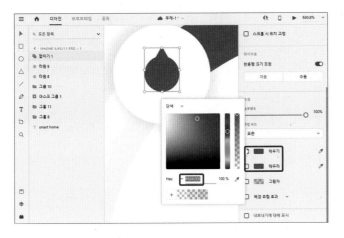

15 하나로 합쳐진 도형은 [채우기] 색을 #6A62E8, [테두리]는 **없음**으로 설정합니다.

16 ❶드래그 다이얼 버튼을 구성하는 두 개의 원과 **14** 과정에서 합친 도형을 모두 선택하고 ❷마우스 오른쪽 버튼을 클릭해 ❸[그룹]을 선택합니다. ❹그룹으로 묶은 오브젝트가 선택된 상태에서 −45° 회전합니다. ❺[그룹 12]의 이름은 **drag button**으로 변경합니다.

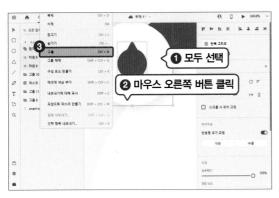

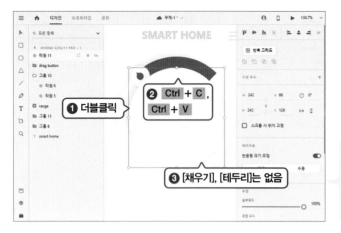

17 ❶ 스마트홈 메인에 있는 원을 더블클릭하여 작은 원 한 개만 선택합니다. ❷ Ctrl + C , Ctrl + V 를 눌러 원을 복사해 붙여 넣습니다. ❸ 이때 [채우기]와 [테두리]는 모두 **없음**으로 설정합니다.

> 복사해 붙여 넣은 레이어는 [타원 11]이 됩니다. 겹쳐지는 레이어에 따라 결과물이 다르게 나타날 수도 있으니 [레이어] 패널의 레이어를 확인하며 실습을 진행합니다. 실습 그림과 다르다면 완성 파일을 불러와 레이어를 확인해봅니다.

18 ❶ [레이어] 패널에서 [타원 11] 레이어를 [drag button] 레이어 아래로 옮기고 ❷ 레이어 이름을 transparency circle로 변경합니다.

🗁 **온도 표시 문구 만들기**

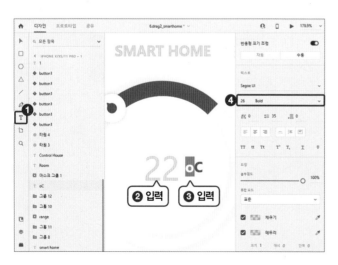

19 ❶ 문자 도구 T 를 클릭하고 ❷ 원의 중앙에 22를 입력합니다. ❸ 그 옆에 영문으로 oC를 입력합니다. ❹ 문자 속성은 26, Bold로 설정합니다.

20 ❶ 'oC'에서 'o'만 드래그하여 선택하고 ❷ 위 첨자 를 클릭합니다. 온도를 표시하는 기호인 "C'로 표현할 수 있습니다.

21 ❶ '22'를 선택하고 ❷ 문자 속성은 60, Bold로 지정한 후 화면의 정중앙에 배치합니다. ❸ '22'와 "C는 [채우기]와 [테두리]의 색과 불투명도를 모두 **#6A62E8, 20%**로 설정하고 ❹ [테두리]의 [크기]는 1로 설정합니다. ❺ '22' 아래로 23, 24, 25, 26, 27, 28을 입력합니다. ❻ 모두 입력한 후 Esc 를 눌러 문자 입력 모드를 종료합니다.

22 ❶ 사각형 도구 를 클릭하고 ❷ '22'가 가려지도록 69×58 크기의 사각형을 그립니다.

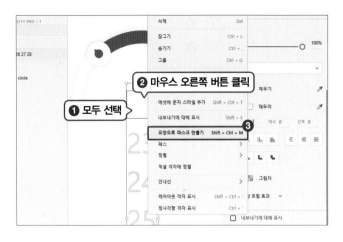

23 ❶ 사각형과 텍스트 박스를 함께 선택하고 ❷ 마우스 오른쪽 버튼을 클릭해 ❸ [모양으로 마스크 만들기]를 선택합니다. 사각형 아래에 있는 문자만 보입니다.

룸 넘버 영역 만들기

24 스마트홈 UI 중앙 영역에 방을 선택할 수 있는 룸 넘버 영역을 만들어보겠습니다. ❶ 문자 도구 T로 Room을 입력합니다. ❷ 문자 속성은 28, Bold로 설정하고 ❸ [채우기]와 [테두리]의 색과 불투명도를 모두 #6A62E8, 20%로 설정합니다.

25 ❶ 라이브러리 圓를 클릭해 [문서에셋] 패널을 표시합니다. ❷ [구성 요소]에서 [button1]을 선택하여 ❸ 아트보드에 추가합니다.

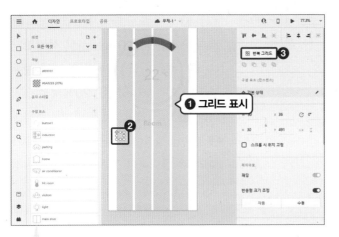

26 아이콘을 배치할 영역을 만들어보 겠습니다. ❶ 아트보드에 그리드를 표시 하고 ❷ button1 영역을 그리드 왼쪽에 맞춰 배치합니다. ❸ [반복 그리드]를 클 릭합니다.

아트보드에 그리드를 표시하려면 아트보드 이름을 클릭하거나 선택 도구로 아트보드를 더블클릭합니다. 오른쪽 속성 관리자에 [그리드] 항목이 나타나면 체크하여 그리드를 표시합니다. 그리드에 대한 자세한 내용은 이 책의 152쪽을 참고하세요.

27 ❶ 그리드 위젯을 오른쪽으로 드래그하여 button1 영역을 일곱 개로 만듭니다. ❷ 버튼 영역 사이의 [Gap]으로 마우스 포인터를 가져가 [Gap]이 **10**이 되도록 간격을 좁힙니다. ❸ [그리드 그룹 해제]를 클릭 해 반복 그리드를 해제합니다.

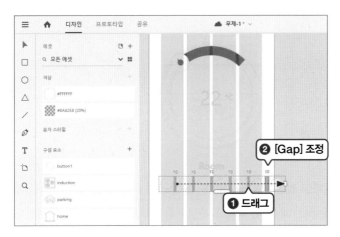

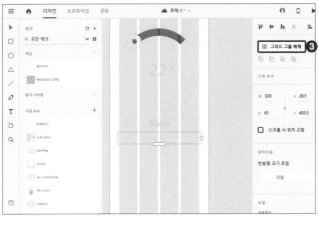

28 ❶ 문자 도구 T로 1을 입력하고 ❷ 문자 속성을 20, Regular로 설정합니다. ❸ [채우기]와 [테두리]의 색과 불투명도를 모두 #6A62E8, 20%로 설정합니다. ❹ 버튼 영역과 '1'을 함께 선택하고 ❺ 가운데 정렬(세로) ╫, 가운데 정렬(가로) ╪을 클릭하여 정중앙을 중심으로 정렬합니다.

29 버튼 영역을 채워보겠습니다. ❶ 선택 도구 ▶로 '1'을 선택하고 ❷ Alt 를 누른 채 오른쪽으로 드래그하여 숫자를 이동 복사합니다. ❸ 총 여섯 개의 숫자를 이동 복사한 후 2, 3, 4, 5, 6, 7로 숫자를 수정합니다. ❹ 28 과정처럼 버튼 영역과 숫자를 정렬합니다.

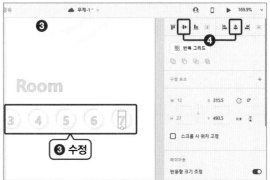

30 ❶ '1' 아래에 있는 button1 영역을 선택하고 Shift + Ctrl + G 를 눌러 구성 요소 그룹 해제 기능을 적용합니다. ❷ 그룹이 해제된 원이 선택된 상태에서 [채우기] 색과 불투명도를 #6A62E8, 74%로 설정합니다. ❸❹ '1'의 [채우기] 색을 #FFFFFF로 설정합니다.

31 ❶ 문자 도구 T 로 마침표(.)를 여섯 번 입력하고 ❷ 문자 속성을 40, Bold로 설정합니다. ❸ [문자 간격]은 80, ❹ [채우기] 색은 #FFFFFF, [테두리] 색과 불투명도는 #6A62E8, 20%로 설정합니다.

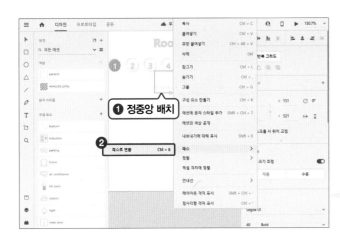

32 ❶ 선택 도구 ▶ 로 문자를 아트보드의 정중앙에 배치하고 ❷ [오브젝트]-[패스]-[패스로 변환] `Ctrl` + `8` 메뉴를 선택합니다. 입력한 문자가 패스로 변환됩니다.

> 이전과 달리 오브젝트를 마우스 오른쪽 버튼으로 클릭해도 [패스]-[패스로 변환]이 나타나지 않습니다. XD CC 최신 버전에서는 상단의 메뉴바에서 [오브젝트]-[패스]-[패스로 변환] 메뉴를 선택해 오브젝트를 패스로 변환합니다.

기능 꼼꼼 익히기 ▶ 문자를 패스로 변환하는 이유

32 과정에서는 앞서 입력한 문자를 패스로 변환했습니다. 문자를 패스로 변환하면 더 이상 문자로의 수정을 할 수 없으며 문자 모양으로 보이지만 실제로는 도형의 속성을 가진 패스로 바뀝니다. 또한 테두리 두께가 전체 크기의 확대/축소에 비례하여 적용되므로 안정적으로 수정할 수 있습니다.

33 [구성 요소]에 등록해둔 아이콘 에셋을 불러와 기능 버튼을 만들어보겠습니다. ❶ 사각형 도구□로 70×70 크기의 정사각형을 그립니다. ❷ 모든 모퉁이에 대해 동일한 반경□은 5로 설정하고 ❸ [채우기] 색은 #FFFFFF, [테두리]는 **없음**으로 설정합니다. ❹ [그림자]의 색과 불투명도는 **#6A62E8, 20%**로 설정합니다.

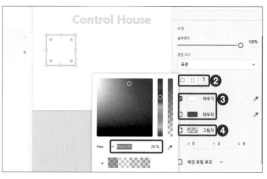

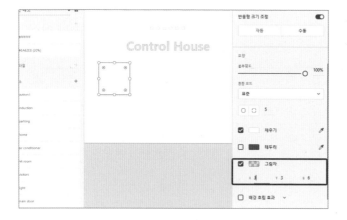

34 [그림자]의 [X], [Y], [B]는 3, 3, 6 으로 설정합니다.

35 ❶ 선택 도구▶로 사각형을 선택하고 ❷ [반복 그리드]를 클릭합니다. ❸ 그리드 위젯을 오른쪽으로 드래그하여 사각형을 총 네 개 만듭니다.

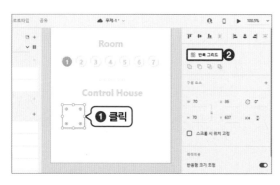

36 ① 아트보드에 그리드를 표시하고 ② 사각형 사이의 [Gap]을 –11로 설정합니다. [Gap]은 레이아웃 그리드의 간격이며, 분홍색으로 나타나는 부분을 드래그하여 간격을 조정합니다.

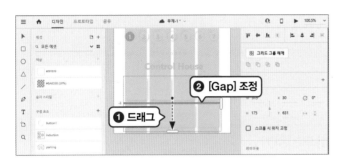

37 ① 그리드 위젯을 아래로 드래그하여 사각형 영역을 두 줄로 만듭니다. ② 이때 [Gap]은 –3으로 설정합니다.

38 ① 그리드를 해제하고 ② [그리드 그룹 해제]를 클릭합니다. ③ 룸 넘버 영역과 행간 여백이 벌어진 곳을 일정하게 정렬합니다. ④ 그리드 오른쪽에 가려져 있던 사각형이 있다면 하나씩 선택하여 삭제합니다.

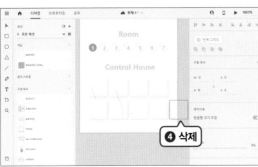

[그리드 그룹 해제]를 클릭해야만 반복 그리드로 생성된 오브젝트를 삭제할 수 있습니다.

39 선택된 버튼을 하나 만들어보겠습니다. ❶ 선택 도구▶로 두 번째 줄의 두 번째에 있는 사각형을 클릭하고 ❷ [채우기]의 오른쪽에 있는 색상 선택✏을 클릭합니다. ❸ ❹ 룸 넘버 1의 원을 클릭해 같은 색 (#6A62E8, 74%)으로 설정합니다.

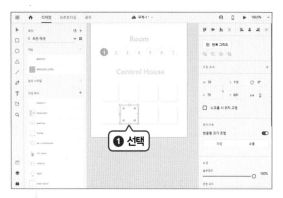

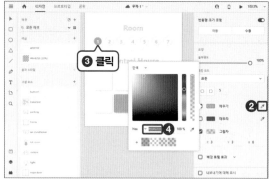

[채우기]의 오른쪽에 있는 색상 선택✏을 클릭하고 아트보드 내의 임의의 영역을 클릭하면 클릭한 지점에 적용된 색이 동일하게 적용됩니다.

버튼 영역에 아이콘 배치해 마무리하기

40 ❶ 라이브러리▣를 클릭해 [문서 에셋] 패널을 표시합니다. ❷ [구성 요소] 중 [home] 아이콘을 첫 번째 버튼 영역으로 드래그합니다. ❸ 선택 도구▶로 아이콘의 크기를 조절해 배치합니다.

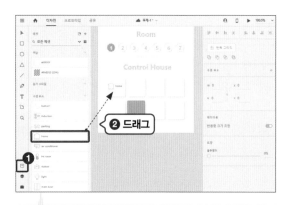

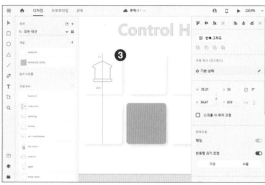

[문서 에셋] 패널의 [구성 요소]에는 준비 파일에 미리 등록해둔 다양한 아이콘을 확인할 수 있습니다.

41 [문서 에셋] 패널에서 [구성 요소]의 아이콘을 하나씩 드래그해 버튼 영역에 배치합니다. 순서대로 [home], [light], [induction], [air conditioner], [visitors], [hit room], [parking], [main door] 아이콘을 배치합니다.

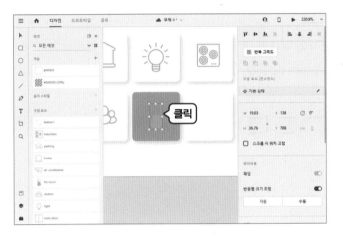

42 선택된 상태인 버튼의 [hit room] 아이콘을 클릭해 선택합니다. 버튼 색과 아이콘 색이 비슷해 눈에 잘 보이지 않습니다.

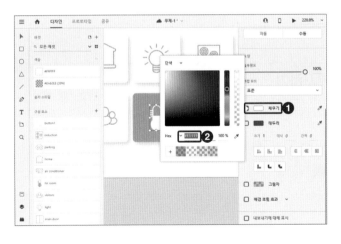

43 ❶ [채우기]의 컬러 박스를 클릭하고 ❷ #FFFFFF로 설정해 잘 보이도록 수정합니다.

44 각 버튼에 맞는 문자를 입력해보겠습니다. ❶ 문자 도구 T 를 클릭하고 ❷ 첫 번째 버튼 영역 아래에 home을 입력합니다. ❸ 문자 속성은 10, Regular로 설정하고 ❹ [채우기] 색은 #B8B8B8로 설정합니다. ❺ 선택 도구 ▶ 로 문자의 위치를 정렬합니다.

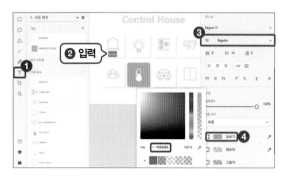

45 ❶❷ 나머지 버튼도 같은 스타일로 문자를 입력해 정렬합니다. 차례대로 light, induction, air conditioner, visitors, hit room, parking, main door를 입력합니다.

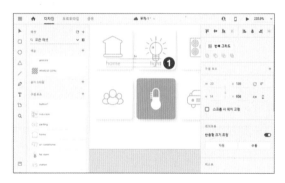

⌐ 인터랙션 적용할 아트보드 복사하기

46 인터랙션을 적용할 아트보드를 만들어보겠습니다. ❶ Ctrl + 0 을 눌러 작업 화면을 전체 보기로 바꾸고 ❷ 아트보드의 이름을 클릭합니다. ❸ Ctrl + D 를 눌러 아트보드를 복사합니다.

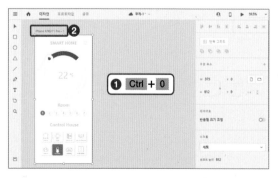

47 ❶ 두 번째 아트보드를 선택하고 ❷ [레이어] 패널에서 [drag button]과 [transparency circle]을 함께 선택합니다. ❸ 아트보드에서 오른쪽으로 드래그하여 드래그 다이얼이 돌아간 모양을 만듭니다.

보이지 않는 [transparency circle]을 함께 선택해서 회전하는 이유

투명한 원을 함께 선택해야 다이얼을 드래그했을 때 부채꼴의 곡선 위로 드래그하는 것처럼 보이기 때문입니다. 좀 더 자연스러운 연출을 위한 것이므로 반드시 두 개의 오브젝트를 함께 선택해야 합니다.

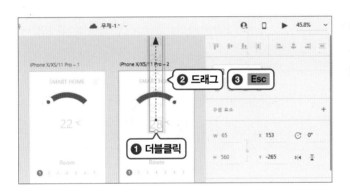

48 ❶ '22'를 더블클릭하고 ❷ '28'이 마스크 영역 안에 오도록 드래그합니다. ❸ Esc 를 눌러 선택이 해제된 상태에서 '28'이 보이게 합니다.

인터랙션으로 드래그 애니메이트 적용하기

49 드래그 애니메이트를 적용할 인터랙션을 설정해보겠습니다. ❶ [프로토타입] 탭을 클릭합니다. ❷ 첫 번째 아트보드에 있는 드래그바의 다이얼을 더블클릭하여 작은 원형 버튼을 선택합니다.

50 ① 인터랙션 연결 위젯 ▶을 두 번째 아트보드에 연결합니다. ② 속성 관리자의 [인터랙션] 항목을 설정합니다. [트리거]는 [드래그], [액션]-[유형]은 [자동 애니메이트]를 선택합니다.

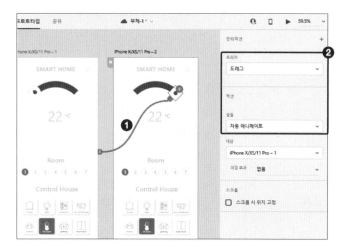

51 ① 49~50 과정과 같은 방식으로 두 번째 아트보드에 있는 드래그바의 다이얼을 첫 번째 아트보드에 연결합니다. ② [인터랙션] 항목도 동일하게 설정합니다.

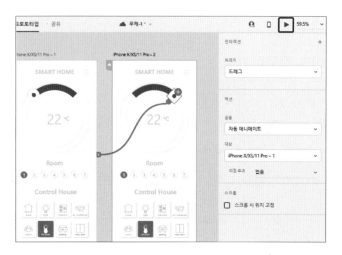

52 데스크탑 미리보기 ▶를 클릭합니다.

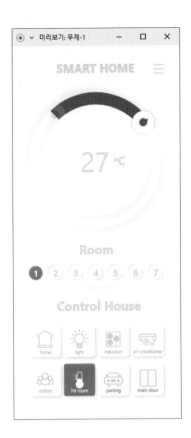

53 [미리보기] 창에서 드래그바의 다이얼을 드래그해보며 완성된 결과물을 확인합니다. 다이얼이 호를 그리며 곡선으로 움직이고 온도를 표시하는 숫자가 '22'에서 '28'이 되는 것을 확인합니다.

CHAPTER 02에서는 날씨, 카페, 여행 앱 UI 디자인을 만들어보며
앞서 연습한 아이콘 제작, 문서 에셋의 구성 요소 활용,
다양한 인터랙션 애니메이트 적용 등을 완벽히 복습해봅니다.
지금까지 배운 XD의 핵심 기능을 자유자재로 사용해
모바일용 프로토타입을 직접 만들어보며
실무에서 바로 써먹을 수 있는 UX/UI 디자인을 익혀보겠습니다.

CHAPTER 02

모바일 앱 프로토타입으로
실무 UX/UI 디자인 익히기

LESSON 01

날씨 앱 UI 디자인하기

모바일용 프로토타입 만들기

□ 모든 버전　□ CC 이상 버전　☑ XD 최신 버전

준비 파일 활용/Chapter 02/weather icon 폴더
완성 파일 활용/Chapter 02/weather_완성.xd

이 예제를 따라 하면

모바일용 프로토타입으로 날씨를 확인할 수 있는 앱을 만들어보겠습니다. 일러스트레이터로 작업한 날씨 아이콘을 활용해 문서 에셋에 등록하고 구성 요소로 불러와 디자인합니다. 그런 다음 날씨 정보를 보여줄 수 있는 여러 페이지의 UI를 디자인하고 색을 바꾸어보며 다양한 페이지를 구성해봅니다.

▪ 문서 에셋에 등록한 구성 요소를 불러와 디자인할 수 있습니다.
▪ 날씨를 알려주는 모바일 앱 UI를 디자인할 수 있습니다.
▪ 인터랙션 탭 애니메이트를 표현할 수 있습니다.

새 아트보드 만들고 배경 지정하기

01 ❶ 시작 화면에서 [iPhone X/XS, 11 Pro]를 클릭해 ❷ [iPhone X/XS, 11 Pro(375×812)] 플랫폼을 선택합니다. ❸ 새 아트보드가 나타나면 아트보드 이름을 더블클릭해 **Day1**로 수정합니다.

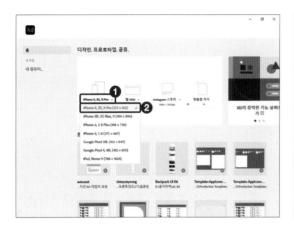

02 ❶ 속성 관리자에서 [채우기]의 컬러 박스를 클릭하고 ❷ [선형 그레이디언트]를 선택합니다. ❸❹ 그레이디언트바의 컬러 스톱을 선택해 **#C0FDF2, #ACB6E5**로 설정합니다. ❺ 아트보드의 그레이디언트 조절바를 드래그해 사선 모양으로 배치합니다.

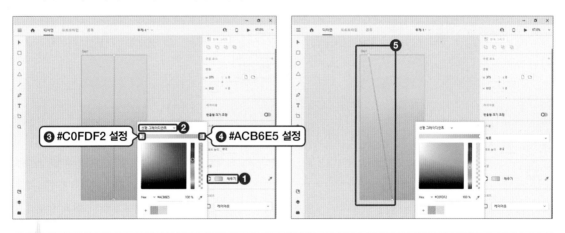

[선형 그레이디언트]를 선택하면 그레이디언트바에 두 개의 컬러 스톱이 나타납니다. 각각의 컬러 스톱을 선택해 색을 설정하면 아트보드의 오브젝트에 색이 바로 적용됩니다. 이때 그레이디언트 조절바는 위에서 아래로 서서히 변하는 직선으로 표시되며, 조절바를 드래그해 오브젝트의 그레이디언트를 자유롭게 변경할 수 있습니다.

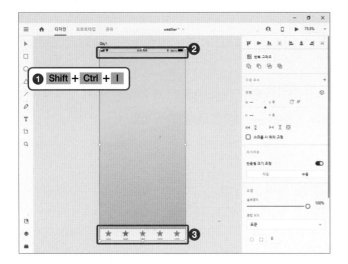

03 ➊ Shift + Ctrl + I 를 눌러 준비 파일 중 Status Bar.png, Tab Bar.png 파일을 가져옵니다. ➋➌ 선택 도구▶로 아트보드의 상단과 하단에 배치합니다.

04 레이아웃에 맞는 디자인을 하기 위해 아트보드에 그리드를 표시해보겠습니다. ➊ 아트보드 이름을 클릭하고 ➋ 속성 관리자의 [그리드] 항목에서 [레이아웃]에 체크합니다. ➌ 연결된 왼쪽/오른쪽 여백▢을 클릭하고 ➍ 10을 입력합니다. 그리드 레이아웃의 왼쪽과 오른쪽 여백 너비가 10으로 변경됩니다.

05 헤더 부분을 디자인해보겠습니다. ➊ 사각형 도구▢를 클릭하고 ➋ 375×100 크기의 사각형을 그립니다. ➌ [채우기] 색은 #FFFFFF, [테두리]는 **없음**으로 설정합니다. ➍ [모양] 항목의 [불투명도]를 25%로 설정합니다.

구성 요소 불러와 메인 페이지 만들기

06 헤더 안에 위치 아이콘, 현재 위치, 돋보기 아이콘을 배치해보겠습니다. ❶ Shift + Ctrl + I 를 눌러 준비 파일 중 location.png, zoom.png 파일을 가져옵니다. ❷❸ 선택 도구▶로 아트보드의 왼쪽과 오른쪽에 배치합니다. ❹ 문자 도구 T 를 클릭하고 ❺ Seoul, Korea를 입력합니다. ❻ 문자 속성은 32, Regular로 설정합니다.

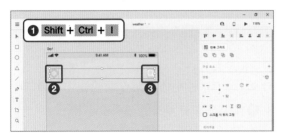

07 ❶ 사각형 도구□로 160×160 크기의 사각형을 그리고 ❷ [채우기]는 #FFFFFF, [테두리]는 **없음**으로 설정합니다. ❸ 준비 파일이 들어 있는 윈도우 탐색기 폴더에서 cloudy_today.png 파일을 사각형 안으로 드래그해 가져옵니다. 사각형 오브젝트에 맞는 크기로 이미지가 배치됩니다.

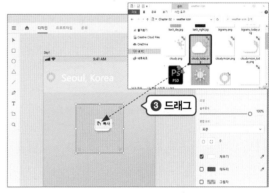

08 ❶ 문자 도구 T 를 클릭하고 ❷❸ 오른쪽 표를 참고해 현재 날짜 정보와 기온을 입력하고 ❹❺ 문자 속성을 설정합니다.

Wednesday, Sep 1	17, Regular
20/28°C	42, Regular

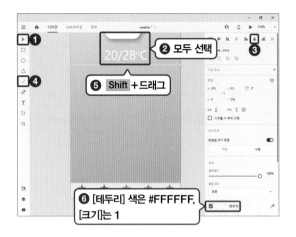

09 ❶ 선택 도구 ▶를 클릭합니다. ❷ 날씨 이미지와 문자를 모두 선택하고 ❸ 가운데 정렬(가로) ➕을 클릭해 오브젝트를 정렬합니다. ❹ 선 도구 ✏를 클릭하고 ❺ Shift 를 누른 채 드래그해 [W]가 375인 선을 그립니다. ❻ [테두리]의 색은 #FFFFFF, [크기]는 1로 설정합니다.

10 ❶ [반복 그리드]를 클릭하고 ❷ 그리드 위젯을 아래로 드래그하여 선을 총 일곱 개 만듭니다. ❸ 그리드 간격을 조절해 [Gap]이 62가 되도록 선을 배치합니다. ❹ [그리드 그룹 해제]를 클릭합니다.

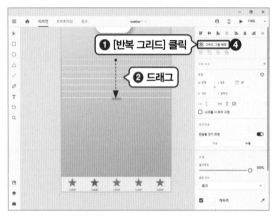

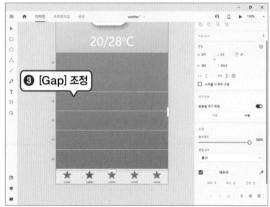

11 날씨 아이콘과 기온 표시가 들어가는 영역을 만들어보겠습니다. ❶ 사각형 도구 ☐를 클릭하고 ❷ 아트보드 오른쪽에 75×378 크기의 사각형을 그립니다. ❸ Ctrl + C , Ctrl + V 를 두 번 눌러 사각형을 두 개 복사하여 붙여 넣습니다. ❹ 선택 도구 ▶로 복사된 사각형의 위치를 옮기고 ❺❻❼ [모양] 항목의 [불투명도]를 각각 설정합니다. 오른쪽부터 60%, 40%, 20%로 수정합니다.

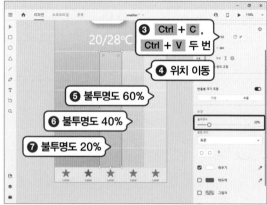

반복 그리드로 세부 요소 배치하기

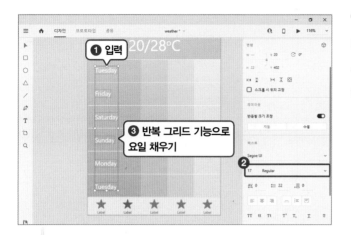

12 ❶ 문자 도구 T 로 Tuesday를 입력하고 ❷ 문자 속성은 17, Regular로 설정합니다. ❸ 반복 그리드 기능을 활용해 차례대로 요일을 채웁니다.

Tuesday 텍스트 박스를 선택한 상태에서 [반복 그리드]를 클릭합니다. 그리드 위젯을 아래로 드래그해 텍스트 박스를 반복 배치하고, [그리드 그룹 해제]를 클릭합니다. 그런 다음 차례대로 요일을 수정합니다. 반복 그리드 기능을 적용한 후 [그리드 그룹 해제]를 클릭하지 않으면 각 영역의 문자를 수정할 수 없습니다. 그리드로 복제된 요소는 그룹화되어 있고, 문자나 이미지를 하나만 변경해도 모든 곳(반복된 그리드)에 동일하게 적용됩니다. 따라서 수정이나 편집이 필요한 요소라면 반복 그리드 기능을 적용한 후 반드시 [그리드 그룹 해제]를 클릭해야 합니다.

13 날씨 아이콘을 삽입할 수 있는 영역을 그려보겠습니다. ❶ 원형 도구 ◯ 를 클릭하고 ❷ 47×47 크기의 원을 그립니다. ❸ [반복 그리드]를 클릭하고 ❹ 그리드 위젯을 아래로 드래그하여 반복 배치합니다.

14 ❶ 그리드가 적용된 오브젝트가 선택된 상태에서 마우스 오른쪽 버튼을 클릭하고 ❷ [그리드 그룹 해제]를 선택합니다. ❸ 날씨 아이콘을 삽입할 수 있는 원 모양의 영역이 완성됩니다.

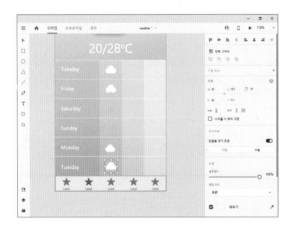

15 07 과정처럼 준비 파일이 들어 있는 윈도우 탐색기 폴더에서 날씨 아이콘을 가져와 각 영역에 배치합니다. 날씨 아이콘은 bigrainy.png, cloudy. png, cloudymoon.png, manycloudy.png, smallrainy.png, snowy.png, sunny.png, thunder.png 중에서 임의로 선택합니다. 이때 그리드의 그룹을 해제를 하지 않고 아이콘을 여러 개 선택한 채 드래그해도 각 이미지가 원 안에 들어갑니다.

16 12 과정처럼 반복 그리드를 활용해 최저 기온, 최고 기온을 입력해보겠습니다. ❶ 문자 도구 T 로 최저 기온인 20을 입력하고 ❷ 문자 속성을 17, Regular로 설정합니다. ❸ 반복 그리드 기능을 활용해 아래까지 최저 기온을 반복 배치한 후 [그리드 그룹 해제]를 클릭합니다. ❹ 같은 방식으로 오른쪽 영역에 최고 기온인 28을 입력하고 반복 그리드를 적용해 최고 기온을 반복 배치합니다. ❻ 최고 기온 문자의 [채우기] 색을 #7E7E7E로 변경합니다.

17 Day1 아트보드는 일주일 날씨 페이지의 인터페이스를 디자인했습니다. 아트보드를 복사해 오늘의 날씨 페이지를 디자인해보겠습니다. ❶ Day1 아트보드 이름을 클릭하고 Ctrl + D 를 눌러 아트보드를 복사합니다. ❷ 복사된 아트보드의 이름을 Day2로 변경합니다.

18 ❶ 선택 도구▶를 클릭하고 ❷ 날짜와 기온 항목을 오른쪽 상단으로 옮깁니다. 문자 속성은 크기만 조절합니다. ❸ 요일과 기온을 모두 선택한 후 삭제하고 ❹ [반복 그리드]를 클릭합니다. ❺ 본문 영역의 그리드 간격을 넓게 정렬하고 ❻ [그리드 그룹 해제]를 클릭합니다.

19 ❶ 선택 도구▶로 날씨 아이콘만 차례대로 옮겨 배치합니다. ❷ 문자 도구T로 첫 번째 날씨 아이콘 위에 **Now, 18°**를 입력하고 크기만 적당히 줄입니다. ❸ 반복 그리드 기능을 활용해 시간과 기온을 반복 배치하여 채웁니다.

20 오늘의 날씨 페이지 아래쪽 영역에는 일출 시간, 일몰 시간, 습도, 풍향 등의 정보를 자유롭게 입력해봅니다.

다양한 날씨 앱을 벤치마킹하여 사용자가 원하는 세부 정보를 입력합니다.

세계 날씨 페이지 만들기

21 17 과정을 참고하여 아트보드를 복사하고 세계 날씨 페이지를 디자인해보겠습니다. ❶ Day2 아트보드를 복사하여 아트보드 이름을 **Day3**으로 수정합니다. ❷ 선택 도구▶로 Day3 아트보드의 본문 내용을 모두 삭제하고 ❸ 헤더 영역 바로 아래에 있는 선을 하나 선택한 후 ❹ 반복 그리드 기능을 활용해 넓게 배치합니다. ❺ 선택 도구▶로 헤더 영역의 아이콘, 문자도 모두 선택하여 삭제합니다.

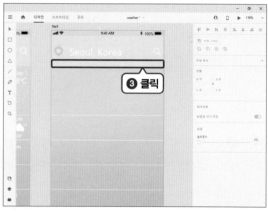

22 ❶ 선택 도구 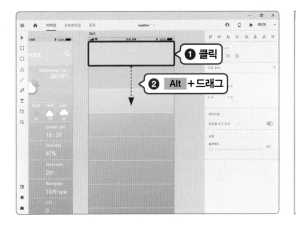 로 헤더 영역의 투명한 사각형(05 과정에서 그린 #FFFFFF, 25%의 사각형)을 선택하고 ❷ **Alt** 를 누른 채 아래로 드래그하여 이동 복사합니다. ❸❹ 한 칸씩 건너 이동 복사합니다.

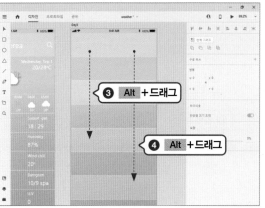

23 ❶ 아래 표를 참고해 헤더 영역에 문구를 입력하고 문자 속성을 설정합니다. ❷ 세 개의 문자 요소를 모두 선택한 후 ❸ **Ctrl** + **G** 를 눌러 그룹으로 만듭니다.

Seoul, Korea	Segoe UI, 32, Regular
am 12:17	Segoe UI, 17, Regular
19°C	Segoe UI, 24, Regular

24 ❶ 그룹으로 묶은 텍스트 박스를 선택하고 ❷ [반복 그리드]를 클릭합니다. ❸ 그리드 위젯을 아래로 드래그하여 문자를 반복 배치한 후 ❹ [그리그 그룹 해제]를 클릭합니다. ❺ 각 항목의 도시 정보를 자유롭게 수정합니다.

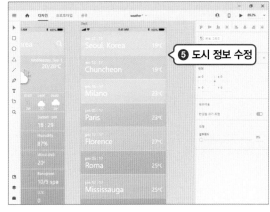

작업 화면 보기 방식을 자유롭게 변경하며 디자인의 전체 균형과 레이아웃을 참고해 작업합니다.

25 ❶ 문자 도구 T로 아트보드의 왼쪽 아래에 °C/°F를 입력하고 ❷ 문자 속성은 17, Regular로 설정합니다. ❸ 아트보드의 오른쪽 아래에는 +를 입력하고 원형 도구 ◯로 원을 그린 후 함께 선택합니다. ❹ 가운데 정렬(가로) ♣을 클릭해 정렬하면 원 모양의 버튼이 완성됩니다.

접속 시간에 맞는 개별 페이지 구성하기

26 각 페이지의 UI 디자인을 모두 마쳤다면 사용자의 접속 시간에 맞는 개별 페이지를 구성해야 합니다. ❶ Shift 를 누른 채 Day1~3 아트보드 이름을 클릭하여 모두 선택하고 ❷ Alt 를 누른 채 아래로 드래그해 복제합니다. ❸ 각 아트보드의 이름을 Afternoon1, Afternoon2, Afternoon3으로 변경합니다.

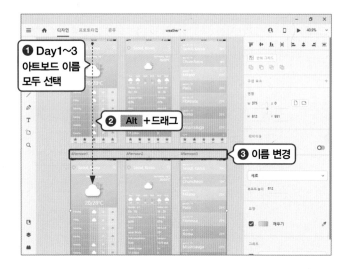

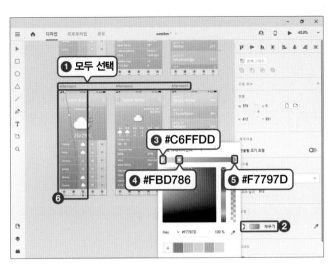

27 ❶ 선택 도구▶로 Afternoon 아트보드 세 개를 모두 선택하고 ❷ [채우기]의 컬러 박스를 클릭합니다. ❸❹❺ 그레이디언트바의 컬러 스톱을 클릭해 **#C6FFDD, #FBD786, #F7797D** 순서로 색을 변경합니다. ❻ 그레이디언트 조절바를 사선으로 수정합니다.

❶ 모두 선택

❸ #C6FFDD

❹ #FBD786   ❺ #F7797D

❻   ❷

기능 꼼꼼 익히기 ▶   그레이디언트를 세 가지 색으로 적용하는 방법

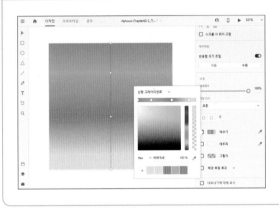

그레이디언트바의 컬러 스톱을 클릭하여 그레이디언트의 색을 설정할 수 있습니다. 기본 설정은 두 개의 컬러 스톱이 있는 것이지만, 원한다면 컬러 스톱을 추가하여 그레이디언트의 색을 좀 더 섬세하게 설정할 수 있습니다. 그레이디언트바를 클릭하면 그 자리에 컬러 스톱이 추가되며 색을 설정할 수 있습니다. 그레이디언트를 적용하는 자세한 방법은 이 책의 121쪽을 참고하세요.

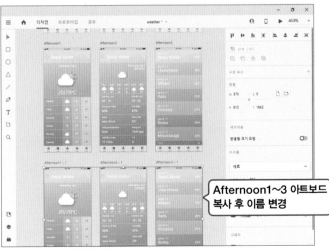

28 26 과정처럼 Afternoon1~3 아트보드를 복사하여 Night1~3 아트보드를 만듭니다.

Afternoon1~3 아트보드
복사 후 이름 변경

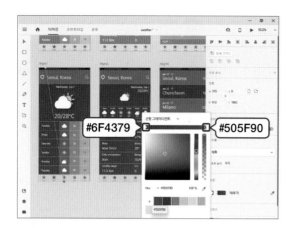

29 27 과정처럼 그레이디언트를 조절합니다. 색은 #6F4379, #505F90으로 변경하여 적용하고 그레이디언트 조절바를 사선으로 수정합니다.

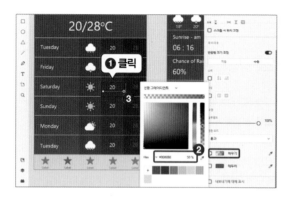

30 Night1 아트보드의 주간 날씨 아이콘, 최저/최고 기온 배경에 들어가는 사각형이 흰색이라 배색이 어울리지 않습니다. ❶ 사각형을 선택한 후 ❷ [채우기]의 그레이디언트를 어두운 색(#000000, 50%)으로 변경하고 ❸ 그레이디언트 조절바를 가로 방향으로 수정합니다.

🗂️ **인터랙션으로 탭 애니메이트 적용하기**

---

31 각 페이지의 UI가 모두 완성되었으니 애니메이트를 적용할 인터랙션을 설정해보겠습니다. ❶ [프로토타입] 탭을 클릭합니다. ❷ Day1 아트보드를 선택하고 ❸ 인터랙션 연결 위젯▣을 Day2 아트보드에 연결합니다. ❹ 속성 관리자의 [인터랙션] 항목을 설정합니다. [트리거]는 [탭], [액션]–[유형]은 [전환], [애니메이션]은 [디졸브], [이징 효과]는 [서서히 끝내기], [재생 시간]은 [0.3초]로 설정합니다.

32 31 과정처럼 각 아트보드를 다음 아트보드로 연결합니다. Day2 아트보드는 Day3, Day3 아트보드는 Afternoon1, Afternoon2 아트보드는 Afternoon3, Afternoon3 아트보드는 Night1, Night1 아트보드 는 Night2, Night2 아트보드는 Night3, Night3 아트보드는 Day1 아트보드에 연결합니다. [인터랙션] 항목도 동일하게 설정합니다.

33 데스크탑 미리보기 ▶를 클릭하여 [미리보기] 창이 나타나면 탭하며 완성된 결과물을 확인합니다.

LESSON

카페 앱 UI 디자인하기

모바일용 프로토타입 만들기

☐ 모든 버전　☐ CC 이상 버전　☑ XD 최신 버전　　　　준비 파일 활용/Chapter 02/cafeComo 폴더
완성 파일 활용/Chapter 02/cafeComo_완성.xd

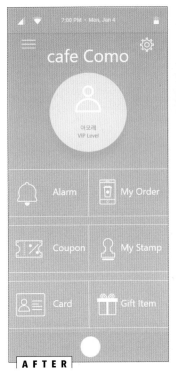

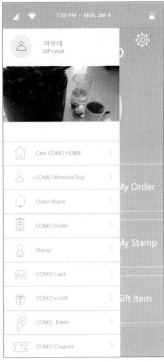

AFTER

이 예제를 따라 하면

이번에는 모바일용 프로토타입으로 카페 앱을 만들어보겠습니다. 카페 앱 UI에 필요한 아이콘은 모두 XD에서 만들어봐도 좋습니다. XD에서는 기본 도형을 조합하는 것만으로도 충분히 아이콘을 만들 수 있습니다. 단순하고 직관적인 형태의 아이콘은 픽토그램과 같이 기호로 상징성을 부여할 수 있으므로 의미 전달을 더 확실하게 할 수 있어 유용합니다.

- 기본 도형을 조합한 아이콘을 활용할 수 있습니다.
- 카페 사용자를 위한 모바일 앱 UI를 디자인할 수 있습니다.
- 인터랙션 탭 애니메이트를 표현할 수 있습니다.

준비 파일 불러와 메인 페이지 만들기

01 ❶ Shift + Ctrl + O 를 눌러 cafeComo_ready.xd 파일을 불러옵니다. ❷ main 아트보드의 이름을 클릭하고 ❸ [채우기]의 컬러 박스를 클릭합니다. ❹ [선형 그레이디언트]를 선택하고 ❺❻❼ 각 컬러 스톱의 색을 #B6BAEF, #E7C8D6, #F2CBD0으로 설정합니다.

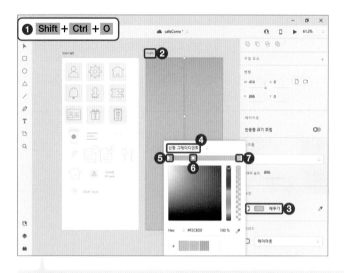

> 준비 파일은 [iPhone 6/7/8 Plus(414×736)] 플랫폼 크기에 맞춰 제작되었습니다. icon set 아트보드에는 카페 앱에 필요한 아이디, 설정, 홈, 알림, 스탬프, 쿠폰, 카드, 선물, 오더, 주문 내역, 멤버십, 이벤트 매장 찾기, 제품 소개, 이용 안내 등의 메뉴를 표현하는 아이콘으로 구성되어 있습니다. 각 아이콘은 XD의 도형 도구로 만들어졌으며 모두 구성 요소로 등록되어 있습니다.

02 ❶ 사각형 도구 □ 를 클릭하고 ❷ 헤더 영역에 414×65 크기의 사각형을 그립니다. ❸ [채우기]의 색은 #FFFFFF, ❹ [모양] 항목의 [불투명도]는 22%로 적용합니다. ❺ 라이브러리 □ 를 클릭하고 [문서 에셋] 패널을 표시합니다. ❻ [구성 요소]에 추가해둔 UI 키트를 드래그하여 헤더 영역에 배치합니다.

 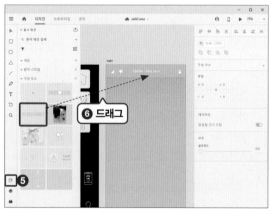

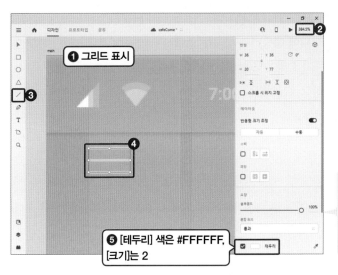

03

① 아트보드에 그리드를 표시하고 ② 왼쪽 헤더 영역이 잘 보이게 작업 화면을 확대합니다. ③ 선 도구 ☑를 클릭하고 ④ 그리드를 벗어나지 않게 메뉴 아이콘을 그립니다. ⑤ 선의 [테두리] 색은 #FFFFFF, [크기]는 2로 설정합니다.

아트보드에서 그리드를 표시하려면 아트보드 이름을 클릭하거나 선택 도구로 아트보드를 더블클릭합니다. 오른쪽 속성 관리자에 [그리드] 항목이 나타납니다. 체크하여 그리드를 표시합니다. 그리드에 대한 자세한 내용은 이 책의 152쪽을 참고하세요.

04

① 삼각형 도구 △로 팔각형을 그리고 원형 도구 ○로 원을 그립니다. ② 병합 기능을 활용해 톱니바퀴 모양의 설정 버튼을 만듭니다. ③ 두 오브젝트를 함께 선택하고 Ctrl + G 를 눌러 그룹화합니다. ④ [테두리] 색은 #FFFFFF, [크기]는 2로 설정합니다.

설정 아이콘인 톱니바퀴를 만드는 방법은 이 책의 130쪽 '[한눈에 실습] 오브젝트 병합하여 톱니바퀴 만들기'를 참고합니다. icon set 아트보드의 아이콘을 활용해도 됩니다. 단, [채우기] 색은 없음으로 설정합니다.

05

① 문자 도구 T를 클릭하고 ② 작업 화면 중앙을 클릭하여 Cafe Como를 입력합니다. ③ 문자 속성은 Segoe UI, 45, Regular로 설정합니다.

06 ❶ 원형 도구◯로 200×200 크기의 원을 그립니다. ❷ [채우기] 색은 **#FFFFFF**, [테두리]는 **없음**으로 설정합니다. ❸ 문자 도구T로 원 위에 아이디에 해당하는 문구를 입력하고 가운데 정렬합니다. 예제에서는 **아모레, VIP Level**을 입력했습니다. ❹ 문자 속성은 **Segoe UI, 14, Regular**로 설정하고 ❺ [채우기] 색은 **#AAACCC**로 설정합니다.

07 ❶ 선택 도구▶를 클릭한 후 ❷ icon set 아트보드에 있는 사람 모양의 픽토그램을 클릭하고 Alt 를 누른 채 main 아트보드로 드래그하여 복제합니다. ❸ 원의 중앙에 배치합니다.

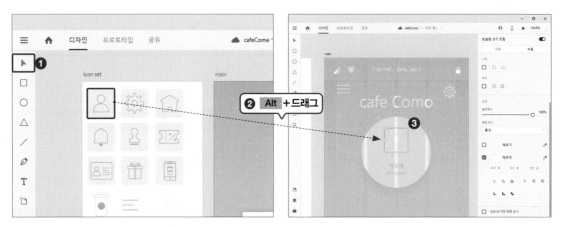

08 ❶ 06 과정에서 그린 원을 클릭합니다. ❷ [불투명도]를 70%로 설정해 사람 모양의 픽토그램과 텍스트가 도드라져 보이게 합니다.

메인 페이지의 터치 버튼 영역 만들기

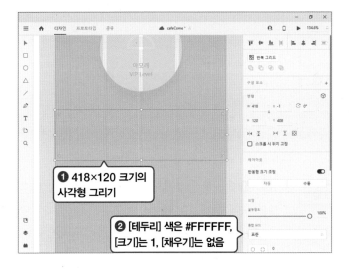

09 ❶ 사각형 도구□로 아트보드를 드래그해 아트보드보다 살짝 넓은 너비(**418 ×120**)의 사각형을 그립니다. ❷ [테두리] 색은 **#FFFFFF**, [크기]는 1로 설정합니다. 이때 [채우기]는 **없음**으로 설정합니다.

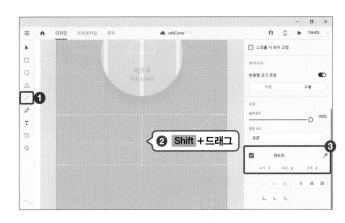

10 ❶ 선 도구☑를 클릭하고 ❷ 사각형의 정중앙에 **Shift** 를 누른 채 드래그하여 수직선을 그립니다. ❸ [테두리] 색은 **#FFFFFF**, [크기]는 1로 설정합니다.

11 ❶ 문자 도구□로 사각형 왼쪽 영역에 Alarm을 입력합니다. ❷ 문자 속성은 24, Regular로 설정하고 ❸ [채우기] 색은 **#FFFFFF**로 설정합니다. 그리드 레이아웃에 맞춰 배치합니다.

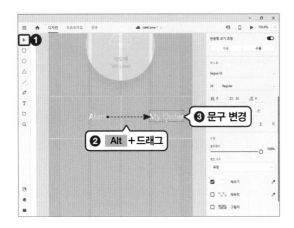

12 ① 선택 도구▶를 클릭한 후 ② 'Alarm'을 클릭하고 Alt 를 누른 채 오른쪽으로 드래그하여 복사합니다. ③ 'Alarm'을 My Order로 변경합니다.

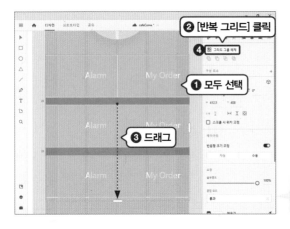

13 ① 09-12 과정에서 만든 사각형 영역과 텍스트를 모두 선택하고 ② [반복 그리드]를 클릭합니다. ③ 그리드 위젯을 아래로 드래그해 두 세트를 더 만듭니다. ④ 반복 그리드 기능을 적용한 후 [그리드 그룹 해제]를 클릭합니다.

> 반복 그리드 적용 시 [Gap]은 20으로 설정하고, 버튼의 맨 아래에는 간격이 보이도록 배치합니다.

14 다음 표를 참고하여 사각형 도구□와 원형 도구○로 맨 아래에 홈 버튼 영역을 만듭니다.

	크기	속성	불투명도
사각형 버튼 영역	[W] 414 [H] 70	[채우기] 색 #8B8B8B [테두리] 없음	20%
원형 홈 버튼	[W] 42 [H] 42	[채우기] 색 #FFFFFF [테두리] 없음	100%

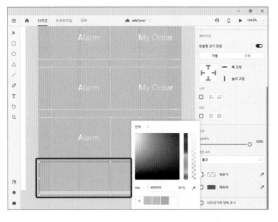

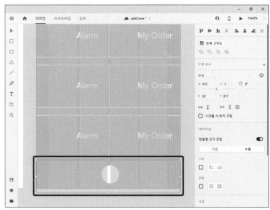

15 문자 도구 T 로 각 버튼 영역의 텍스트를 다음과 같이 변경합니다.

16 ❶ icon set 아트보드에 있는 픽토그램을 main 아트보드의 사각형 버튼 영역으로 옮깁니다. ❷ 픽토그램을 하나씩 선택하여 [채우기]는 **없음**, [테두리] 색은 **#FFFFFF**로 설정합니다. main 아트보드의 첫 번째 페이지가 완성되었습니다.

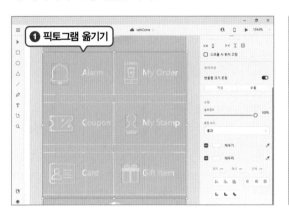 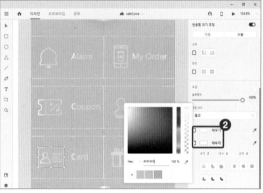

🗔 메뉴 선택 페이지 만들기

17 메뉴를 선택하면 나타나는 메뉴 선택(sub1) 페이지를 만들어보겠습니다. ❶ main 아트보드 이름을 클릭하고 Ctrl + D 를 눌러 아트보드를 복사합니다. ❷ 복사된 아트보드의 이름을 **Sub1**로 변경합니다. ❸ 메뉴를 만들기 위해 사각형 도구 □ 로 300×854 크기의 사각형을 그리고 ❹ [채우기] 색은 **#FFFFFF**, [테두리]는 **없음**으로 설정합니다.

18 icon set 아트보드에서 회원 아이콘, 아이디, 레벨을 Sub1 아트보드의 메뉴 영역 맨 위로 드래그해 배치합니다.

> 그리드 레이아웃을 적용하는 과정이 지났으니 그리드 레이아웃을 해제하고 진행합니다.

19 사각형 도구□로 300×140 크기의 사각형을 그려 배너가 들어갈 영역을 만듭니다.

20 ❶ 준비 파일이 들어 있는 윈도우 탐색기 폴더에서 **cafe.jpg** 파일을 사각형 안으로 드래그해 가져옵니다. ❷ 사각형 영역 안에 있는 부분만 보입니다. ❸ 이미지의 위치나 크기를 변경하고 싶으면 이미지를 더블클릭해 사진의 원래 크기가 나오도록 한 후 크기나 위치를 조절합니다.

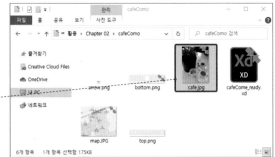
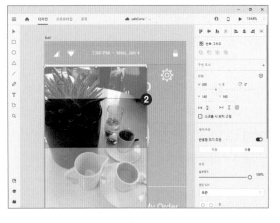
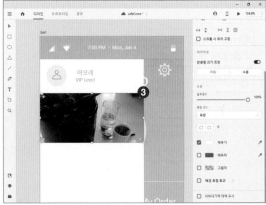

21 ❶ 선 도구 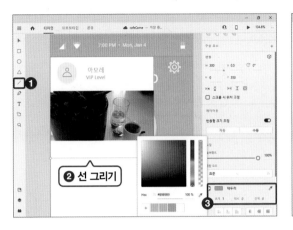를 클릭하고 ❷ 가로선을 그립니다. ❸ [테두리] 색은 #B9B9B9, [크기]는 1로 설정합니다. ❹ 반복 그리드 기능을 적용해 아홉 개의 메뉴가 들어갈 수 있도록 [Gap]이 60인 선을 만듭니다. ❺ 반복 그리드를 적용한 후에는 [그리드 그룹 해제]를 클릭합니다.

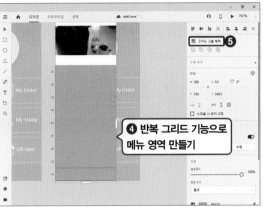

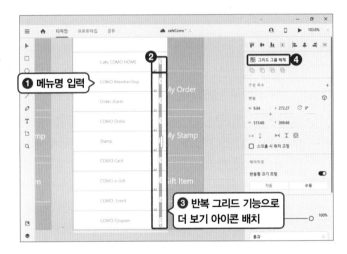

22 ❶ 문자 도구 T로 각 메뉴 영역에 메뉴명을 입력하고 ❷ icon set 아트보드의 더 보기 아이콘을 복사해 붙여 넣습니다. ❸ 반복 그리드 기능을 적용해 아래쪽 각 메뉴에도 더 보기 아이콘을 배치합니다. ❹ [그리드 그룹 해제]를 클릭합니다.

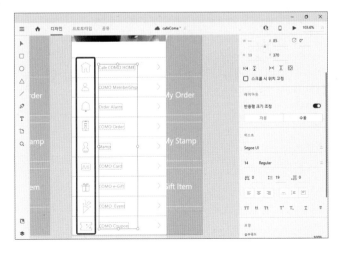

23 icon set 아트보드의 아이콘을 복사해 메뉴 옆에 붙여 넣습니다. 위치와 크기를 조절하여 메뉴를 완성합니다.

24 ❶ Sub1 아트보드 이름을 클릭하고 Ctrl + D 를 눌러 아트보드를 복사합니다. ❷ 새로 생긴 아트보드의 이름을 Sub2로 변경하고 ❸ 헤더 영역만 남긴 채 본문은 모두 삭제합니다.

25 ❶ 아트보드에 그리드를 표시하고 ❷ 헤더 영역 아래에 355×38 크기의 흰색(#FFFFFF) 사각형을 그립니다. ❸ 다음 표를 참고하여 그리드 좌우 여백 밖으로 텍스트 박스가 나가지 않도록 주의하며 문자를 입력합니다.

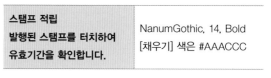

스탬프 적립 발행된 스탬프를 터치하여 유효기간을 확인합니다.	NanumGothic, 14, Bold [채우기] 색은 #AAACCC

26 icon set 아트보드에서 회원 아이콘과 아이디, 레벨을 복사해 붙여 넣은 후 알맞게 배치합니다.

27 ❶ 사각형 도구□로 324×200 크기의 사각형을 그립니다. ❷ [채우기] 색은 **#FFFFFF**, [테두리]는 **없음**으로 설정하고 ❸ 모든 모퉁이에 대해 동일한 반경□을 클릭하고 **5**를 입력합니다. 모서리가 둥근 사각형이 만들어집니다. ❹ [그림자]는 기본값(색과 불투명도는 **#000000**, **16%**, [X], [Y], [B]는 **0**, **3**, **6**)으로 설정합니다.

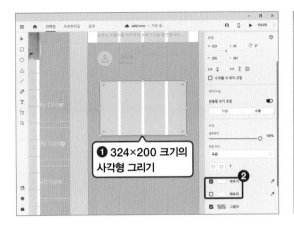

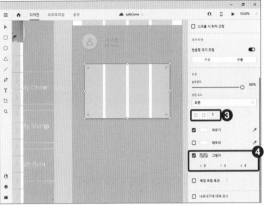

28 ❶ 사각형 도구로 323×33 크기의 사각형을 그리고 ❷ [채우기] 색은 **#AAACCC**, [테두리]는 **없음**으로 설정합니다. ❸ 각 모퉁이에 대해 다른 반경□을 클릭하고 **10**, **10**, **0**, **0**을 입력하여 위쪽 모서리만 둥근 사각형을 만듭니다. ❹ [그림자]는 기본값(색과 불투명도는 **#000000**, **16%**, [X], [Y], [B]는 **0**, **3**, **6**)으로 설정합니다.

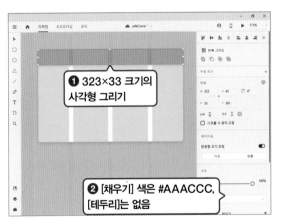

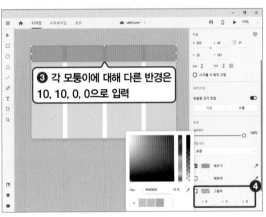

29 ❶❷ 다음 표를 참고하여 문자를 입력합니다. 혜택과 적립 내용은 스탬프 영역의 제목으로 입력하고, 매장 정보는 스탬프 영역 위쪽에 입력합니다.

COMO혜택 | 적립내용	NanumGothic, 14, Regular, [채우기] 색은 #FFFFFF
신논현역월드점 0/10	

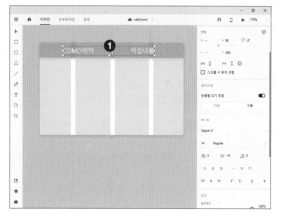

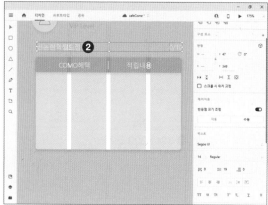

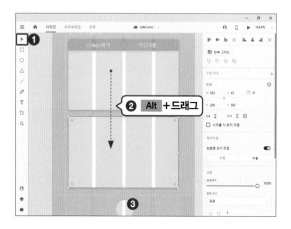

30 ❶ 선택 도구▣를 클릭하고 ❷ Alt 를 누른 채 스탬프 영역의 흰색 사각형을 아래로 드래그하여 복사합니다. ❸ 아트보드 맨 아래에는 main 아트보드에 있는 홈 버튼을 복사해 배치합니다.

31 스탬프를 만들어보겠습니다. ❶ 원형 도구◯로 41×41 크기의 원을 그립니다. ❷ [채우기] 색은 #FFFFFF, [테두리]는 **없음**으로 설정하고 ❸ [그림자]는 기본값(색과 불투명도는 #000000, 16%, [X], [Y], [B]는 0, 3, 6)으로 설정합니다.

32 ① icon set 아트보드에 있는 스탬프 아이콘을 복사한 후 가운데에 붙여 넣습니다. ② 원과 스탬프 아이콘을 함께 선택하고 ③ 마우스 오른쪽 버튼을 클릭해 ④ [그룹]을 클릭합니다.

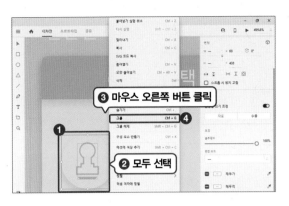

33 ① 그룹으로 된 스탬프 오브젝트가 선택된 상태에서 [반복 그리드]를 클릭합니다. ② 그리드 위젯을 드래그해 가로/세로로 반복 배치합니다. [Gap]을 10으로 맞춰 총 10개의 스탬프를 만듭니다.

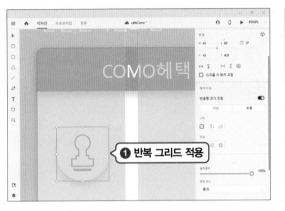

34 ① 다음 표를 참고하여 30 과정에서 복사한 사각형 영역에 문구를 입력합니다. ② 원을 그리고 +를 입력해 추가 버튼을 만듭니다. ③ [채우기] 색은 #FFFFFF, [테두리]는 **없음**으로 설정하고 ④ [그림자]는 기본값으로 설정합니다. ⑤ 추가 버튼을 선택하고 마우스 오른쪽 버튼을 클릭해 ⑥ [그룹]을 선택합니다.

멤버십카드 추가하기	NanumGothic, 14, Regular, [채우기] 색은 #AAACCC

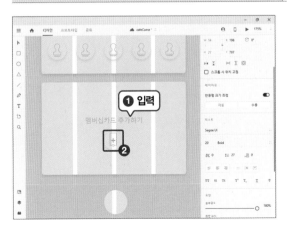
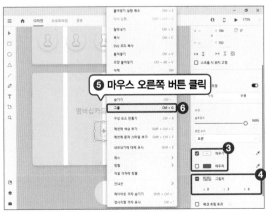

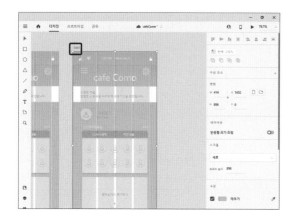

35 아트보드를 복사해 매장 찾기 페이지로 변경해보겠습니다. Sub2 아트보드를 복사해 이름을 Sub3으로 수정합니다.

36 타이틀을 **매장 찾기, 회원님의 위치에서 2KM 이내의 매장만 선택합니다.**로 수정합니다.

37 ❶ 사각형 도구 □로 414×45 크기의 사각형을 그립니다. ❷ [채우기] 색은 #B9B9B9, [테두리]는 **없음**으로 설정합니다. ❸ 문자 도구 T로 **즐겨찾기 추가한 매장 혹은 최근 이용하신 매장입니다.**를 입력합니다.

❶ 414×45 크기의 사각형 그리기

❸ 입력

> 문자 도구로 텍스트를 입력하면 앞서 설정해둔 문자 속성이 그대로 적용되므로 굳이 수정하지 않아도 됩니다.

38 즐겨찾기 매장 영역을 만들어보겠습니다. ❶ 스탬프 영역을 모두 삭제하고 ❷ 사각형 도구□로 207×47 크기의 사각형을 그립니다. ❸ [채우기] 색은 **#AAACCC**, [테두리]는 **없음**으로 설정합니다. ❹ 같은 크기의 사각형을 그리고 ❺ [채우기] 색은 **#FFFFFF**로 설정합니다.

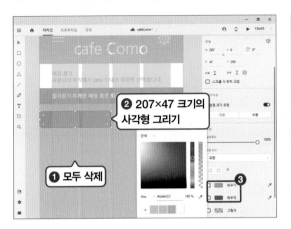

39 ❶ 문자 도구 T 로 버튼 위에 **즐겨찾는 매장, 가까운 매장**을 입력합니다. ❷ 아래쪽에 **신논현역월드점, 488KM 이내**를 입력합니다. ❸ icon set 아트보드에서 꾸미기 아이콘을 복사해 붙여 넣습니다.

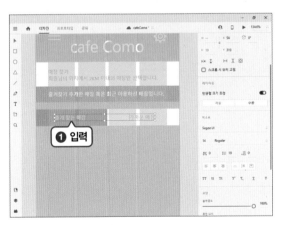
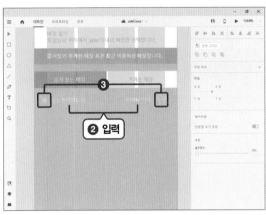

40 ❶ 선 도구 ✏️로 영역을 나누는 가로선을 그리고 ❷ [그림자]의 색과 불투명도는 #75789B, 28%, [X], [Y], [B]는 기본값으로 설정합니다.

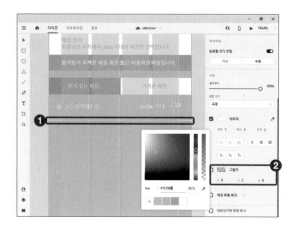

41 ❶ 문자 도구 T로 **신논현역월드점 위치**를 입력하고 ❷ 사각형 도구 ☐로 270×180 크기의 사각형을 그립니다. ❸ [채우기] 색은 #FFFFFF, [테두리] 색은 #FFFFFF, [크기]는 5로 설정합니다. ❹ 선택 도구 ▶️로 사각형의 위치를 중간으로 정렬합니다.

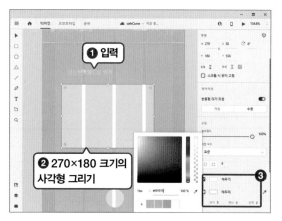

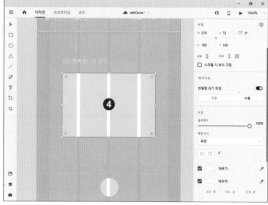

42 ❶ 준비 파일이 들어 있는 윈도우 탐색기 폴더에서 **map.jpg** 파일을 사각형 안으로 드래그해 가져옵니다. ❷ 사각형 영역 안에 있는 부분만 보입니다.

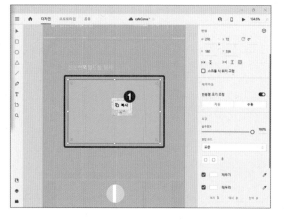

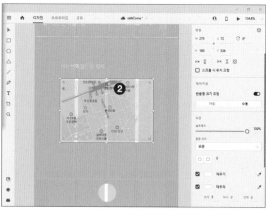

게시판 페이지 만들기

43 마지막으로 게시판 페이지를 만들어보겠습니다. ❶ Sub3 아트보드 이름을 클릭하고 Ctrl + D 를 눌러 아트보드를 복제합니다. 이때 복제한 아트보드의 이름은 Sub4로 변경합니다. ❷ 본문 요소를 지우고 ❸ 문자 도구 T 로 **Cafe COMO의 공지사항과 이벤트를 확인하세요.**를 입력합니다. ❹ 아래에는 What's New, COMO Event를 입력합니다.

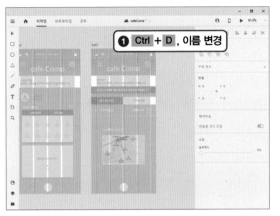

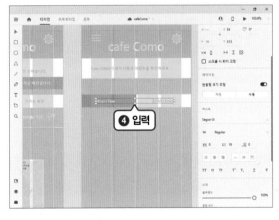

이미 문자 속성이 적용되어 있으므로 따로 문자 속성을 적용하지 않아도 됩니다.

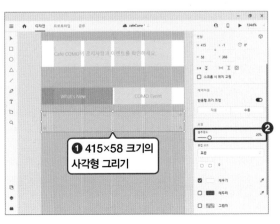

44 게시글 영역을 만들어보겠습니다. ❶ 사각형 도구 □ 로 415×58 크기의 사각형을 그리고 ❷ [모양] 항목의 [불투명도]를 20%로 설정합니다.

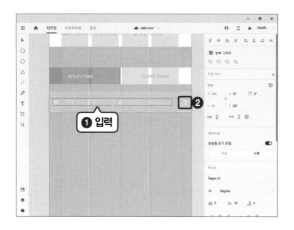

45 ❶ 다음 표를 참고하여 게시글 내용을 입력하고 문자 속성을 적용합니다. ❷ icon set 아트보드에서 더 보기 아이콘을 불러와 배치합니다.

10, 카페 꼬모를 찾아 주셔서 감사합니다. 2020.12.25	NanumGothic, 14, Regular [채우기] 색은 #FFFFFF

46 ❶ 선 도구 ☑로 사각형 아래에 선을 그립니다. ❷ 게시글 영역인 사각형과 텍스트, 선을 모두 선택하고 ❸ 마우스 오른쪽 버튼을 클릭해 ❹ [그룹]을 선택합니다. 해당 영역이 그룹으로 묶입니다.

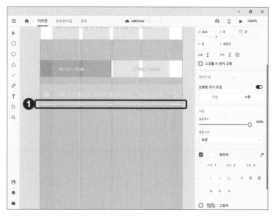

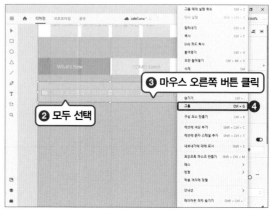

47 ❶ [반복 그리드]를 클릭하고 ❷ 그리드 위젯을 아래로 드래그하여 게시글 영역을 반복 배치합니다. ❸ [Gap]을 적절히 조절하여 게시글 영역을 총 여섯 개 만듭니다. ❹ [그리드 그룹 해제]를 클릭해 게시글 영역을 확인합니다.

48 게시글 하단에 페이지 표시를 입력합니다. ❶ 문자 도구 T 로 1, 2를 입력하고 ❷ '1' 아래에는 밑줄을 적용합니다.

🔲 인터랙션으로 탭 애니메이트 적용하기

49 UI가 완성되었다면 탭 애니메이트를 적용할 인터랙션을 설정해보겠습니다. ❶ [프로토타입] 탭을 클릭합니다. ❷ 첫 번째 아트보드를 클릭하고 ❸ 인터랙션 연결 위젯▶을 두 번째 아트보드에 연결합니다. ❹ 속성 관리자의 [인터랙션] 항목을 설정합니다. [트리거]는 [탭], [액션]–[유형]은 [전환], [애니메이션]은 [왼쪽으로 슬라이드]를 선택합니다.

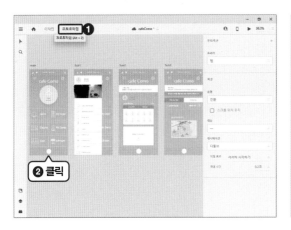

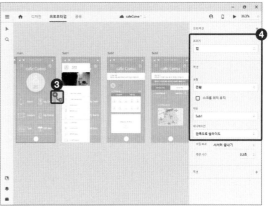

50 같은 방식으로 각각 다음 아트보드에 인터랙션을 연결하고 마지막 Sub4 아트보드는 main 아트보드에 연결하여 완성합니다.

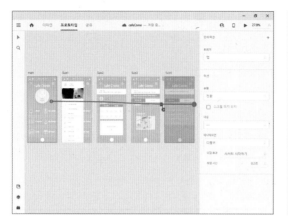

51 데스크탑 미리보기 ▶를 클릭해 카페 앱 UI 프로토타입을 확인합니다.

여행 소개 앱 UI 디자인하기

모바일용 프로토타입 만들기

□ 모든 버전 □ CC 이상 버전 ☑ **XD 최신 버전**

준비 파일 활용/Chapter 02/Slow Travel 폴더
완성 파일 활용/Chapter 02/Slow Travel_완성.xd

AFTER

이 예제를 따라 하면

여행 소개 앱 UI 디자인을 진행해봅니다. 로그인 페이지부터 메인 페이지, 여행지 소개 세부 페이지까지 제작해보겠습니다.
이미지를 불러와 배치하고 아트보드 크기를 조정해 다양한 스크롤 페이지를 만들어봅니다.

- 아트보드 크기를 조정하여 스크롤 페이지를 제작할 수 있습니다.
- 여행지 소개 모바일 앱 UI를 디자인할 수 있습니다.
- 인터랙션 탭 애니메이트를 표현할 수 있습니다.

새 아트보드 만들고 로그인 페이지 만들기

01 ❶ 시작 화면에서 [iPhone X/XS, 11 Pro]를 선택해 아트보드를 만듭니다. ❷ 아트보드를 클릭하고 ❸ [채우기] 색을 #EBC7C4로 설정합니다. ❹ 아트보드 이름을 클릭하고 ❺ [그리드] 항목의 [레이아웃]에 체크해 그리드 레이아웃을 표시합니다.

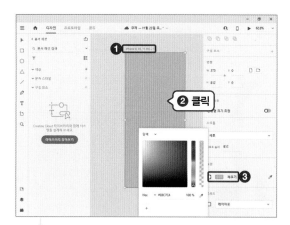
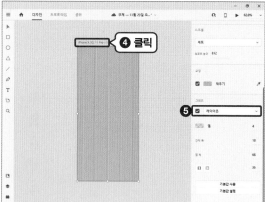

[그리드] 항목의 [레이아웃]에 체크하면 그리드의 [열]과 [간격 폭], [열 폭]을 설정할 수 있습니다. 여기서는 기본으로 설정된 값을 변경하지 않고 그대로 진행합니다.

02 ❶ 사각형 도구□를 클릭하고 ❷ 아트보드에 300×550 크기의 사각형을 그립니다. ❸ [채우기]는 #FFFFFF, [테두리]는 없음으로 설정하고 ❹ [그림자]의 색과 불투명도는 #000000, 16%, [X], [Y], [B]는 3, 3, 6으로 설정합니다. ❺ [모양] 항목의 [불투명도]는 90%로 설정합니다.

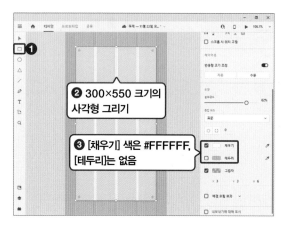
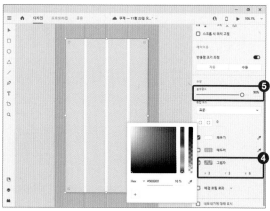

03 다음 표를 참고하여 타이틀과 서브 타이틀을 입력합니다. 문자 속성을 설정한 후 아트보드의 정중앙에 배치합니다.

Slow Travel	32, Bold, [채우기] 색은 #64512D
Email Address or UserID	14, Bold, [채우기] 색은 #64512D

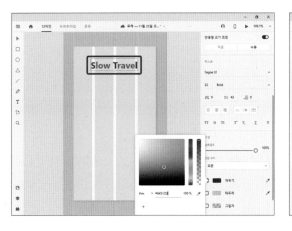 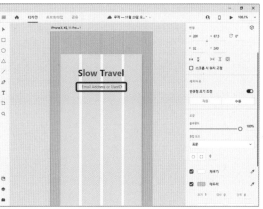

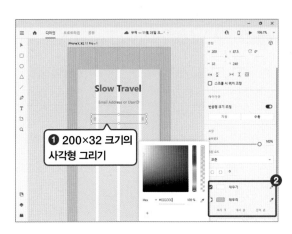

04 ❶ 사각형 도구□로 200×32 크기의 사각형을 그립니다. ❷ [채우기] 색은 #FFFFFF, [테두리] 색은 #CCCCCC, [크기]는 1로 설정합니다.

❶ 200×32 크기의 사각형 그리기

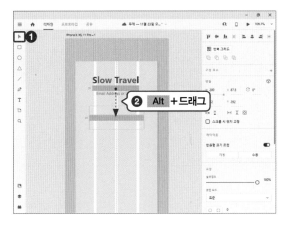

05 ❶ 선택 도구▶를 클릭하고 ❷ Alt 를 누른채 사각형을 드래그하여 복사합니다. 이때 타이틀의 간격과 동일한 간격으로 맞춥니다.

❷ Alt +드래그

06 ❶ 사각형의 [채우기] 색을 #70D4F2로 설정하고 ❷ 모든 모퉁이에 대해 동일한 반경▢을 3으로 설정합니다.

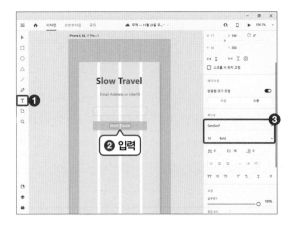

07 ❶ 문자 도구▢를 클릭하고 ❷ Start Travel을 입력합니다. ❸ 문자 속성은 SansSerif, 14, Bold로 설정합니다.

08 ❶ 선 도구▢를 클릭하고 ❷ [W]가 82인 선을 그립니다. ❸ [테두리] 색은 #CCCCCC, [크기]는 1로 설정합니다. ❹ 선택 도구▶로 Alt 를 누른 채 오른쪽으로 드래그하여 복사해 배치합니다.

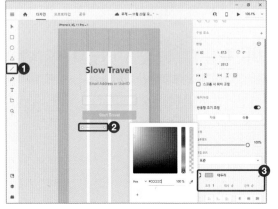

09 선 사이의 공간에 or을 입력합니다. 문자 속성은 수정하지 않고 그대로 둡니다.

10 ① 사각형 도구□로 200×50 크기의 사각형을 그리고 ② [채우기] 색은 #3E5B9D, [테두리]는 **없음**으로 설정합니다. ③ 선 도구 ✓ 로 [H]가 **50**인 세로선을 그립니다. ④ [테두리] 색은 #FFFFFF, [크기]는 **1**로 설정합니다.

11 페이스북과 구글 로그인 버튼을 만들어보겠습니다. ① 다음 표를 참고하여 문구를 입력하고 문자 속성을 설정합니다. ② 사각형과 텍스트를 함께 선택한 후 ③ 마우스 오른쪽 버튼을 클릭하고 ④ [그룹]을 선택합니다.

F	SansSerif, 32, Bold, [채우기] 색은 #64512D
Login with Facebook	SansSerif, 14, Bold, [채우기] 색은 #FFFFFF

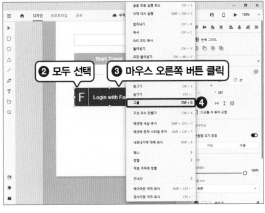

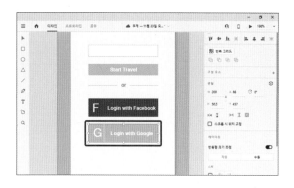

12 10–11 과정을 참고해 구글 로그인 버튼도 만들어봅니다. 이때 버튼(사각형)의 [채우기] 색은 #CCCCCC로 설정합니다.

13 아이디와 비밀번호를 찾을 수 있는 추가 문구를 입력해보겠습니다. ❶ 문자 도구 T로 Lost your ID or PW?를 입력합니다. ❷ 문자 속성은 14, Regular로 설정하고 ❸ [채우기] 색은 #64512D로 설정합니다.

📐 아트보드 추가해 메인 페이지 만들기

14 아트보드를 추가해 메인 페이지를 디자인해보겠습니다. ❶ 아트보드 도구 🖿를 클릭하고 ❷ 아트보드 크기와 동일한 [iPhone X, XS, 11 Pro]를 클릭해 새 아트보드를 추가합니다. ❸ 아트보드의 이름을 main2로 변경합니다.

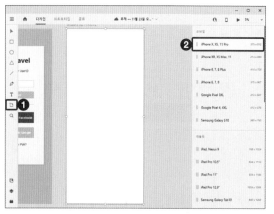

15 ❶ 준비 파일 중 main.jpg 파일을 가져옵니다. ❷ 다음과 같이 이미지 크기와 배치를 조정합니다.

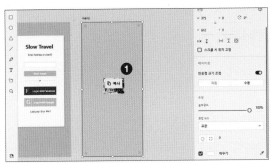 

16 ❶ 사각형 도구□로 105×340 크기의 사각형을 그립니다. ❷ 위치는 [X], [Y]를 40으로 설정합니다. ❸ [채우기] 색과 불투명도는 #FFFFFF, 60%로 설정하고 ❹ [테두리] 색은 #CCCCCC, [크기]는 1로 설정합니다.

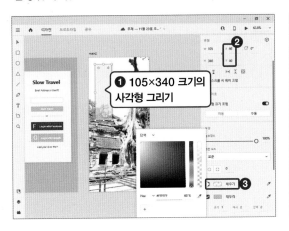 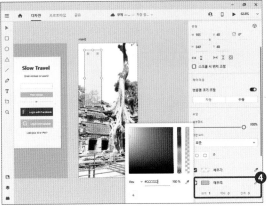

❶ 105×340 크기의 사각형 그리기

17 ❶ 사각형 도구□로 90×318 크기의 사각형을 하나 더 그립니다. ❷ 위치는 [X]를 48, [Y]를 51로 설정합니다. ❸ [채우기] 색과 불투명도는 #FFFFFF, 60%로 설정하고 ❹ [테두리] 색은 #CCCCCC, [크기]는 1로 설정합니다.

 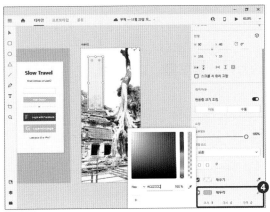

❶ 90×318 크기의 사각형 그리기

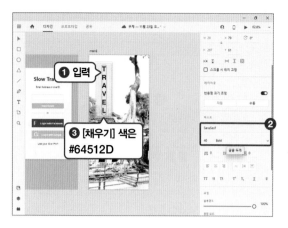

18 ❶ 세로로 TRAVEL을 입력합니다. ❷ 문자 속성은 40, Bold로 설정합니다. ❸ [채우기] 색은 #64512D로 설정합니다.

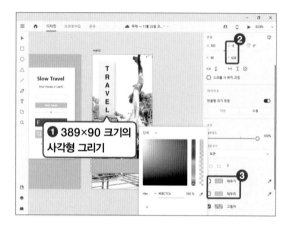

19 ❶ 사각형 도구 □로 383×90 크기의 사각형을 그립니다. ❷ 위치는 [X]를 –8, [Y]를 628로 설정합니다. ❸ [채우기] 색은 #EBC7C4, [테두리]는 **없음**으로 설정합니다.

20 ❶ 다음 표를 참고해 문구를 입력합니다. ❷ 좌우 화면 전환을 표시하는 <, >까지 입력합니다.

Show me the Best Travel	14, Regular, [줄 간격] 50, [채우기] 색은 #FFFFFF
Good Tree in Cambodia	25, Bold, [줄 간격] 50, [채우기] 색은 #FFFFFF
<, >	NanumGothic, 16, ExtraBold, [채우기] 색은 #FFFFFF

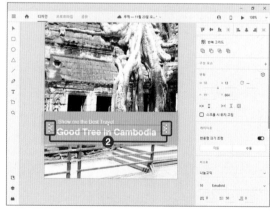

여행지 카테고리 페이지 만들기

21 아트보드 도구□를 클릭해 새 아트보드를 추가합니다.

> 14 과정에서 아트보드 크기를 설정했으므로 아트보드 도구를 클릭하면 바로 새 아트보드가 추가됩니다.

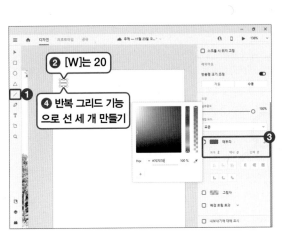

22 헤더 영역을 만들어보겠습니다. ❶ 선 도구□를 클릭하고 ❷ 왼쪽 상단에 메뉴 버튼을 만듭니다. [W]는 20으로 설정하고 ❸ [테두리] 색은 #707070, [크기]는 2로 설정합니다. ❹ 선 하나가 완성되면 반복 그리드를 적용하여 선을 세 개 만듭니다.

23 아트보드를 오른쪽으로 옮겨 검색 영역을 만들어보겠습니다. ❶ 선 도구□와 원형 도구○를 활용해 돋보기 모양의 아이콘을 만듭니다. [테두리] 색은 #707070, [크기]는 2, [채우기]는 **없음**으로 설정합니다. ❷ 돋보기 아이콘 아래에 [테두리] 색은 #CCCCCC, [크기]는 1로 설정한 선을 그립니다.

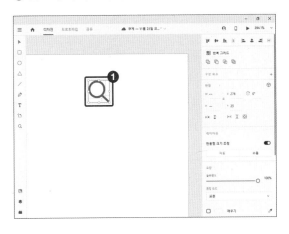

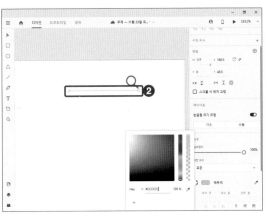

24 회원 정보 아이콘을 만들어보겠습니다. ❶ 원형 도구○와 사각형 도구□로 회원 정보 아이콘을 만듭니다. ❷ 원형과 사각형을 모두 선택하고 ❸ 마우스 오른쪽 버튼을 클릭해 ❹ [그룹]을 선택합니다. 회원 정보 아이콘이 완성됩니다.

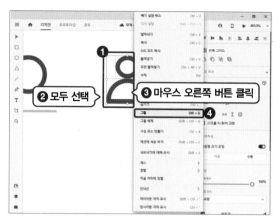 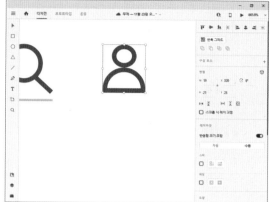

회원 정보 아이콘 만들기

회원 정보 아이콘은 도형 도구를 활용해 간단히 만들 수 있습니다. 원형 도구로 사람의 머리 모양을 만들고, 그 아래에 좀 더 큰 크기의 몸통 모양을 만듭니다. 몸통 위에 사각형 도구로 사각형을 그려 몸통을 가립니다. 몸통이 되는 원형과 사각형을 함께 선택한 후 빼기를 클릭합니다. 그러면 사각형 영역이 지워지며 사람 모양의 회원 정보 아이콘이 완성됩니다. 오브젝트 병합에 대한 자세한 내용은 이 책의 126쪽을 참고하세요.

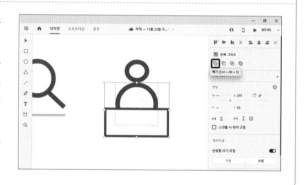

🔲 여행지 사진을 배치할 본문 영역 만들기

25 세부 카테고리 영역을 만들어보겠습니다. ❶ 문자 도구 T로 Mountain Theme를 입력하고 ❷ 문자 속성은 14, Bold로 설정합니다. ❸ [채우기] 색은 #64512D로 설정합니다.

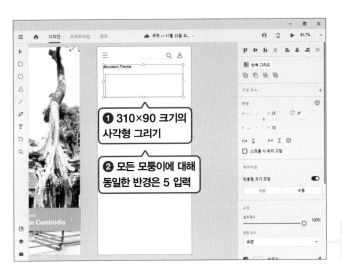

26 ❶ 사각형 도구 □로 310×90 크기의 사각형을 그립니다. ❷ 모든 모퉁이에 대해 동일한 반경 □은 5를 입력해 모서리가 둥근 사각형을 만듭니다.

> 해당 영역은 이미지를 불러와 배치할 예정이므로 [채우기]와 [테두리]는 따로 설정하지 않아도 됩니다.

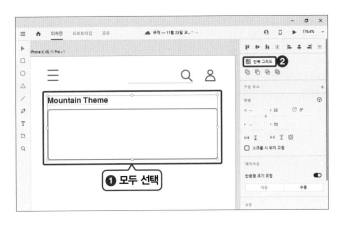

27 ❶ 선택 도구 ▶로 텍스트와 사각형을 모두 선택하고 ❷ [반복 그리드]를 클릭합니다.

28 ❶ 그리드 위젯을 아래로 드래그하여 다섯 개의 영역으로 만들고 ❷ [그리드 그룹 해제]를 클릭합니다. ❸ 각 항목의 타이틀을 변경합니다. 두 번째부터 Culture Theme, Enjoy Desert Theme, Island & Sea Theme, Entertainment Theme로 수정합니다.

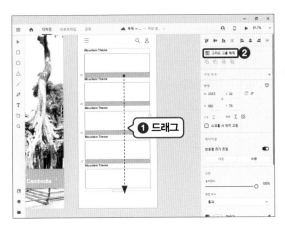

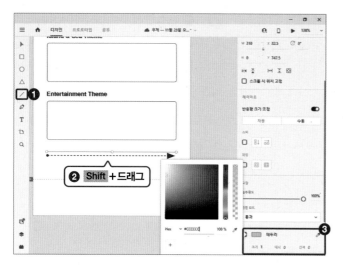

29 푸터 영역을 만들어보겠습니다. ❶ 선 도구 ◪를 클릭하고 ❷ Shift 를 누른 채 드래그하여 [W]가 **310**인 선을 그립니다. ❸ [테두리] 색은 **#CCCCCC**, [크기]는 **1**로 설정합니다.

30 다음 표를 참고해 푸터 영역에 문구를 입력합니다.

Privacy Policy, Terms and Conditions	12, Regular, [채우기] 색은 #000000, [모양]—[불투명도] 45%

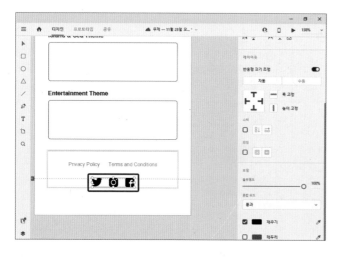

31 준비 파일 중 **SNS 아이콘.png** 파일을 가져와 배치한 후 아이콘 아래쪽에 **Website design by Slow Travel**도 입력합니다.

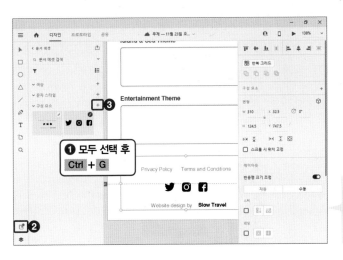

32 ❶ 푸터 영역을 모두 선택한 후 `Ctrl` + `G` 를 눌러 그룹으로 만들고 ❷ 라이브 러리 📖를 클릭해 [문서 에셋]을 표시합니다. ❸ [구성 요소]의 추가 ➕를 클릭해 에셋으로 추가합니다.

> 자주 사용하는 아이콘이나 이미지는 [문서 에셋] 패널에 에셋으로 추가합니다. 이렇게 추가한 구성 요소는 일러스트레이터의 심벌과 같은 개념으로 다음 작업에 자유롭게 활용할 수 있습니다.

🔲 사각형 영역에 여행지 사진 배치하기

33 준비 파일 중 여행지 사진을 불러와 모서리가 둥근 사각형 영역에 하나씩 배치합니다.

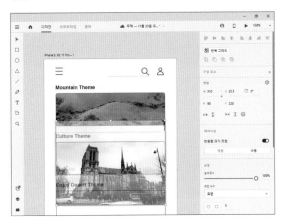

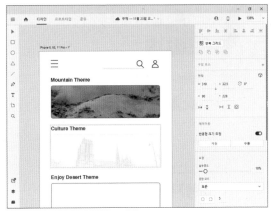

34 ❶ 다음 표를 참고하여 이미지의 정중앙에 지역명 문구를 작성합니다. ❷ 지역명을 모두 선택한 후 ❸ [그림자]를 클릭하고 기본값을 그대로 설정하여 텍스트에 음영을 적용합니다.

Switzerland, Paris, Mongo, Boracay, Cambodia	SansSerif, 24, Bold, [채우기] 색은 #FFFFFF

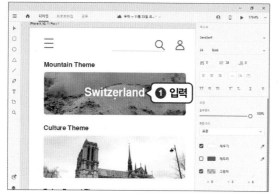 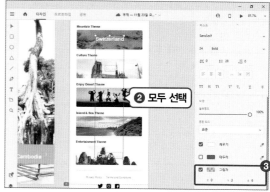

35 ❶ 선택 도구 ▶ 로 아트보드의 배경을 클릭하고 ❷ [채우기] 색을 #FDF3DF로 설정합니다. 배경에 색이 적용됩니다.

여행지 세부 페이지 만들기

36 ❶ 아트보드 이름을 클릭하고 Ctrl + D 를 눌러 아트보드를 복사합니다. ❷ 복사한 아트보드의 헤더와 푸터 영역만 남겨두고 본문 영역은 모두 삭제합니다.

37 ❶ 사각형 도구□를 클릭하고 ❷ 375×640 크기의 사각형을 그립니다. ❸ 준비 파일 중 swiss.jpg 파일을 가져와 배치합니다.

38 헤더 영역의 메뉴와 아이콘이 보이지 않습니다. ❶ 선택 도구▶를 클릭하고 ❷ 이미지를 마우스 오른쪽 버튼으로 클릭합니다. ❸ [맨 뒤로 보내기]를 선택해 헤더 영역을 보이게 합니다. ❹ 메뉴와 각 아이콘의 [채우기], [테두리] 색을 #FFFFFF로 설정합니다.

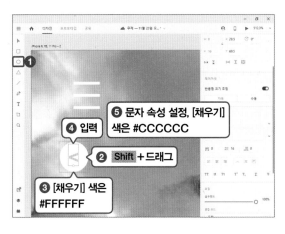

39 세부 페이지에 뒤로 가기 버튼을 만들어보겠습니다. ❶ 원형 도구○를 클릭하고 ❷ Shift 를 누른 채 드래그해 정원을 그립니다. ❸ 원형의 [채우기] 색은 #FFFFFF로 설정합니다. ❹ 문자 도구 T로 <를 입력하고 ❺ 원형과 어울리는 크기로 문자 속성을 설정한 후 [채우기] 색은 #CCCCCC으로 설정합니다.

40 ❶ 문자 도구 T로 BACK - Travel List를 입력합니다. ❷ 문자 속성은 앞서 설정한 서식(SansSerif, 14, Regular, [채우기] 색은 #FFFFFF)을 그대로 적용합니다. ❸ 선택 도구 ▶로 뒤로 가기 버튼과 텍스트를 함께 선택하고 ❹ 마우스 오른쪽 버튼을 클릭해 ❺ [그룹]을 선택합니다.

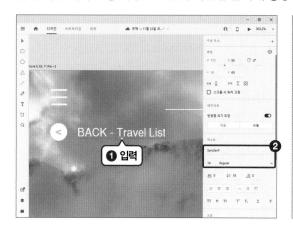
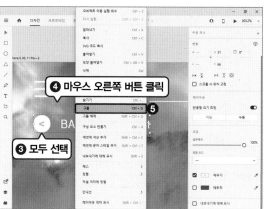

41 여행지의 세부 정보를 입력합니다. 다음 표를 참고하여 타이틀은 Switzerland를 입력하고 본문의 문단은 임의의 문단을 입력합니다.

타이틀	SansSerif, 24, Bold, [채우기] 색은 #FFFFFF
본문 문단	SansSerif, 12, Regular, [채우기] 색은 #FFFFFF

문단을 입력할 때는 그리드를 표시해 좌우 여백을 확인한 후 텍스트 박스를 배치합니다. 기본 여백과 텍스트 박스의 위치가 동일해야 안정적인 디자인이 완성됩니다.

기능 꼼꼼 익히기 ▶ **텍스트 박스 만들어 임의의 문단 입력하기**

웹디자인을 하다 보면 임의의 문단이 필요할 때가 많습니다. 이때는 글자나 문단을 생성해주는 텍스트 제너레이터(Text Generator) 사이트를 이용합니다. 특히 Lorem Ipsum(https://www.lipsum.com)은 영어로 이루어진 더미 텍스트를 입력할 때 유용하게 활용할 수 있습니다. 문단의 크기만큼 복사하면 의미 없는 문단을 만들어 삽입할 때 매우 유용합니다.

여행지 세부 스크롤 페이지 만들기

42 ❶ 앞서 만든 여행지 세부 페이지의 아트보드 이름을 클릭하고 `Ctrl` + `D` 를 눌러 복사합니다. ❷ 아트보드 위치를 아래로 이동합니다.

> 아트보드를 여러 개 만들면 UI 페이지의 구조가 복잡해집니다. 이때 아트보드의 이름을 적절히 변경하여 구조를 제대로 정리합니다. 예제에서는 main1, main2, subMenu, sub1a, sub1a-1 구조로 변경했습니다.

43 ❶ 아트보드를 더블클릭한 후 ❷ 핸들을 아래로 드래그해 아트보드의 세로 길이를 늘입니다. ❸ 푸터 영역을 아래로 옮기고 ❹ 아트보드의 [채우기] 색을 #FFFFFF로 설정합니다.

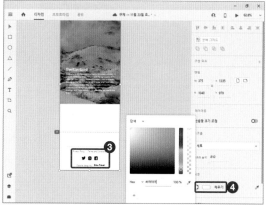

> 아트보드의 세로 길이를 늘이면 뷰포트 아이콘▤과 점선이 표시됩니다. 뷰포트 아이콘은 페이지의 스크롤 영역을 설정하는 기준점을 나타내며, 속성 관리자의 [스크롤] 항목에서 영역을 설정할 수 있습니다.

44 ❶ 사각형 도구□로 375×532 크기의 사각형을 그린 후 ❷ 각 모퉁이에 대해 다른 반경▣을 클릭하고 ❸ 10, 10, 0, 0을 입력합니다. ❹ [채우기] 색은 #FDF3DF, [테두리]는 **없음**으로 설정합니다.

45 ❶ 사각형 도구□로 95×95 크기의 사각형을 그립니다. ❷ [채우기] 색은 #FFFFFF, [테두리]는 **없음**으로 설정합니다. ❸ [반복 그리드]를 클릭하고 ❹ 그리드 위젯을 드래그해 사각형을 세 개 만듭니다. ❺ [그리드 그룹 해제]를 클릭합니다. 이때 사각형의 간격인 [Gap]을 10으로 적용합니다.

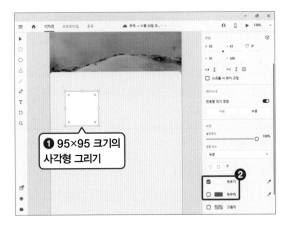

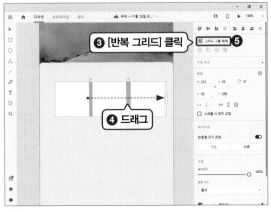

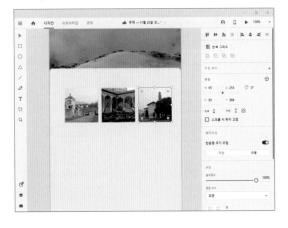

46 준비 파일 중 어울리는 이미지를 가져와 사각형 영역에 배치합니다.

47 ❶ 사각형 도구▢로 78×15 크기의 사각형을 그린 후 ❷ 모든 모퉁이에 대해 동일한 반경▢을 클릭하고 ❸ 3을 입력합니다. ❹ [채우기] 색을 #70D4F2, [테두리]는 **없음**으로 설정합니다. ❺ 문자 도구 T 로 사각형 위에 Book Now >를 입력하고 ❻ 문자 속성을 12, Regular, ❼ [채우기] 색은 #FFFFFF로 설정합니다.

48 ❶ 버튼 아래에 Food, Entertainment & Docent Included를 입력하고 ❷ 문자 속성은 12, Regular, [채우기] 색은 #666666으로 설정합니다.

49 ❶ 45-46 과정을 참고해 사각형을 두 개 그리고 ❷ 이미지를 가져와 배치합니다.

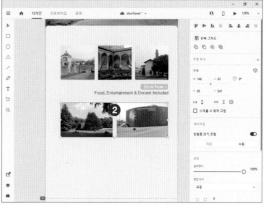

50 ❶ 문구를 복사해 배치하고 ❷ 그 아래에는 사각형 세 개를 그린 후 이미지와 문구를 넣어 구성합니다.

51 아트보드를 복사하여 여행지 세부 페이지와 스크롤 페이지를 만듭니다. 준비 파일로 제공한 다양한 이미지를 활용해 여행지 페이지의 UI를 구성해봅니다.

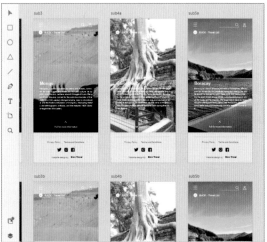

인터랙션으로 탭 애니메이트 적용하기

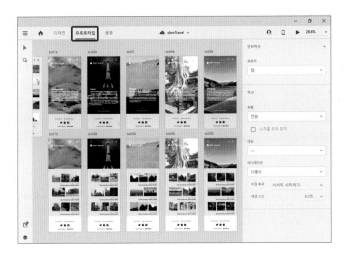

52 UI가 완성되었다면 탭 애니메이트를 적용할 인터랙션을 설정해보겠습니다. [프로토타입] 탭을 클릭해 [인터랙션] 항목을 표시합니다.

53 ❶ 첫 번째 아트보드를 클릭하고 ❷ 인터랙션 연결 위젯▸을 두 번째 아트보드에 연결합니다. ❸ 속성 관리자의 [인터랙션] 항목을 설정합니다. [트리거]는 [탭], [액션]-[유형]은 [전환], [애니메이션]은 [왼쪽으로 슬라이드], [이징 효과]는 [서서히 끝내기], [재생 시간]은 [0.3초]로 설정합니다. ❹ 세 번째 아트보드의 인터랙션 연결 위젯▸은 아래에 있는 세부 페이지 아트보드에 연결합니다. ❺ 여행지를 소개하는 영역은 세부 페이지로 연결합니다. ❻ 데스크탑 미리보기▶를 클릭해 [미리보기] 창을 확인합니다.

완성 파일을 참고하여 프로토타입의 인터랙션 연결을 확인합니다. 각 아트보드의 연결과 탭 위치를 제대로 파악하여 애니메이트를 완성합니다.